铁路通信技术问答丛书

铁路应急通信问答

沈尧星　田　裳　闫卫东　主编

中国铁道出版社

2015年·北　京

内容简介

本书针对目前在使用应急通信设备编写，采用问答的方式，分为“基础篇”和“设备篇”。“基础篇”包括铁路应急通信概述、铁路应急通信系统、卫星应急通信系统、铁路应急通信的维护与管理等内容；“设备篇”按 CTT2000C、YJ-1000、WXTY-05、FH-V088、HT601、CEC100 等型号应急通信设备分别编写，包括系统功能、设备组成等内容。

本书可供应急通信设备维护人员学习使用，也可供工程设计人员、施工人员、职业技术院校师生以及相关专业人员参考使用。

图书在版编目(CIP)数据

铁路应急通信问答/沈尧星，田裳，闫卫东主编.
—北京：中国铁道出版社，2015.11
（铁路通信技术问答丛书）
ISBN 978-7-113-20792-2

Ⅰ.①铁… Ⅱ.①沈… ②田… ③闫… Ⅲ.①铁路通信—应急通信系统—问题解答 Ⅳ.①U285-44

中国版本图书馆 CIP 数据核字(2015)第 181941 号

书　　名： 铁路通信技术问答丛书 **铁路应急通信问答**
作　　者： 沈尧星　田　裳　闫卫东　主编

策划编辑： 崔忠文
责任编辑： 亢嘉豪　　**编辑部电话：**（路）021-73146　（市）010-51873146　　**电子信箱：** dianwu@vip. sina. com
封面设计： 崔　欣
责任校对： 马　丽
责任印制： 陆　宁　高春晓

出版发行： 中国铁道出版社（100054，北京市西城区右安门西街 8 号）
网　　址： http://www. tdpress. com
印　　刷： 北京精彩雅恒印刷有限公司
版　　次： 2015 年 11 月第 1 版　2015 年 11 月第 1 次印刷
开　　本： 787 mm×960 mm　1/16　印张：13.5　字数：274 千
书　　号： ISBN 978-7-113-20792-2
定　　价： 45.00 元

前　言

铁路救援指挥系统是我国铁路运输安全的“神经系统”，是我国铁路快速发展的“保护伞”，而应急通信系统是铁路救援指挥系统的重要保障。近几年高速铁路采用的新一代铁路应急通信系统，具有迅速准确、机动灵活、快速响应的特点，并不断完善了应急通信网络的组网方式。

本书根据铁道行业标准 TB/T 3204—2008《铁路应急通信接入技术条件》和 TB/T 3232—2010《铁路应急中心通信设备技术条件》，针对新一代应急通信设备，以介绍系统运用为主，同时介绍应急通信系统的基本原理和设备的维护管理等。全书采用问答的方式，分为“基础篇”和“设备篇”。

“基础篇”分四章编写，包括应急通信概述、铁路应急通信系统、卫星应急通信系统和铁路应急通信的管理和维护等内容。第一章介绍了铁路运输与应急通信，应急通信的定义、特点和要求，以及现状和发展。第二章描述B类应急通信系统、应急中心通信设备、现场接入设备、传输网络和系统运用等。第三章介绍宽带卫星通信系统、海事卫星通信系统和铁路海事卫星应急通信系统。第四章介绍应急管理体系和应急通信保障，以及铁路应急通信的管理与维护等。

“设备篇”所选编的应急通信设备，都是按铁道行业标准 TB/T 3204—2008《铁路应急通信接入技术条件》和 TB/T 3232—2010《铁路应急中心通信设备技术条件》生产的产品，经测试合格并签发检验报告，铁路总公司运输局也发文公布检测结果准予入网。按应急中心通信设备和应急通信接入设备分别编写，包括 CTT2000C 应急通信中心系统、YJ-1000 应急通信系统现场接入设备、WXTY-05 应急通信系统现场接入设备、FH-V088 应急通信系统现场接入设备、HT601 应急通信系统现场接入设备、CEC100 应急通信现场接入设备等。另外第十一章“GSM-R 网络应急通信系统”供参考。

全书由沈尧星、田裳、闫卫东主编，国家信息中心邵国安、北京全路通信信号研究设计院陈梅主审。“设备篇”由中国软件与技术服务股份有限公司谢恩、王军，上海国欣科技发展有限公司刘振宇、杨威，北京世纪东方国铁科技股份有限公司田秀臣、冷盛祥、谢辉、虞俊浦，北京佳讯飞鸿电气股份有限公司周军民、郝增兵，石家庄世纪电通通信技术有限公司宋长会、高哲，北京欣易晨科技发展股份有限公司寇志东、张璐编写。

本书可供铁路应急通信维护和管理人员学习使用，以提高应急通信保障能力，也可作为工程设计、施工人员、相关专业技术院校师生以及需要详细了解铁路应急通信系统相关人士的参考用书。

由于编者写作水平和实践的局限性，难免存在缺点和错误，有待通过实际运用不断充实完善，希望读者提出批评指正。

编 者

2015 年 9 月

目　录

第一篇　基础篇

第二篇　设备篇

第一篇

基础篇

第一章　铁路应急通信概述

(一)铁路运输与应急通信

1. 铁路运输的特点是什么?

答:铁路运输有以下特点:

(1)铁路运输是国民经济的大动脉,是大众化的交通工具,具有运行速度快、效率高、成本低、安全性好等特点。

(2)铁路运输的运行环境相对比较复杂,全国十余万公里的铁路,成千上万个桥梁、隧道、边坡、路堑,经常会受到自然灾害的影响。

(3)铁路与众多平交道口交越,又存在一些不安全因素。

(4)旅客运输可以说是一个流动的"小社会",要应对突发公共事件的发生。而突发公共事件往往具有突然暴发、起因复杂、难以判断、迅速蔓延、危害严重、影响广泛等特点,且相互交织,处置不好会产生连锁反应。

2. 应急通信在铁路运输中有什么作用?

答:应急通信是铁路运输应急保障体系的重要组成部分,是关系到行车事故、突发事件的处置和应急预案顺利实施的保障手段。

为预防和最大限度地减少铁路行车事故造成的人员伤亡、财产损失和对公共安全的影响,及时有效处置铁路行车事故,尽快恢复铁路运输正常秩序,铁路各级部门都制订了相应的应急预案。而各部门各类应急预案中的预防预警和应急响应都离不开通信,通信不畅通,应急预案无法实施,甚至会贻误时机和扩大事故等级。

3. 铁路应急通信有哪些规定?

答:以下文件规定了对铁路应急通信的要求:

(1)《铁路技术管理规程》规定,铁路通信业务包括应急通信,要求配置相应的通信设备。

(2)2003 年公布的运基通信〔2003〕455 号《铁路运输应急通信系统技术体制》,规定了应急通信的建设和发展。

(3)2005 年公布的铁运〔2005〕232 号《铁路运输应急通信管理办法》,要求各级通信部门制定周密、切合实际、行之有效的应急通信保障预案,并要求对应急通信系统的运用进行定期的检查考核和演练。对应急通信设备必须经过测试合格才能入网运用。

(4)2008 年公布的铁道行业标准 TB/T 3204—2008《铁路应急通信接入技术条

件》，规定了铁路应急通信系统各种接入方式的设备组成、功能、技术要求、接口、环境和供电要求等。

(5)2010 年公布的铁道行业标准 TB/T 3232—2010《铁路应急中心通信设备技术条件》，规定了铁路应急中心通信设备的组成、功能、技术要求和工作环境等。

(6)2013 年 6 月以 TJ/DW 148—2013 号文公布了《铁路光通信系统暂行技术条件》规定了该系统主要功能：提供区间话音业务，包括自动电话、区间电话、防护电话及人工抢险电话业务；提供区间通信柱至车站的数据通道；提供应急通信静图、动图上传到应急中心通信设备的通道。

(7)2014 年 11 月中国铁路总公司以铁总运〔2014〕295 号文公布了《铁路通信维护规则》TG/TX 106—2014，第十一章规定了应急通信的一般规定、设备管理与维护以及质量标准等。

4.《十二五铁路通信网规划》对应急通信建设有哪些要求？

答：根据铁运〔2013〕10 号《十二五铁路通信网规划》要求，建成铁路总公司、铁路局应急通信中心，补充完善现场设备，提高应急通信响应能力；完成铁路总公司、铁路局两级应急通信中心建设；建成铁路总公司与卫星运营商之间的数据专线，统一海事卫星接入铁路地面网络的接口；完成干线铁路应急通信现场设备的分等级装备。

(二)铁路应急通信的定义、特点和要求

1. 铁路应急通信的定义是什么？

答：在铁道行业标准 TB/T 3130—2006《铁路通信业务分类》中，对应急通信的定义：“在发生行车事件及自然灾害等紧急情况下，为确保实时救援指挥，在事件现场与救援中心之间，各相关救援中心之间以及现场内部进行的语音通信、图像和数据传输业务。”

在铁道行业标准 TB/T 3204—2008《铁路应急通信接入技术条件》中，对应急通信系统的定义：“铁路应急通信系统是在铁路发生自然灾害、行车事故或其他突发性公共事件时，为确保救援指挥需要，在突发事件现场与应急救援指挥中心之间、应急救援指挥中心与应急救援指挥分中心之间以及突发事件现场内部建立的话音、数据、图像等通信，同时包括铁路应急指挥应用系统与各相关信息系统之间的通信。”

2. 为什么说铁路应急通信具有快速响应的特点？有何要求？

答：当铁路发生突发事件需要应急响应时，运输部门希望在第一时间了解事件现场的状态，以便组织救援，而事故多发地段往往位于交通不便的区段，如何解决时间要求与地理环境之间的矛盾，这是采用什么样的应急通信接入方式首先要考虑的问题。为做到快速响应，各区段应根据实际情况，配置足够数量的应急通信现场设备，以便在规定时限内提供应急通信保障。

3. 铁路部门对应急通信保障有哪些要求？

答：《铁路交通事故应急救援规则》第 31 条规定：“事故应急救援需要通信保障时，

通信部门应当在接到通知后根据需要立即启用"117"应急通信人工话务台，组织开通应急通信系统。事故发生在站内，应当在30分钟内开通电话、1小时内开通图像传输设备。事故发生在区间，应当在1小时内开通电话、2小时内开通图像传输设备。并指定专人值守，保证事故现场音频、视频和数据信息的实时传输，任何人不得干扰、阻碍事故信息采集和传输。"

在《高速铁路应急通信保障措施》3.1中要求："接到启动应急通信命令后，应急通信保障队伍应立即赶赴事件现场。事故发生在通信有人值守站内，应当在30分钟内开通电话，1小时内开通图像传输设备；发生在通信无人值守车站或区间，应当在1小时内开通电话，2小时内开通图像传输设备。并指定专人值守，保证事故现场语音、图像和数据信息的实时传输。"

为达到时限要求，各部门都采取了相应的措施，如固定存放应急通信器材、专人负责、定期检修；编制交通路线图；与相关单位签订先行代理安装协议等。

4. 为什么说应急通信具有适应性很强的特点？对现场设备有何要求？

答：铁路突发事件的时间地点，往往会在铁路沿线任何地区随机发生，事件有大有小，随时随地需要应急通信保障，所以说应急通信具有适应性很强的特点，要求现场设备快速响应，设备必须轻便、灵活、接续简单。

5. 铁路应急通信业务特点是什么？有何要求？

答：铁路应急通信业务不同于常规的公务通信业务，和铁路调度通信业务一样，属于指挥性质，所以救援中心应急指挥台与现场的通信，要求单键直拨，并有热线电话功能，操作简单快捷、直观、人性化，并保证通信质量。

从铁路总公司到铁路局，再从铁路局到事件现场，形成两级应急指挥机构，按照两级指挥机构，构建应急通信网络，要求自成网络、专网专用。

6. 为什么说铁路应急通信属于临时通信？有何特点？

答：当铁路发生自然灾害、行车事故或其他突发性公共事件时，根据启用应急通信系统的命令，通信人员在规定时限内开通现场到救援中心的应急通信系统，应急通信保障任务完成后，根据命令撤除。所以说铁路应急通信是一种临时通信。所谓临时通信，只是相对于常规的固定通信，它是根据需要临时启用，并根据事件性质开放相应的通信设施。要求设备必须质量好、集成度高、轻便、快速开通，保证随时启用。

7. 铁路应急通信是如何利用既有通信资源？

答：铁路历来有一套比较完善的通信设施，利用铁路沿线的区间通信线路或无线通信网络等既有通信资源，将铁路调度电话和自动电话延伸到事件现场，构建应急通信，所以应急通信是既有通信的延伸和扩展。

8. 应急通信现场设备的外观结构有哪些技术要求？

答：TB/T 3204—2008《铁路应急通信接入技术条件》8.2.2接入设备的总体技术要求中规定："c)设备应采用一体化设计，结构简单、集成度高；包装方式简单可靠，适于人工搬运。d)到达现场后的设备展开、配线及系统开通方便、快捷，便于操作。f)应急接入设备单件重量不超过 10 kg,总件数不超过 4 件(不含野战光缆和被覆线)。便携方式卫星设备单件重量不大于 20 kg。”

9. 应急通信现场设备中的话音终端有哪些技术要求?

答:TB/T 3204—2008《铁路应急通信接入技术条件》8.2.2 接入设备的总体技术要求中规定:“b)接入设备应支持现场与调度网、自动电话网、‘117’人工台等用户的话音通信,同时通话的用户数不少于 4 个,话音终端可采用固定或移动终端。根据需要提供现场移动用户的内部通信功能;移动终端通信距离半径在不加中继的条件下应不小于 500m(非视距)。”

(三)铁路应急通信的现状和发展

1. 铁路应急通信现场接入设备有哪几种类型?

答:根据铁运〔2013〕10 号《十二五铁路通信网规划》中的第 7 条规定:“采用多种技术手段建立铁路事件现场与指挥中心的应急通信。根据需要装备应急通信现场接入设备,A 类(动图+静图+多路语音+视讯会议)设备配置在铁路局、办事处所在地,B 类(动图+静图+多路语音)设备配置在通信车间,C 类(静图+多路语音)设备配置在车间或工区,D 类设备(语音)配置在各车站和工区。要充分利用公众通信资源作为现场应急通信设备的补充。”因此铁路应急通信现场接入设备有 A、B、C、D 四种类型。

2. 铁路应急通信有哪几种传输方式?

答:有基于铁路专用通信网的音频传输、宽带传输两种方式:

(1)在既有铁路线的应急通信,基本上依赖于沿线的区间通话柱,基于音频传输,提供人工、调度、自动电话等多路话音业务和静止图像业务。

(2)在高速铁路和新建铁路线的应急通信,基于宽带传输,提供多路话音业务和现场内部通信,以及动图、静图传送业务。

(3)在 GSM-R 区段,应急通信也采用 GSM-R 系统提供话音通信。

3. 如何为事件现场提供 C 类应急通信业务?

答:C 类应急通信现场设备应包括多路语音+静图,建议能提供 1 台人工抢险电话、1 台调度电话、2 台自动电话及一路静止图像传输业务。传输网络可使用铁路沿线的区间通话柱或公众网络。

4. 如何为事件现场提供人工抢险电话业务?

答:在事件现场邻近通话柱的“区间抢险回线”上安装一台磁石电话机(或共电电话机),通过车站的人工专线电路,直接接入铁路局所在地电话所的“117”立接制话务台,由话务员转接沟通。

5. 人工专线电路是如何组成的?每个转接段的衰耗如何分配?

答:目前的人工专线电路基本上由三段组成。

第Ⅰ段从局通信机械室至邻近通信机械室,这一段无衰耗,但是从人工专线电路的起始端到自动电话机用户，要经过话务台和交换机，一般会有 7 dB 的局内衰耗。

第Ⅱ段从邻近机械室至邻近车站，有一段电缆线路，分配给该段的线路衰耗为 8 dB。

第Ⅲ段从邻近车站至事件现场这一段的传输线路为区间抢险回线加被覆线，分配给这一段的衰耗为 8 dB。

全程衰耗为 23 dB，每一段的衰耗分配如图 1-1 所示。

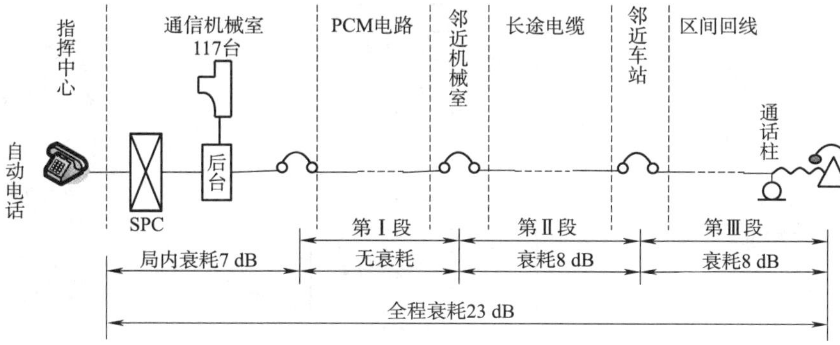

图 1-1　人工话路全程衰耗分配示意图

6. 如何为事件现场提供自动电话业务？

答：铁路自动电话网已覆盖至全路各车站，各车站都配置 2 台自动电话，该自动电话平时供铁路公务联络用，一旦需要启动应急通信时，通过区间回线（区间自动 1、区间自动 2）延伸至事件现场。如图 1-2 所示。

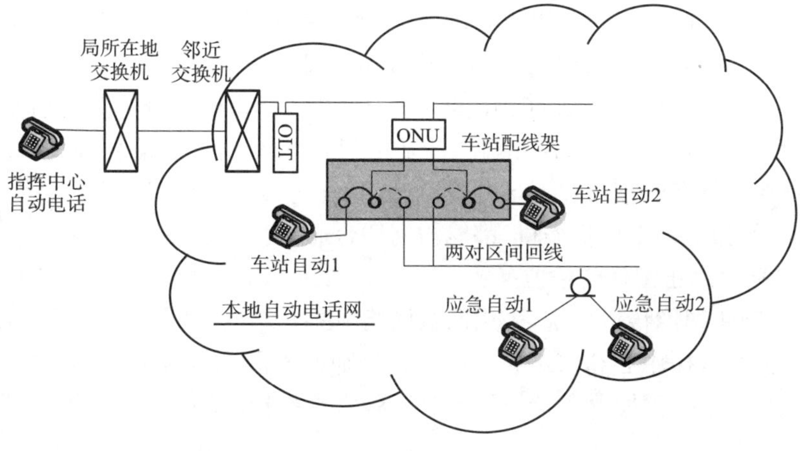

图 1-2　应急自动电话构成方式示意图

7. 如何为事件现场提供调度电话业务？

答：目前都是基于区间通话柱的"区间电话"实现调度电话业务，在事件现场邻近通话柱的"区间电话"接口，加挂一台自动电话机，拨"4"呼叫列调台，列调台按"区间"键，

挂在“区间电话”接口上的自动电话机都响铃,呼叫径路如下:

(1)区间电话呼叫列调台:区间用户摘机向上行站分系统发送摘机信号,分系统收到摘机信号便发送拨号音,区间用户听到拨号音后,拨“4”,分系统收到“4”的“呼叫信息”后,通过交换网络,将下行区间接口与列车调度电话时隙连通,并向主系统发送“呼叫信息”,调度台应答双方通话。呼叫径路如图1-3中的蓝线所示。

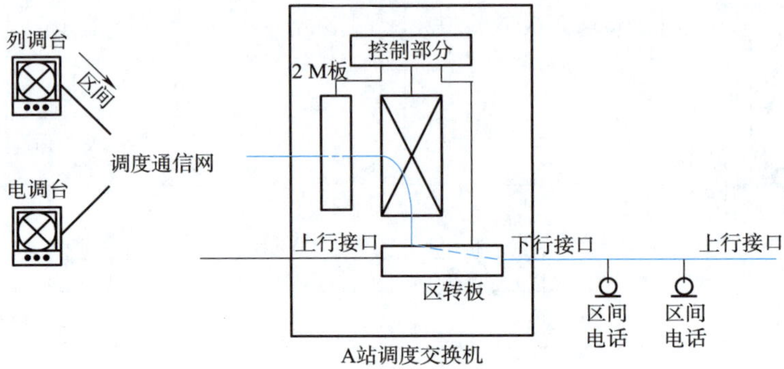

图1-3 调度电话与区间电话呼叫径路示意图

(2)列车调度台呼叫区间电话(指相应站下行接口的区间电话),目前有两种方式:

①方式一:在列调台的键盘上配置该区段所有车站的区间键,调度员需要呼叫某一区间的用户。例如A站的下行区间用户,按“A站区间”键,A站分系统收到呼叫区间用户的信息,便通过交换网络将调度时隙和下行区间接口连通,并向下行区间发送铃流,所有区间电话都振铃,任一用户摘机通话,如有多个用户摘机,都能与列调台通话。

②方式二:在列调台上只配置一个“区间”键,调度员按“区间”键呼叫时,主系统默认曾经呼叫过的当前分机。例如图中的A站下行区间电话先呼叫过调度台,主系统只向A站发送“呼叫区间信息”,A站分系统收到呼叫区间用户的信息,便通过交换网络将调度时隙和下行区间接口连通,并向下行区间发送铃流,所有区间电话都振铃,任一用户摘机通话,如有多个用户摘机,都能与列调台通话。

8. 如何提供静止图像传输业务?

答:铁路静止图像传输系统,采用两级网络“星型”结构,如图1-4所示。

铁路总公司救援中心和铁路局救援中心分别设置静图服务器,组成救援中心静图网络,主要设备包括:静图服务器、拨号服务器、管理维护终端、查询/大屏终端以及网络连接设备。

中心设备的拨号端口用Z端口连接铁路自动电话交换机,铁路总公司为8个Z接口单一连选,铁路局为4个Z接口单一连选,视频端口可连接大屏幕或显示终端。

现场图像采集设备包括便携式计算机、数码照相机、数字摄像机。用拨号方式(全局统一用一个电话号码)或无线接入方式,将拍摄的图像上传到铁路局静图服务器。

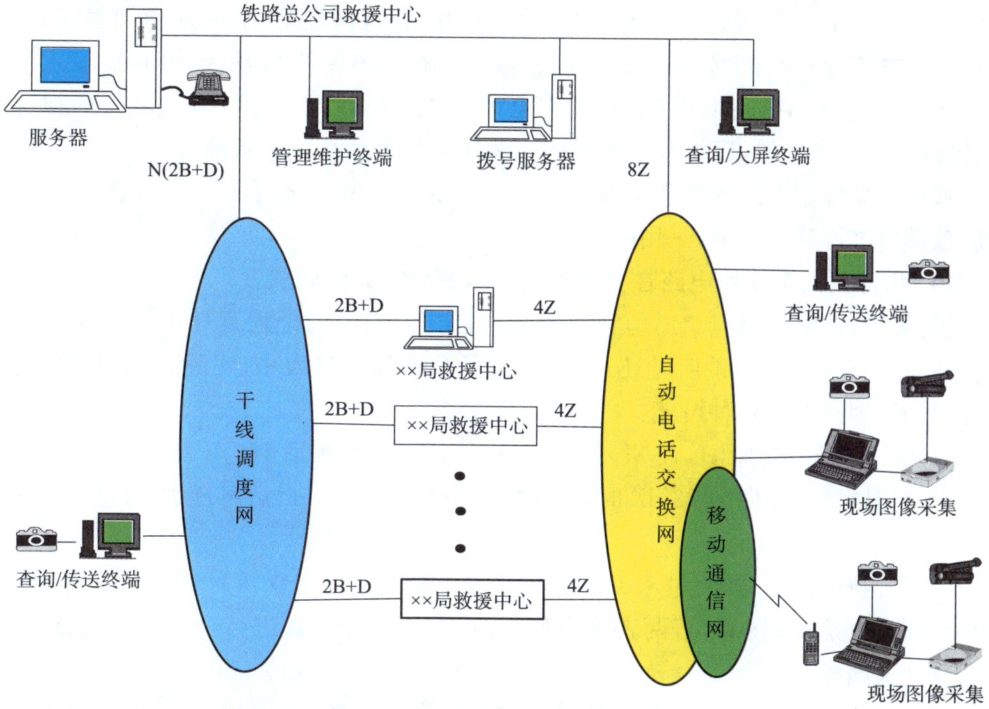

图 1-4　铁路静止图像传送系统

在运用中，根据实际情况上述设备的配置有增减变化。

9. 基于音频传输方式的应急通信存在哪些问题？如何解决？

答：目前在既有铁路线，基本上是基于区间通话柱音频传输方式开放应急通信业务，存在以下问题：

(1)话音质量差，特别是人工电话，经过多处转接，通路电平不对，经常会发生声音小、振鸣、杂音等问题。

(2)事件现场的自动电话是车站自动电话延伸到区间的，如果全局有 500 个车站，将有 1 000 个电话号码，不但占用号码资源多，而且每处号码不一样，救援指挥中心很难记住每一处的电话号码，使用起来不方便。

(3)用区间电话作为调度电话用，调度台呼叫时，所有区间电话都响铃，容易误接误听。

(4)以拨号方式传输静图，时间长、质量差。

(5)区间接入问题较多，通话柱提供的电缆回线数量不足、质量较差。

(6)基于音频传输的应急通信属于点对点的通信，不成系统，与新设的应急中心设备联网困难。

(7)启用应急通信时，接线繁琐、劳动强度大。目前在每个通信工区配置 3 台自动电话机、1台磁石电话机和2 000 m被覆线作为应急抢险器材，启用应急通信时，工区抢险人员携带抢险器材到邻近通话柱，再放4对被覆线到事件现场，分别连接人工电话、2台自动电话和区间电话（兼作调度电话）。不仅劳动强度大，事故救援时情况紧急，接线时容易有差错，环境复杂敷设的4对被覆线容易断线和接地。

基于音频传输方式的应急通信存在问题较多，已经满足不了运用的需要，建议尽快对应急通信进行升级改造，采用网络传输方式的应急通信。

10. 为什么人工专线电路在实际运用时声音小？如何解决？

答：根据《铁路运输应急通信管理办法》规定，人工电话全程衰耗为23 dB，如果接收电平为−23 dB时，人的听觉还可以接受，不会感到声音太小，实际运用中常常感到声音小的原因有下列几种可能：

(1)磁石电话机陈旧，质量不高。有些磁石话机通话时，声音输出电平小于−10 dB，如果话路衰耗为23 dB时，接收电平只有−33 dB，自然声音小，可选用军用磁石电话机。

(2)局内衰耗有可能超过7 dB。按规定程控交换机局内衰耗为2～7 dB，话务台局内衰耗如果也是2～7 dB，若两者均为最大值，显然超标了。进行全程衰耗测试，控制局内衰耗不超标。

(3)从车站至通信机械室这一段的线路如果采用电缆，距离超长，传输衰耗很有可能超过8 dB，造成声音小。距离超长可分段解决，控制在50 km范围之内，即采用电缆＋音频话路方式。

(4)从突发事件现场至车站，这一段的传输线路为区间电缆回线加被覆线，分配给这一段的传输衰耗为8 dB，如果区间超长，也会造成声音小。对长大区间也可采取分段解决，从区间到车站控制在15 km范围之内。

11. 从车站到通信机械室的人工话路长度，为什么不宜超过50 km？

答：从车站到通信机械室的人工话路，在电缆区段采用低频四线组0.9 mm芯线的加感线对，每公里衰耗0.17 dB，最远传输距离为：

$$\frac{8\ \text{dB}}{0.17\ \text{dB/km}}=47\ \text{km}$$

另外，电缆与长途数字通道连接时，要经过二四线转换，如果采用的是无增益调节的二四线转换器，其本身衰耗已超过8 dB，还有一个阻抗失配衰耗，所以这一段长度不宜超过50 km。

12. 从突发事件现场到邻近车站的距离，为什么不宜超过15 km？

答：从突发事件现场到邻近车站的传输线路，采用区间电缆实回线，不同的电缆芯线，每公里的传输衰耗不一样，人工话路分配给这一段的衰耗为8 dB，容许最大传输距离见表1-1。

表 1-1　衰耗 8 dB 容许最大传输距离

电缆扭绞方式	对　绞			星绞(低频四线组)	
芯线线径(mm)	0.5	0.6	0.7	0.6	0.9
每公里环阻(Ω)	190	132	96	132	57
每公里衰耗(dB)	1.33	0.97	0.83	0.97	0.58
最大传输距离(km)	6	8.2	9.6	8.2	13.8

从表中说明，采用低频四线组电缆，芯线线径为 0.9 mm，衰耗 8 dB 最大传输距离为 13.8 km，所以从突发事件现场到邻近车站的距离不宜超过 15 km。

由于电缆建设年限较久，电特性变化较大，上表只能作为参考，应该在最远端通话柱以实测值为准，至车站不宜超过 8 dB，或者至邻近通信机械室不宜超过 16 dB。

13. 实际运用时，为什么人工专线电路容易出现振鸣和啸叫？

答：出现振鸣和啸叫的原因：

(1)通路电平不达标。检查径路各转接点的通路电平如图 1-5 所示。

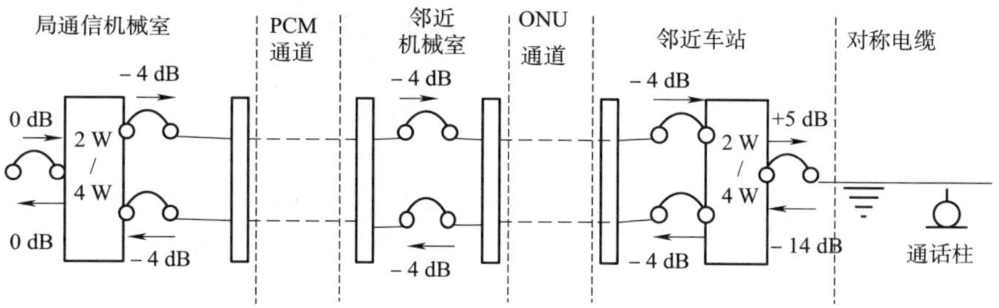

图 1-5　通路电平示意图

通路电平调整合适后，从近端车站最近一个通话柱与远端车站最远一个通话柱，传输衰耗差异最大会有 16 dB，磁石电话机挂在最近端声音合适，远端便会感到声音太小。如果在最远端声音合适，挂在最近端声音太大，因此优化径路尽量减少传输衰耗的差异，并选择军用磁石电话机。

(2)二四线转换器质量不高。如果对端衰耗太小，电路不稳定，将会产生回声，严重时会出现振鸣和啸叫。

14. 实际运用时，为什么人工专线电路容易出现杂音？

答：脉冲编码调制(PCM)和光网络单元(ONU)等设备的数字通道，信杂比指标比较高，传输质量有保证。在电话径路上产生杂音的来源，主要来自电缆线路，特别是电气化区段受电化干扰。采用整治和更换电缆成本较高，采用线路数字复用器是最好的选择，投资省，见效快。

此外，汇接分配器和二四线转换器是一个有源网络，易产生热杂音，对其杂变指标也要严格把关，应小于−60 dBm0p。

15. 如何利用调度通信系统的数字通道开通人工专线电路？

答：在调度通信系统的 2 M 数字环中，安排一个数字共线时隙，调度所交换机配置一个共电接口接入“117”立接台，相应的各车站调度交换机配置一个磁石接口，通过区间回线延伸至区间，如图 1-6 所示。

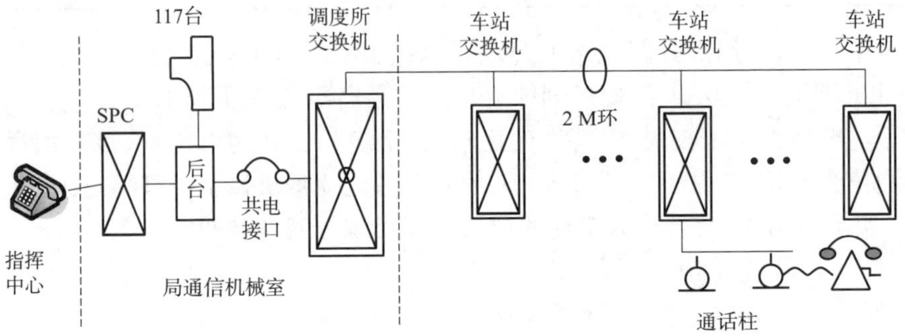

图 1-6 基于数字调度通道的人工话路径路示意图

在数字调度通信系统中开放应急抢险人工电话业务，电路简单、稳定可靠。但需要注意以下问题：

(1)当现场采用磁石电话机时，由于磁石电话机没有摘挂机信号，调度所交换机与“117”立接台之间必须以环路中继方式连接。否则现场磁石电话机一拆除，该车站调度交换机的磁石端口仍然挂在抢险共线时隙上，特别是当外线是开路状态时，该时隙会产生振鸣。

(2)当现场采用共电电话机时，调度所交换机与“117”立接台之间用磁石或环路中继方式连接都可以。共电分机一挂机，该车站调度交换机的共电接口便自动脱离抢险共线时隙。使用共电分机不需要外接话机电池，避免了因电池电压太低而送话声音小。共电分机的话音输出电平一般在−5 dB 以上，因此在数字调度系统中开放人工电话业务宜采用共电电话机。

16. 如何利用接入网的 ONU 设备开通人工专线电路？

答：在电缆区段，每站都有 ONU 接入设备，如果 ONU 接入设备具有数字共线分支功能，只要占用一个共线时隙，便可开放人工话路。PCM 和 ONU 共线时隙都是四线传输，需经二四线转换与区间实回线相连，如图 1-7 所示。

二四线转换器不仅要具有二四线转换功能，还要能实现磁石铃流信号的转换、调节通路电平，二线端外线阻抗可根据实际情况选择 600 Ω 或 1 650 Ω，使阻抗匹配。

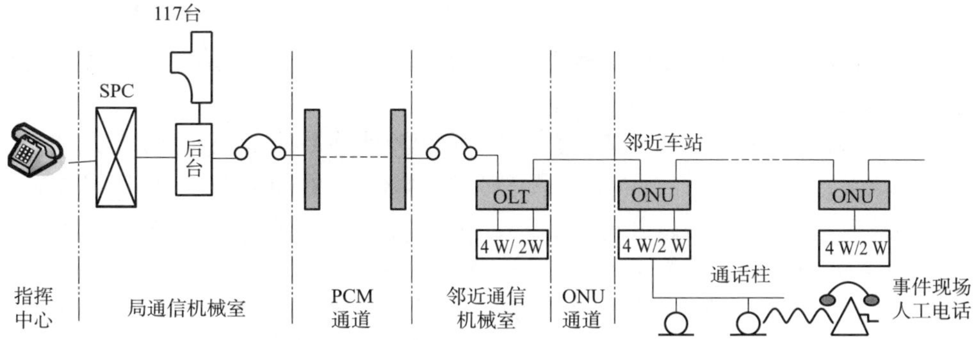

图 1-7 基于数字通道的人工话路径路示意图

17. 如何利用电缆回线开通人工专线话路?

答:在电缆区段,将若干个车站组成一小段,每一小段的长度以不超过 50 km 和不小于 20 km 为宜,选择中间有 PCM 电路的小站作为接入点,用汇接分配器将各小段汇接组成电缆区段的人工话路。如图 1-8 所示。

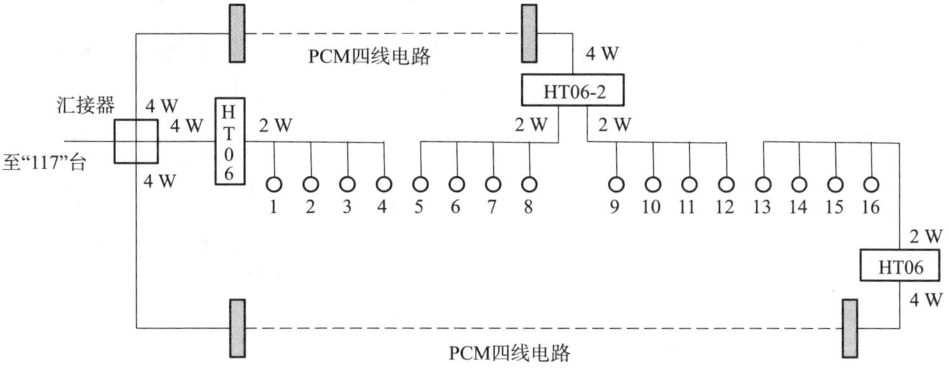

图 1-8 电缆区段人工电话径路示意图

图中始端 1 号站、末端 16 号站、中间 8 号站有 PCM 电路,8 号站的适配器采用 HT06-2 型可以接两个方向电缆回线,汇接分配器可以设在起始端 1 号站或局通信机械室,根据 PCM 电路传输条件而定,设在通信机械室较好,以便有问题及时处理。

18. 如何解决区间电缆回线数量不足和质量差的问题?

答:目前既有铁路线的电缆建设年限都在十年以上,甚至已有几十年了,有些区段未按电化考虑,电气化改造以后,受电气化干扰,传输质量得不到保证。

接入区间通话柱的线对数,早期只考虑区间自动(接区转机)、区间施工和事故抢险,一般都在三对以下,满足不了在区间提供 4 台电话的基本要求。

如何解决区间电缆回线数量不足和质量差的问题,如果改造区间通话柱引入电缆,不仅耗费大,还会影响主干电缆的平衡,而且不能解决传输质量的问题。以下有两个方案：

方案一：采用线路数字复用器解决区间回线的数量和质量问题，这在早几年之前就已经推广使用，实践证明有一定的效果。

方案二：将既有不合格的电缆更新改造为光缆，铁路沿线设光通信柱，实现光纤到路边。该方案不仅可以很好解决应急通信的接入，还为区间通信提供基础，符合通信新技术发展的趋势，中国铁路总公司已于 2013 年 6 月以 TJ/DW 148—2013 号文公布了《铁路区间光通信系统暂行技术条件》。

19. 如何安装和使用线路数字复用器？

答：在区段每个车站安装安加数字复用机局端设备，并接通人工话路和区间外线端。通信工巡检线路时，携带数字复用远端机（约 1 kg 重），接通外线和磁石电话机，便可与“117”立接台进行试验通话。

启用应急通信时，安加数字复用机的接线和运用，如图 1-9 所示。

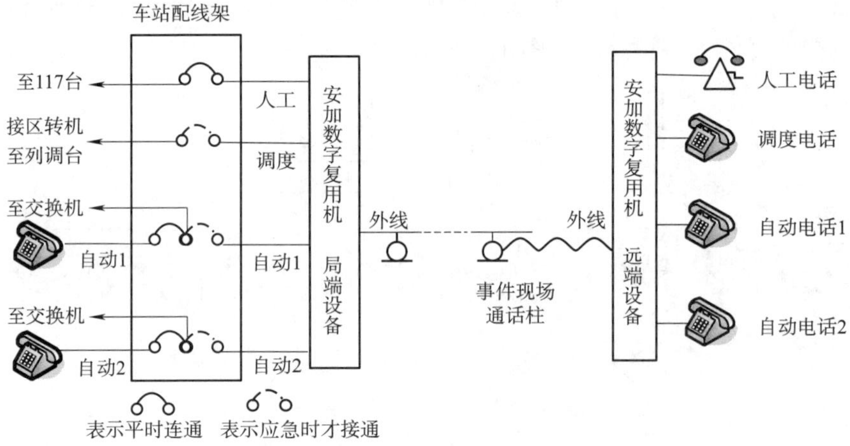

图 1-9　安加数字复用机接线和运用示意图

一人去车站，只要插上列调电话塞孔的插头，将两台自动电话六孔组插头移到复用机一侧，如图中虚线所示，车站的安装工作便完成了。另一人携带远端机去区间接通外线和四台电话机，操作简单，通信质量好。

20. 如何基于光通信柱开通应急通信业务？

答：根据中国铁路总公司公布的 TJ/DW 148—2013《铁路区间光通信系统暂行技术条件》规定：“系统主要功能：能提供区间话音业务，包括自动电话、区间电话、防护电话和人工抢险电话业务。”因此只要在区间光通信柱的自动、区间、人工电话接口分别连接三台电话机，便能在第一时间提供自动、调度、人工抢险电话业务。

另外还规定：“提供应急通信静图、动图上传至应急中心设备的通道。”利用该数据接口可上传静图，待后续应急通信人员到达后，在该数据接口连接现场设备，便能提供

B类应急通信业务功能。

21. 高速铁路对应急通信设备如何分类?

答:根据《高速铁路应急通信保障措施》分A1、A2、B、C四类,对设备种类配置标准建议与实现功能规定如下:

A1类设备:配置高速铁路应急救援列车1套(包括应急通信现场设备、视频会议、卫星通信等功能)。

A2类设备:铁路局配置1～3台铁路应急通信指挥车(包括应急通信现场设备、视频会议、卫星通信等功能),要求主要干线车站及区间2 h可到达。

B类设备:每200运营公里配置1～2套应急通信现场设备(实现图像、数据、多路话音、现场内部通信)。

C类设备:每车站配置1套静图拍摄与图像传输设备,GSM-R应急通信终端两部。

22. 在高速铁路是如何提供应急通信业务?

答:基本上依赖GSM-R终端和通信传输设备提供C类应急通信业务;利用应急中心通信设备和应急通信接入设备提供B类应急通信业务。

23. 高速铁路的应急通信存在哪些问题?

答:高速铁路的应急通信存在以下问题:

(1)2009年以前上线的应急通信设备,现场与中心设备必须配对使用,不同型号设备不能互联,属于点对点的应急通信,不符合TB/T 3204—2008《铁路应急通信接入技术条件》和TB/T 3232—2010《铁路应急中心通信设备技术条件》的要求,与新型应急中心设备不能互联互通。

(2)多数B类应急通信现场设备总体结构复杂,虽然TB/T 3204—2008的标准规定每件重量不超过10 kg、总件数不超过4件,但实际运用时,还有各种配件、配线数量种类较多,有待优化。

(3)区间接入点之间的距离过长时,很难保证在第一时间接通电话和传输图像。

24. 如何改善高速铁路应急通信存在的问题?

答:(1)对不符合铁道行业标准的早期产品,尽快改造或更新。

(2)根据铁路应急通信标准整顿应急通信现场设备。

(3)研发轻便型、数字化的C类应急通信现场设备,重量不超过10 kg,用被覆线或无线方式接入邻近基站,操作简单,开机即通。也可通过3G/4G运营商的无线网络接入应急中心通信设备。

25. 铁路应急通信发展的趋势是什么?

答:随着铁路的快速发展,高速铁路陆续投入运营,列车速度、密度不断提高,对运输安全和应急通信保障能力提出了更高的要求。

应急中心通信设备采用软交换技术、VoIP方式实现与现场及其他应急中心的通信;可同时接入三个不同型号的现场设备;具有B类应急通信功能的现场设备,用户终端的电话号码由中心设备来分配，并能实现“一机多号”，既节省了电话号码资源又方便使用，与铁路自动电话网及调度通信网互联互通。

应急通信网络由铁路局和全路两层应急通信网络组成：

(1)铁路局应急通信网络由应急中心通信设备与现场设备用 2M 环的方式连接，实时传送视频，中心设备可对实时视频进行调看、抓拍、录像；对历史视频进行回放，对视频进行分发、转发。

(2)全路应急通信网络以中国铁路总公司应急中心通信设备为中心，与全路 18 个铁路局(集团公司)的应急中心通信设备互联，接入铁路数据通信网，应急通信业务由铁路数据通信网承载，与综合视频监控业务共用 VPN，具有网络化、综合化、IP 化的特点，实现了应急通信的常态化。

国家应急通信的发展趋势主要是以无线宽带通信为主，结合现场集群、卫星通信等手段，快速建立现场与各级应急指挥中心的联系，多部门协同，实现现场指挥、抢险、救援、恢复一体化作业。

26. 基于软交换技术的应急通信系统有哪些特点？

答：(1)系统结构网络化：全局应急救援指挥中心组成一个统一的应急通信网络，一套应急中心设备，可同时接入多个现场设备。

(2)技术先进标准化：符合铁道行业标准的要求，采用软交换技术，业务控制分离，部署灵活、有利于业务拓展，环境适应性强、可靠性高。

(3)硬件设备模块化：中心设备采用模块化设计，可以按照实际需要灵活配置，具备良好的扩展性。

(4)设备互联通用化：视频图像业务、语音指挥、数据服务业务均兼容主流厂家设备，所有通过“铁道部产品质量监督检验中心”测试的不同型号的现场设备，均可以兼容接入中心设备，并与铁路通信网互联互通。

(5)系统运用智能化：现场设备号码不是“终身制”，按上线先后由中心设备放号，现场设备自动适配，各类终端设备“一机多号”。

(6)操作使用人性化：业务流程与铁路管理流程一致，业务应用和用户界面采用触摸屏操作台，人机界面良好，操作快捷、方便，符合铁路行业的应用习惯。

(7)功能强大、业务全面：全面提供了视频图像业务、数据通信业务，语音指挥的各种基本业务和补充业务，同时支持 SS1、SS7、DSS1 等多种信令。

第二章　铁路应急通信系统

(一)B类应急通信系统简介

1. 什么是B类应急通信系统？如何配置？

答：铁路应急通信系统按功能分为A、B、C、D四类。B类应急通信系统是指应急通信现场接入设备具有“动图＋静图＋多路语音”功能，配置到车间。

2. B类应急通信系统由哪几部分组成？并画出系统总体结构图。

答：B类应急通信系统由应急中心通信设备、传输网络和应急通信现场接入设备等三部分组成。

(1)应急中心通信设备(以下简称中心设备)包括中心主设备和用户终端；

(2)传输网络分有线和无线网络两类；

(3)应急通信现场接入设备(以下简称现场接入设备)包括邻近车站/基站的接入点设备、接入网络和突发事件现场设备(以下简称现场设备)。

B类应急通信系统的总体结构如图2-1所示。

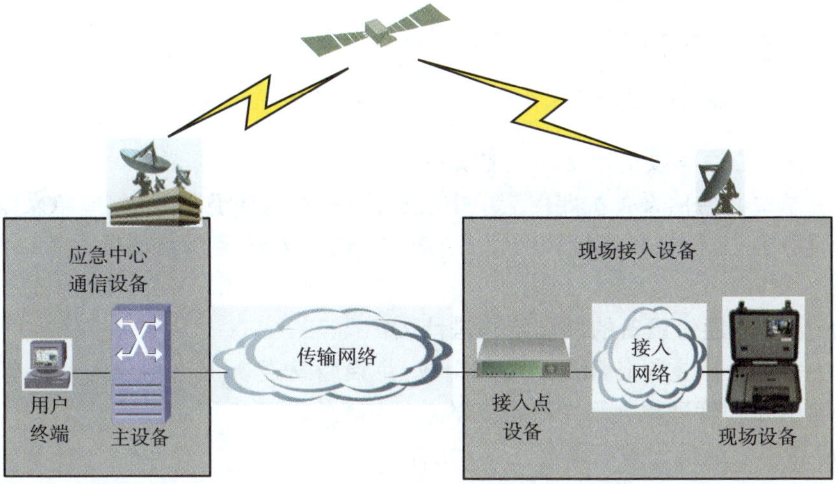

图2-1　B类应急通信系统总体结构示意图

3. 中心设备的作用是什么？如何设置？

答：中心设备是应急通信系统的核心部分，与铁路调度通信网、自动电话网相连接，将调度电话、自动电话以 VoIP 方式延伸到事件现场，实现应急中心与突发事件现场、应急中心之间以及现场内部的话音通信，事件现场的图像实时上传到应急中心，并转发到上级应急中心。

中心设备设在中国铁路总公司和各铁路局（集团公司）的救援指挥中心，每处只需一套便可满足运用要求。

4. 现场接入设备由哪几部分组成？有何作用？

答：现场接入设备由接入点设备、从接入点到突发事件现场的接入网络及突发事件现场设备（以下简称现场设备）三部分组成。

接入网络有无线、有线等多种接入方式，接入点设备与突发事件现场设备配对使用。

现场接入设备配置在通信车间或通信工区，一旦接到启用命令，立即赶赴突发事件现场，因地制宜采用相应的接入方式，建立现场与应急中心之间的语音、数据双向传输通道，同时将现场的视频和图像信息上传到应急中心。

5. B 类应急通信系统的传输网络是如何组成的？

答：B 类应急通信系统的传输网络是指从应急中心到突发事件现场之间的传输网络，分无线网络和有线网络两类。

（1）无线网络：直接利用宽带卫星传输通道；

（2）有线网络由两段网络组成：

从应急中心到接入点（即突发事件现场邻近车站或基站）的网络，利用铁路既有的 SDH 网络。

从接入点到突发事件现场选择相应的接入网络。

（二）应急中心通信设备

1. 应急中心通信设备包括哪些主要设备？

答：应急中心通信设备主要由应急中心通信主设备、应急指挥台、应急操作台、应急值班台、应急中心音/视频终端和网管终端组成，通过外部接口与现场设备以及其他系统互联。

2. 应急中心通信设备的总体结构是什么？

答：中心设备由主设备和用户终端组成，主设备从逻辑上可划分为话音单元、视频单元、存储单元和管理单元。中心设备的总体结构如图 2-2 所示。

3. 应急中心通信设备有哪些主要功能？

答：应急中心通信设备的主要功能是实现应急中心与突发事件现场、应急中心之间话音、图像和数据信息的实时交互及系统管理等。主设备可通过外部接口实现与自动电话网、调度通信网的通信；实现综合视频系统和图像信息的接入，并为图像信息系统提供图像信息。

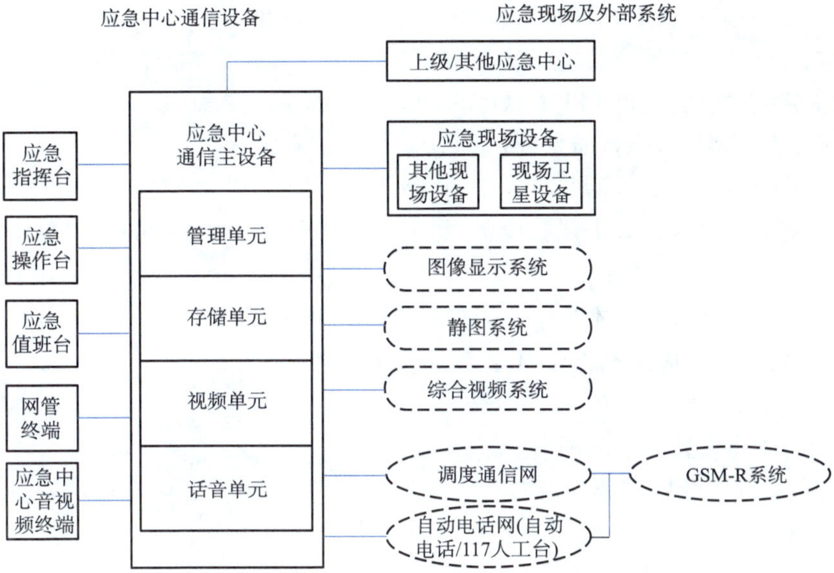

图 2-2　应急中心通信设备总体结构示意图

4. 话音单元有哪些主要功能?

答:话音单元的主要功能如下:

(1)实现应急中心与现场、相关应急中心之间的话音通信;

(2)实现铁路应急通信系统与自动电话网和调度通信网的话音通信;

(3)可支持 SS7 信令、DSS1 信令;

(4)具有为已注册的现场设备分配相应电话号码的功能,号码分配宜遵循以下原则:可分配 4 个自动电话网电话号码、2 个调度网电话号码、2 个应急系统内部号码(热线及无线影音采集设备);

(5)具有直接的呼入呼出业务的功能;

(6)具有主叫号码发送功能;

(7)支持强插、强拆功能;

(8)支持热线功能;

(9)支持多方来电的语音提示功能;

(10)支持呼叫优先级功能,优先级为 5 级;

(11)具有对系统内的话音终端设备进行通话录音的功能;

(12)具有对系统内的话音终端设备通话话单记录的功能。

5. 话音单元应满足哪些技术要求?

答:话音单元应满足以下技术要求:

(1)采用软交换技术、VoIP 方式实现与现场及其他应急中心的话音通信,协议符合

YD/T 1522.1—2006、YD/T 1522.2—2006、YD/T 1522.3—2006 和 YD/T 1522.4—2006 标准；

(2)音频编解码应支持 ITU-T G.711、G.722、G.723.1 和 G.729 标准；

(3)在正常情况下，话音质量(MoS)不应小于 4 级；

(4)可同时接入的模拟话路不少于 30 路；

(5)应支持同时接入 3 个现场设备，每个现场与中心同时通话的固定用户数不少于 4 个，移动用户不少于 4 个；

(6)可支持的会议组数不少于 4 组，每组成员 3～8 方；

(7)应急指挥台、应急操作台可保持的路数不少于 4 方；

(8)呼叫接通率大于 99%；

(9)设备支持配置独立的 IP 地址。

6. 视频单元有哪些主要功能?

答:视频单元有以下主要功能：

(1)实时接入现场视频图像；

(2)支持视频流按照设定规则存储；

(3)具有视频分发/转发功能；

(4)具有视频的实时调看和回放功能；

(5)支持暂停、停止、快进、慢进、单帧播放等播放控制功能；

(6)支持视频流和录像文件以 AV 信号输出。

7. 视频单元应满足哪些主要技术要求?

答:视频单元应满足以下主要技术要求：

(1)视频解码应符合 ISO/IEC 14496—2:2004 和 ITU-T H.264 标准；

(2)视频传输协议应支持 UDP 或 TCP 协议；

(3)应急中心通信设备之间的视频转发控制协议应符合相关要求；

(4)视频制式为 PAL；

(5)在分辨率为 CIF 时，可至少同时输入、输出 4 路视频；

(6)可至少同时支持 30 路视频的分发和 4 路视频的转发。

8. 存储单元有哪些主要功能?

答:存储单元有以下主要功能：

(1)具有对话音、图像和数据信息的存储功能；

(2)支持各类数据的导入、导出、备份、还原和删除；

(3)各类数据可独立设置存储规则，并可按规则自动存储；

(4)宜具有数据库文件的自动备份功能；

(5)可根据不同的存储内容设置不同的存储空间。

9. 存储单元应满足哪些技术要求?

答:存储单元应满足以下技术要求:

(1)支持至少 4 路视频和 30 路话音的同时循环存储;

(2)存储容量基本配置应为 2 TByte;

(3)采用 RAID 5 的保护方式。

10. 管理单元有哪些主要功能?

答:管理单元有配置管理、性能管理、故障管理和安全管理等主要功能。

11. 配置管理应满足哪些要求?

答:配置管理应满足以下要求:

(1)支持对现场设备和应急中心通信设备的配置;

(2)支持录像文件、录音文件、通话记录以及数据信息的查询、统计和导出。

12. 性能管理应满足哪些要求?

答:性能管理应满足以下要求:

(1)应支持设备运行状态的查看功能;

(2)宜支持对性能数据的分析统计功能。

13. 故障管理应满足哪些要求?

答:故障管理应满足以下要求:

(1)具有对应急中心通信设备的故障监测和告警功能;

(2)具有告警的声光提示功能;

(3)具有告警记录的存储、备份和查询功能。

14. 安全管理应满足哪些要求?

答:安全管理应满足以下要求:

(1)具有用户鉴权、操作权限的管理功能;

(2)具有日志管理功能。

15. 应急指挥/操作/值班台有哪些作用?

答:应急指挥台是提供给应急救援中心指挥人员使用的用户终端设备;应急操作台是提供给应急救援中心通信人员使用的用户终端设备;值班台是提供给应急值班人员使用的用户终端设备。

16. 应急指挥/操作/值班台有哪些功能?

答:应急指挥/操作/值班台的主要功能见表 2-1。

表 2-1 应急指挥/操作/值班台的主要功能

序 号	主要功能	指挥台	值班台	操作台
1	实现与现场、调度以及自动电话网用户话音通信	√	√	√
2	具有个呼、组呼、紧急呼叫和广播功能	√	√	√

续上表

序　号	主要功能	指挥台	值班台	操作台
3	具有呼叫转移、转接、等待、保持功能	√	√	√
4	具有强插、强拆功能	√		√
5	具有主叫识别业务功能	√	√	√
6	具有单键呼叫和任意拨号呼叫的功能	√	√	√
7	具有通话状态的显示功能	√	√	√
8	具有监听功能	√		
9	具有通话话单查看功能	√	√	√
10	具有电话簿查看和查看过程中的即时呼叫功能	√	√	√
11	具有重拨、静音和自动应答的功能	√	√	√
12	具有对实时视频的调看功能	√	√	√
13	具有对实时视频的抓拍功能	√		√
14	具有对实时视频的录像功能			√
15	具有对历史视频的回放功能	√	√	√
16	具有对视频的播放控制功能	√	√	√
17	支持对静图系统图片信息的调看功能	√	√	√
18	具有录音通知功能		√	√
19	具有会议召集、控制和管理功能	√		√
20	支持对现场视频参数的配置功能			√

17. 应急指挥/操作/值班台应满足哪些技术要求?

答:应急指挥/操作/值班台应满足以下技术要求:

(1)同时支持两个话路通话。

(2)在不考虑网络时延的情况下,与应急现场固定用户的呼叫响应时延不大于 2 s。

(3)人机操作界面采用触摸屏方式,尺寸不小于 17 英寸,最高分辨率不低于 1 280×1 024 像素。

(4)界面显示要求如下:

①界面分为话音控制界面和视频控制界面两部分,以切换方式显示;话音控制界面应包括呼叫状态显示区、信息显示区、呼叫键区、功能键区等内容,视频控制部分应包含标题栏区、系统功能区、图像显示区和设备控制区;

②界面中汉字字体使用标准宋体,英文字体使用 Times New Roman,字号不小于五号;

③音量可调节;

④界面显示亮度可调整,不低于 250 cd/m^2。

18. 应急中心音/视频终端有哪些作用和功能?

答:应急中心音/视频终端是提供给应急救援指挥中心其他人员使用的用户终端设备,音/视频终端可单独设置为音频终端和视频终端。其主要功能如下:

(1)应具有与现场、自动电话网和调度电话网话音通话的功能;

(2)应具有对实时视频的调看功能;

(3)应具有对历史视频的回放功能;

(4)宜支持对静图系统图片信息的调看功能。

19. 应急中心音/视频终端应满足哪些技术要求?

答:音/视频终端应满足以下技术要求:

(1)在不考虑网络时延的情况下,与应急现场固定用户的呼叫响应时延不大于 2 s;

(2)视频显示分辨率不低于 1 024×768 像素。

20. 什么是应急专用电话? 有什么作用?

答:应急专用电话设置在应急指挥中心,是为提供给应急抢险人员使用的专用电话。具备“一机三号”功能,可以与应急系统内电话、铁路调度电话和自动电话相互呼叫。

21. 中心设备与现场接入设备之间采用什么接口? 有何要求?

答:与应急现场之间,可采用 2 048 kbit/s 数字接口或 10/100Base-T 以太网接口的 IP 数据通道,应支持同时接入现场数量不少于 3 个。2 048 kbit/s 数字接口应符合 ITU-T G. 703、ITU-T G. 704 的相关要求。

应急中心通信设备与现场接入设备之间,2 048 kbit/s 数字接口和 10/100Base-T 以太网接口的协议转换应符合 ITU-T G. 8040/Y. 1340 的相关要求。

22. 中心设备与自动电话网和调度电话网连接采用什么接口?

答:中心设备与自动电话网和调度通信网之间,采用 Z 接口或 2 048 kbit/s 数字中继接口,建议采用 2 048 kbit/s 数字中继接口。

23. 中心设备与自动电话网连接要占用多少个号码资源? 如何使用?

答:应急通信需要占用自动电话网号码的数量,可根据实际需要和号码资源情况,选择配置,推荐占用 23 个号码资源。

号码使用情况如下:

(1)应急中心需要使用 11 个,应急指挥台、值班台、操作台各 1 个,音视频终端 6 个,自动专用电话 2 个。

(2)应急现场需要使用 12 个,三处现场,每处 4 个。

24. 中心设备与调度电话网连接要占用多少个号码资源? 如何使用?

答:应急通信需要占用调度电话网号码的数量,可根据实际需要和号码资源情况,选择配置,推荐占用 17 个号码资源。

号码使用情况如下:

(1)应急中心用 11 个,应急指挥台、值班台、操作台各 1 个,音视频终端 6 个,调度专用电话 2 个。

(2)应急现场用 6 个,三处现场,每处 2 个。

25. 中心设备与其他中心设备连接采用什么接口?

答:中心设备与其他应急中心采用 2 048 kbit/s 数字接口或 10/100Base-T 以太网接口,采用 2 048 kbit/s 数字接口时数量不少于 2 个。

26. 中心设备与综合视频系统之间采用什么接口?

答:中心设备与综合视频系统之间宜采用 10/100Base-T 以太网接口。

27. 中心设备与静图系统之间采用什么接口?

答:中心设备与静图系统之间可采用 10/100Base-T 以太网接口。

28. 中心设备与视频显示系统(大屏)之间采用什么接口?

答:中心设备与视频显示系统之间可采用 AV 接口,接口数量不少于 4 个。

29. 中心设备与卫星宽带设备和海事卫星采用什么接口?

答:中心设备与卫星宽带设备和海事卫星的接口采用 10/100Base-T 以太网接口。

(三)应急通信现场接入设备

1. 现场接入设备由哪几部分组成?

答:现场接入设备由接入点设备、接入网络及突发事件现场应急通信设备(以下简称现场设备)三部分组成。如图 2-3 所示。

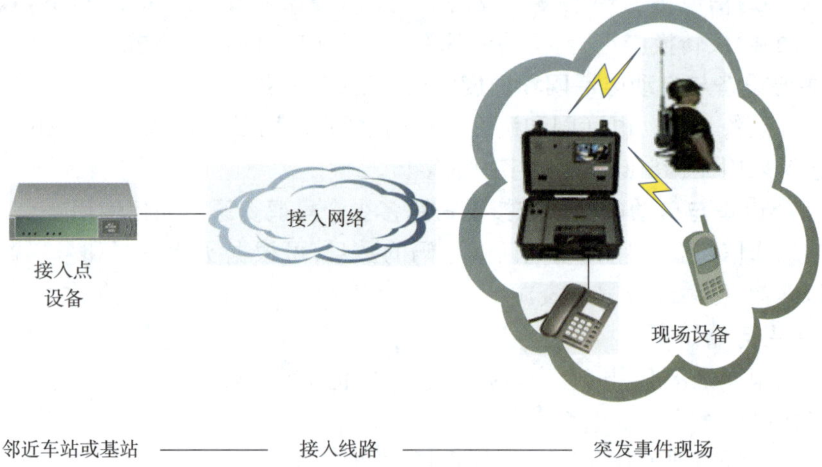

图 2-3 现场接入设备组成示意图

2. 现场接入设备具有哪些功能?

答:在应急抢险时,将现场话音、数据和图像信息利用有线(光缆、电缆)、无线等不同的应急接入方式，通过传输网络上传至应急中心/应急分中心，同时接收应急中心/应急分中心的话音、数据等决策指挥信息。

其中，话音通信可通过铁路调度通信网、自动电话网、GSM-R网及铁路“117”立接制人工话务台与现场通话，并可实现现场内部的话音通信。

数据通信可实现文件发送、接收及传真功能。

图像通信可实现静止图像和动态图像的采集和传送。

3. 接入点设备的作用是什么？

答：接入点设备是指设在邻近车站或基站的设备，一端连接应急通信传输网络是一个2 048 kbit/s数字接口，另一端连接接入网络。所以它实际上是一个两段网络的转接设备，实现2 048 kbit/s数字接口和100Base-T以太网接口的协议转换。

4. 如何因地制宜选择应急通信接入网络？

答：应急通信接入网络是指从邻近车站或基站的接入点，到突发事件现场之间的这一段的线路，根据铁路现场的实际情况，有以下几种方式可供选择：

(1)在既有铁路线，沿线敷设光、电缆并设有区间通话柱，以邻近车站作为接入点，从车站到突发事件现场可选用高比特率数字用户线的电缆接入方式，为现场提供不小于1 Mbit/s的数字传输通道。

(2)在新建铁路线，沿线只敷设光缆并且没有区间光通信柱，以邻近基站作为接入点，从基站到突发事件现场应考虑有1.5～2 km的接入网络，此线路由人工临时敷设，有以下三种接入方式可供选择：

①光缆接入方式：临时敷设1.5～2 km的野战光缆。

②被覆线接入方式：临时敷设1.5～2 km的被覆线，被覆线方便、实用、安全，又便于为现场设备供电，目前最轻便的TGE-707被覆线，每千米的重量只有5 kg，环阻约280 Ω左右，因此适宜作为接入线路。

③无线接入方式：可采用5.8 G或2.4 G无线网桥。

以上三种方式都不是十分理想，有线接入方式要临时敷设野战光缆或被覆线，抢险时要人工背负1.5～2 km线路，费力又费时；无线接入方式受环境条件的影响，开通调试不方便，只能在地形条件宽阔地段才能使用。如果能推广实现“光纤到路边”沿线设光通信柱，不仅解决了应急通信的接入问题，还为区间通信提供数字通道。铁路总公司于2013年6月以TJ/DW 148—2013文号公布了《铁路区间光通信系统暂行技术条件》，有待各方能推广实施。

5. 现场设备由哪几部分组成？

答：现场设备一般由主设备(综合接入平台)、终端设备和附属配件等组成：

(1)主设备包括：远端接入单元、移动影音接收单元、有线无线话音单元，音视频编解码单元等。

(2)终端设备包括:固定电话机和移动电话机(手机)、移动影音采集设备(摄像机、移动影音发送单元、耳麦等)、静图传输设备(含数码相机)、数据终端设备(传真机、笔记本电脑)。

(3)附属配件:电池(一主一备)、天线、连接线等。

6. 现场接入设备有哪些功能?

答:现场接入设备功能如下:

现场接入设备主要实现移动和固定终端的本地接入,根据需要对相关业务进行本地交换;可实现对移动影音采集图像的实时监视,并提供现场内部、现场与应急中心/应急分中心之间的信息传输通道。其中车载应急系统可实现应急车、救援列车在运动中的通信功能,以及对移动影音采集图像的实时监视。

7. 现场接入设备的有哪些总体技术要求?

答:现场接入设备总体技术要求如下:

(1)接入设备应符合国家和铁路总公司相关技术要求。

(2)接入设备应支持现场与调度网、自动电话网、117 人工台等用户的话音通信,同时通话的用户数不少于 4 个,话音终端可采用固定或移动终端。根据需要提供现场移动用户的内部通信功能;移动终端通信距离半径在不加中继的条件下应不小于 500 m(非视距)。

(3)设备应采用一体化设计,结构简单、集成度高。包装方式简易可靠,适于人工搬运。

(4)到达现场后的设备展开、配线及系统开通方便、快捷,便于操作。

(5)无论采用何种接入方式,到达现场后,设备正常开通时间应不大于 0.5 h。

(6)应急接入设备单件重量不大于 10 kg,总件数不超过 4 件(不含野战光缆和被覆线)。

(7)便携方式卫星设备单件重量不大于 20 kg。

(8)应满足夜间工作要求。

(9)设备的电磁兼容(EMC)性能应符合国家相关标准和规定的要求。

8. 现场终端设备包括哪些?有哪些功能?

答:现场终端设备功能如下:

现场终端设备包括话音终端、移动影音采集设备、数据终端。

话音终端主要用于现场内部、现场与应急中心/应急分中心之间的话音通信。

移动影音采集设备主要用于现场的静止图像和动态图像的采集,包括数码照相机、数码摄像机、移动影音发送单元等。

数据终端主要用于现场内部、现场与应急中心/应急分中心间的数据通信,包括文字编辑、文件发送和接收、远程数据查询、下载等。

9. 现场终端设备有哪些总体技术要求?

答:现场终端设备总体技术要求如下:

(1)各类设备应符合国家和铁路总公司相关技术要求。

(2)移动影音采集设备应满足非视距传输距离不小于 1 km 和夜间工作要求。

(3)连续工作时间不小于 1 h。

(4)移动影音采集设备总重量不大于 6 kg。

(5)应配置人工便携式背包或专用箱包。

10. 数码照相机有哪些主要技术要求?

答:数码照相机主要技术要求如下:

(1)有效像素:不小于 300 万像素;

(2)图像分辨率:不小于 1 280×980 像素;

(3)光学变焦:不小于 3 倍;

(4)具有自动对焦功能;

(5)存储介质:单条(片)容量不小于 1 GB;

(6)数据接口:USB 2.0 或 1 394 接口;

(7)具有内置闪光灯;

(8)支持 JPEG 图像格式。

11. 数码摄像机有哪些主要技术要求?

答:数码摄像机主要技术要求如下:

(1)具有 12 倍以上光学变焦功能;

(2)具有红外夜视功能;

(3)照度不低于 0.1 Lx(F1.2);

(4)图像水平解析度:不小于 450 线;

(5)具有电子或光学防抖功能;

(6)具有内置麦克风;

(7)具有模拟音视频输入/输出接口(A/V 接口);

(8)可进行本地录像,录像时间不小于 2 h;

(9)数据接口:USB 2.0 或 1 394 接口。

12. 数据终端有哪些主要技术要求?

答:数据终端主要技术要求如下:

(1)应根据系统需要配置相应的 CPU/内存/硬盘;

(2)显示屏:分辨率不小于 1 024×768 像素;

(3)具有 RJ45(自适应网卡)、RJ11(调制解调器)、USB2.0 接口;

(4)具有 PCMCIA 插槽;

(5)应安装图像收发、浏览、编辑软件。

13. 音视频编解码单元有哪些主要技术要求？

答：音视频编解码单元主要技术要求如下：

（1）视频编解码应支持 MPEG4 或 H.264 标准建议；

（2）音频编解码应支持 ITU-T G.711、G.722、G.723.1、G.729 标准；

（3）设备应具有模拟输入/输出接口（A/V 接口）及以太网接口；

（4）设备应配置独立的 IP 地址。

（四）应急通信传输网络

1. 什么是应急通信传输网络？有哪几种类型？

答：应急通信传输网络是指从应急中心到突发事件现场之间的传输网络，有两种类型：

（1）有线通信网络：由两段组成，从应急中心到突发事件邻近车站利用铁路既有的 SDH 网络资源；从邻近车站到突发事件现场选择合适的接入网络，该接入网络是现场设备的一个组成部分。

（2）无线通信网络：从应急中心到突发事件现场采用宽带卫星可实现 A 类、B 类应急通信的要求。采用海事卫星、GSM-R/GSM/CDMA 等移动通信网络只能实现 C 类、D 类应急通信的要求。

2. B 类应急通信传输网络性能有哪些主要技术要求？

答：网络性能主要技术要求如下：

（1）采用有线和无线接入方式端到端单向传输时延不大于 50 ms。

（2）端到端的丢包率不大于 0.1%。

3. 如何构建应急通信有线传输网络？

答：从应急中心到突发事件邻近车站（基站），可利用铁路既有的 SDH 网络资源，目前全路的 SDH 传输网络已覆盖到铁路沿线的各车站（基站），在《铁路通信设计规范》中明确要求：每个车站（基站）都要预留应急通信的 2 M 专用通道。在《高速铁路通信设计规范》中明确要求：从车站（基站）到突发事件现场的接入网络，可利用电缆、光纤（被覆线）或无线网桥，并配置相应的局端和远端接入设备。

4. 如何构建全路应急通信有线传输网络？

答：根据中国铁路总公司《关于做好全路应急通信中心设备联网工作》的要求：各铁路局应急通信中心设备接入铁路数据通信网，应急通信业务由铁路数据通信网统一承载，与综合视频监控业务共用 VPN，总公司及铁路局应急中心均设置两台路由器，各通过一条 GE（光口）或 FE（电口）链路与铁路数据通信网的一台接入路由器互联，互联协议采用静态或 EBGP 协议。

各铁路局中心设备与总公司中心设备的互联采用路由接入方式，如图 2-4 所示。

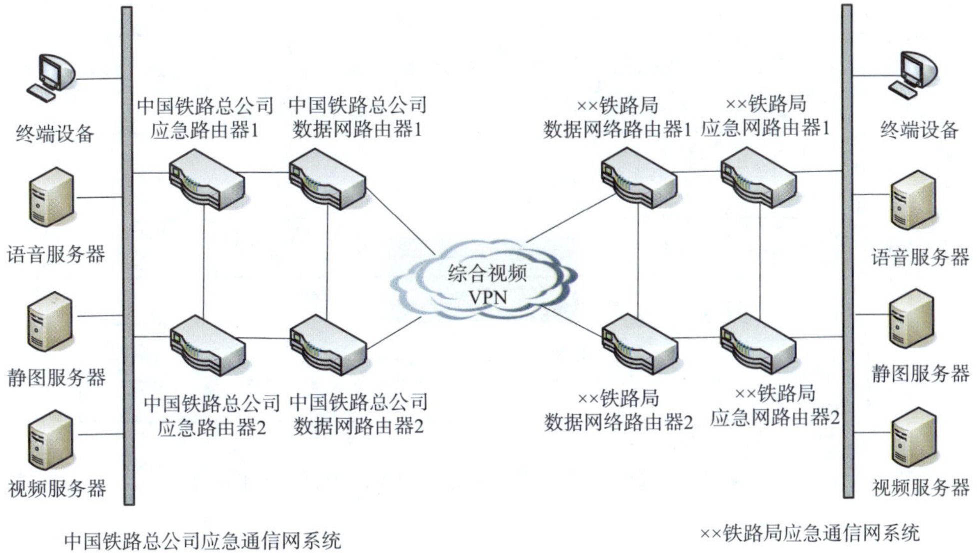

图 2-4　总公司中心设备与铁路局中心设备互联示意图

5. 如何构建全局应急通信有线传输网络?

答:铁路局的中心设备与现场接入设备采用 2 M 链路或光纤相连,并且以 2 M 环(光纤环)的方式连接。

铁路局的中心设备只有一套,设在铁路局所在地的相关通信机械室,而现场接入设备有几十套甚至上百套,分布在全局沿线的通信车间或通信工区,一旦启用应急通信响应时,由通信维护人员携带现场接入设备奔赴突发事件现场,通过应急通信网络接入中心设备。因此,全局应急通信网络是以铁路局所在地为中心,按各铁路线的方向,从始端站开始逐站串接至末端站环回,形成一个 2 M 环,由若干个 2 M 环组成全局应急通信有线传输网络。

6. 全局应急通信有线传输网如何组环?

答:目前的高速铁路敷设两条光缆,提供的 2 M 通道有通信奇数环和通信偶数环,在变电所、开闭所提供 2 M 通道组成一个牵变环,这三个环供应急通信使用。有的铁路线只敷设一条光缆,提供 2 M 通道逐站串接组成一个通信环。

组环有两种方式。

方式一:按传输链路承载业务种类组环

从某一方向铁路线的起始站到末端站,逐站串接组成一个 2 M 环,按承载业务种类分通信奇数环、通信偶数环和牵变环,将这三个环分别接入中心设备,如图 2-5 所示。例如,广州铁路(集团)公司武广线采用"按传输链路承载业务种类组环方式"。有些铁路线只有通信环和牵变环,则将两个环分别接入中心设备。

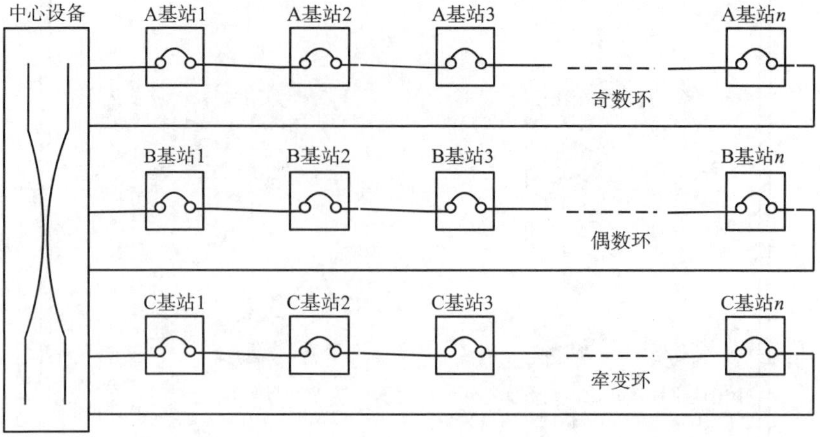

图 2-5 按传输链路承载业务种类组环方式示意图

方式二:按铁路营业线组环

按铁路营业线的起始站到末端站,逐站串接组成一个 2 M 环,分别有通信奇数环、通信偶数环和牵变环,然后将这三个环串接后,接入中心设备,如图 2-6 所示。例如,上海铁路局京沪线采用“按铁路营业线组环”。

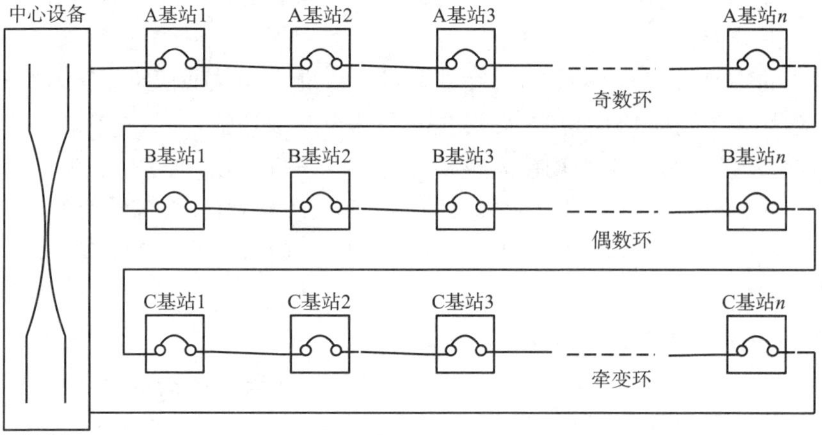

图 2-6 按铁路营业线组环方式示意图

7. 为什么中心设备与现场接入设备采用 2 M 环的方式连接?

答:主要是从两个方面来考虑:

一是从实际需要考虑,根据运输和线路情况确定 2 M 环的覆盖范围,有的可能会有好几百公里,这时如果同时有两处需要接入现场设备,那么一处从主用 2 M 接入,另一处从环回的备用 2 M 接入。另外需要启用 B 类应急通信时,往往事件性质比较大,一处事件现场(如特大桥梁、隧道的两端)可能需要同时开通现场设备,这时一处用主用

2 M,另一处用备用 2 M。

二是从安全方面考虑,发生较大突发事件时,有可能伴随着传输线路也中断了,这时可以从环回的 2 M 接入现场设备,确保应急通信畅通。

8. 如何配置现场接入设备?

答:配置的原则应满足开通应急通信时限的要求,即 1 h 内能提供应急通信话音和图像业务。《高速铁路应急通信保障措施》规定:每 200 运营公里配置 1～2 套应急通信现场设备,如果配 1 套,从配置点到突发事件现场将有 100 km,很难保证 1 h 内开通图像传输设备。因此按通信车间或通信工区所在地配置,基本上按 60 km 左右配置 1 套,那么从配置点到突发事件现场的接入点,约 30 km 左右,接入点在基站。而突发事件现场可能在两个基站之间,两个基站之间的距离约 3 km。因此从接入点到突发事件现场的接入线路要按 1.5 km 左右考虑,基本上能满足时限的要求。

(五)应急通信系统运用

1. 现场接入设备的用户终端如何配置和运用?

答:现场接入设备的用户终端包括语音设备、无线影音采集设备和数据设备。

(1)语音设备:从中心设备到现场设备提供 8 个语音信道,4 个信道接固定电话机,分别为:热线电话(现场与应急指挥台直达对讲)、1 台调度电话、2 台自动电话,还有 4 个信道留给移动用户使用。目前大部分配 4 部手机,也有的配几十部手机,都是根据用户需要配置的,没有统一的标准和要求。推荐运用方案:单兵占 1 个信道,1 部手机绑定自动或调度电话,另外 2 个信道作用户中继,给其他移动用户使用。

(2)无线影音采集设备:配置 1 套,有些现场设备能提供 2 路视频输入,不妨多配 1 台摄像机,可就近采集图像。

(3)数据设备:根据需要可选配笔记本电脑和传真机。

2. 如何解决突发事件现场的内部通信问题?

答:突发事件现场的环境比较复杂又嘈杂,抢险救灾人员随时需要流动,互相之间的通信只有靠移动电话来解决,TB/T 3204—2008《铁路应急通信接入技术条件》规定:"根据需要提供现场移动用户的内部通信功能;移动终端通信距离半径在不加中继的条件下,应不小于 500 m(非视距)"。因此采用移动电话解决现场内部通信问题。

3. 现场接入设备的移动电话采用什么样的制式?配多少台较合适?

答:(1)有两种制式,一种采用 WiFi 手机,价格低廉,但是非视距 500 m 很难保证,尤其是铁路沿线环境复杂,必须加装无线路由器才能解决,因此要因地制宜慎重选择;另一种采用 900 M 无线 PBX,经过测试无线手机能满足非视距 500 m 的要求,但价格比较贵。

(2)配备数量,目前有两种运用方式:

方式一:在现场设备语音网关的后 4 个端口,接无线 PBX,分别配 4 部手机,1 部给单兵(摄像人员)专用，另外3部手机绑定调度或自动电话。

方式二：在现场设备语音网关的后4个端口，接无线PBX，配几十部手机，其中1部手机绑定给单兵专用，其余手机供抢险人员内部通信用。

这两种运用方式各有优缺点，方式一移动用户往外拨打电话方便，但现场内部电话数量太少，满足不了运用的需要；方式二现场配了几十部手机，内部通信方便了，但往外拨打电话容易堵塞并且手机太多不便管理。因此推荐无线信道1给单兵用，无线信道2绑定调度或自动电话，该手机给现场指挥长用，无线信道3和4以用户中继方式接外网，采用1∶4的集线比，可以配8部手机，分别给运、机、辆、工、电、医疗等各部门使用。一共配10部手机，既保证了现场各部门之间的通信，又方便往外拨打电话。

4. 为什么中心设备只考虑同时接入3处现场接入设备？

答：因为只有发生重大突发事件(Ⅲ级以上响应)才启用B类应急通信设备，根据资料统计，一个铁路局同时发生3起重大事故的概率很小，当然较大铁路局可以考虑同时接入现场设备大于3处，中心设备处理能力没有问题，但需要配置相应的外网号码资源。

5. 系统内每个用户终端的电话号码有何区别？

答：(1)系统内现场接入设备的用户终端，有的是系统内部专用电话，如热线电话和单兵电话，只使用系统内部的电话号码；有的是需要和自动电话网、调度电话网联网使用，要占用自动电话网、调度电话网的号码资源，这些号码是随现场设备上线时间的先后，由中心设备控制分配，使用的自动用户号码和调度用户号码不是“终身制”的。

(2)应急中心的用户终端，有应急指挥台、值班台、音视频终端和应急专用电话4种类型，这些用户终端都是IP电话，是“一机多号”可以呼叫自动电话网或调度电话网的用户，每个用户终端要分别配置一个自动电话号码和调度电话号码，这些号码由自动电话网和调度电话网通过中心设备放号过来，是固定使用的。

6. 系统内的每个用户终端为什么要赋予一个系统识别号？

答：应急通信系统语音单元采用SIP协议提供语音服务。SIP协议要求每个用户终端必须有唯一的一个标识，在应急通信系统内，该标识使用电话号码规则编制，即系统识别号(内部小号)。它具有以下作用：

当设备上线时，语音系统通过系统识别号来区分设备，所有的呼叫都由中心设备根据系统识别号进行交换处理；应急通信系统内用户终端设备根据系统识别号来映射外网号码；当中心设备与外网中断时，整个应急系统内可以通过呼叫系统识别号进行通信。

7. 如何编制系统识别号？

答：采用$99H_1H_2ABC$七位码的编号，目前调度电话网和自动电话网用户的电话号码，前两位没有用“99”的，所以前两位采用“99”，拨号时不会指向外网。

H_1H_2与调度区号一致；AB 为设备的地址码，中心设备用 99，现场设备从 00～98 按铁路线顺序编号；C 为用户终端序号或语音网关端口号。

8. 如何规定现场接入设备的系统识别号？

答：现场接入设备一般采用 8 路语音网关，端口运用规律及系统识别号见表 2-2。

表 2-2　现场接入设备语音网关端口号、用途及系统识别号

端口号	1	2	3	4	5	6	7	8
用途	热线	调度 1	自动 1	自动 2	单兵	调度 2	自动 3	自动 4
系统识别号	$99H_1H_2$ AB1	$99H_1H_2$ AB2	$99H_1H_2$ AB3	$99H_1H_2$ AB4	$99H_1H_2$ AB5	$99H_1H_2$ AB6	$99H_1H_2$ AB7	$99H_1H_2$ AB8

9. 如何规定应急中心用户终端的系统识别号？

答：系统识别号 $99H_1H_2$ABC 中的 AB 用 99，C 为用户终端序号，应急指挥台为 9、值班台为 0、操作台为 8，音视频终端按用户业务性质而定，应急中心用户终端的名称、用途和系统识别号见表 2-3。

表 2-3　应急中心用户终端的名称、用途和系统识别号

用户名称	用　　途	系统识别号
应急指挥台	提供给应急救援指挥中心指挥人员使用	$99H_1H_2999$
应急值班台	提供给应急值班人员使用	$99H_1H_2996$
操作台	提供给应急救援指挥中心通信人员使用	$99H_1H_2998$
应急专用电话	是自动和调度电话网延伸到中心的系统内部电话	$99H_1H_2991$～$99H_1H_2994$
音视频终端	提供给应急救援指挥中心其他指挥人员使用	$99H_1H_298X$

注：表中的 X 是用户属性。

10. 如何实现“一机多号”？

答：系统内的现场用户终端，有自己的系统识别号（俗称内部小号），同时可映射自动或者调度电话号码。自动电话网内的用户只能呼叫现场的自动电话用户，同样，调度电话网内的用户只能呼叫现场的调度电话用户。

系统内应急中心的用户终端（如应急指挥台、值班台、音视频终端和应急专用电话）既是调度电话用户又是自动电话用户，它是“一机三号”，能呼叫自动电话网用户又能呼叫调度电话网用户。同样，自动电话网或调度电话网的用户也都能呼叫应急中心的用户终端。

目前某些铁路局内的自动电话有首位号码为“7”和“9”的情况，导致应急通信系统呼叫首位号码为“7”和“9”的号码时，无法判断是呼叫自动电话还是调度电话。因此，建议采用加字冠的方式呼叫外线号码。例如，呼叫自动电话号码时号码前加拨“0”，呼叫调度电话时号码前加拨“1”。

11. 应急指挥台与现场热线电话相互之间的呼叫过程和径路是什么？

答：应急指挥台单键直拨现场热线电话，现场热线电话摘机直拨应急指挥台，相互之间呼叫无需拨号，由中心设备直接完成呼叫接续，呼叫径路如图 2-7 绿线所示。

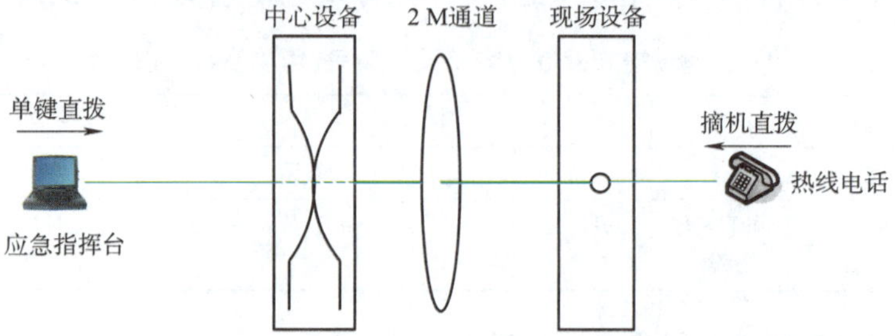

图 2-7　应急指挥台与现场热线电话相互之间的呼叫径路示意图

12. 应急指挥台与系统内和系统外的调度电话呼叫过程和径路是什么？

答：应急指挥台呼叫系统内的现场调度电话，单键直拨现场调度电话，现场调度电话呼叫应急指挥台，拨应急指挥台的调度号，在系统内相互之间呼叫。中心设备收到该呼叫号码同时映射系统识别号，便直接完成呼叫接续，呼叫径路如图 2-8 绿线所示。

应急指挥台呼叫系统外的调度电话，如果指挥台呼叫键配置了该号码便可单键直拨，中心设备收到该呼叫号码，不在系统内不映射系统识别号，便将号码转发到调度电话交换机，由中心设备和调度电话交换机共同完成呼叫接续，呼叫径路如图 2-8 虚线所示。

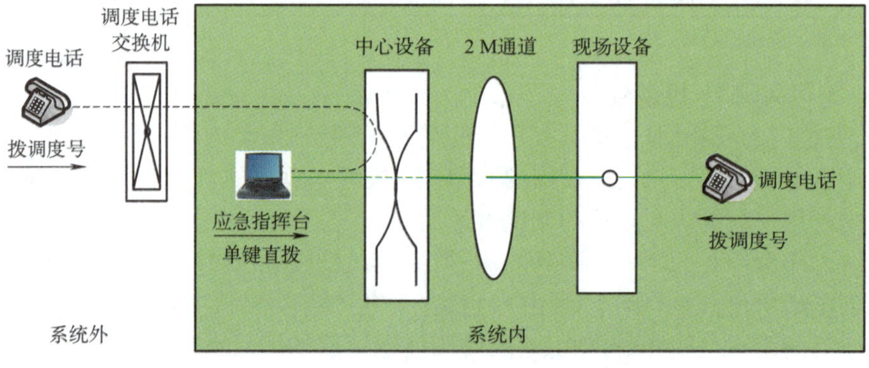

图 2-8　应急指挥台与系统内、系统外调度电话相互之间呼叫径路示意图

13. 应急指挥台与系统内和系统外的自动电话呼叫过程和径路是什么？

答：应急指挥台呼叫系统内的现场自动电话，单键直拨现场自动电话，现场自动电话呼叫应急指挥台，拨应急指挥台的自动号，在系统内相互之间呼叫。中心设备收到该呼叫号码同时映射系统识别号，便直接完成呼叫接续，呼叫径路如图 2-9 绿线所示。

应急指挥台呼叫系统外的自动电话，如果指挥台呼叫键配置了该号码便可单键直拨，中心设备收到该呼叫号码，不在系统内不映射系统识别号，便将号码转发到自动电话交换机，由中心设备和自动电话交换机共同完成呼叫接续，呼叫径路如图 2-9 虚线所示。

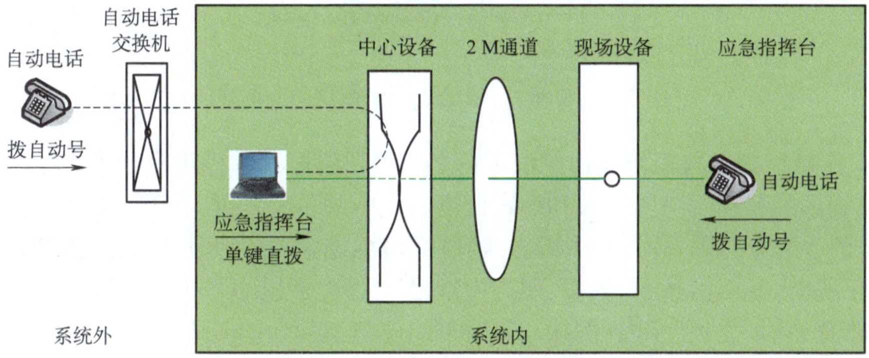

图 2-9 应急指挥台与系统内、系统外自动电话相互之间呼叫径路示意图

14. 应急指挥台与单兵相互之间的呼叫过程和径路是什么？

答：应急指挥台单键直拨单兵，单兵按键呼叫应急指挥台，由中心设备和现场接入设备共同完成呼叫接续，呼叫径路如图 2-10 绿线所示。

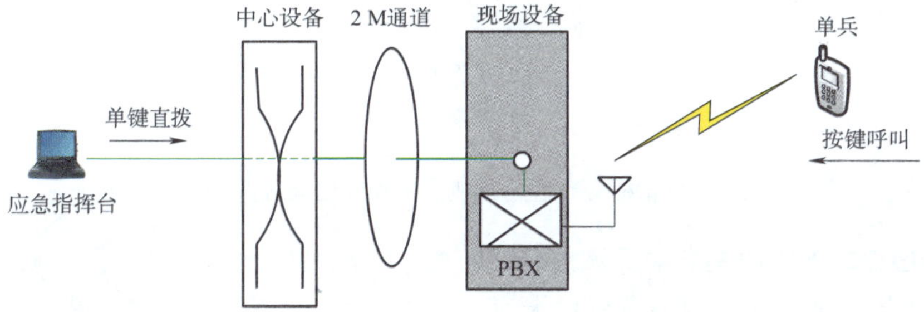

图 2-10 应急指挥台与单兵相互之间的呼叫径路示意图

15. 应急指挥台与绑定调度（自动）电话号码的手机，相互之间的呼叫过程和径路是什么？

答：绑定的调度（自动）电话号码的手机用户，相互之间呼叫，按照拨号规则直拨相应的电话号码。主被叫用户在系统内有映射系统识别号，便由中心设备和现场接入设备共同完成呼叫接续，呼叫径路如图 2-11 绿线所示。

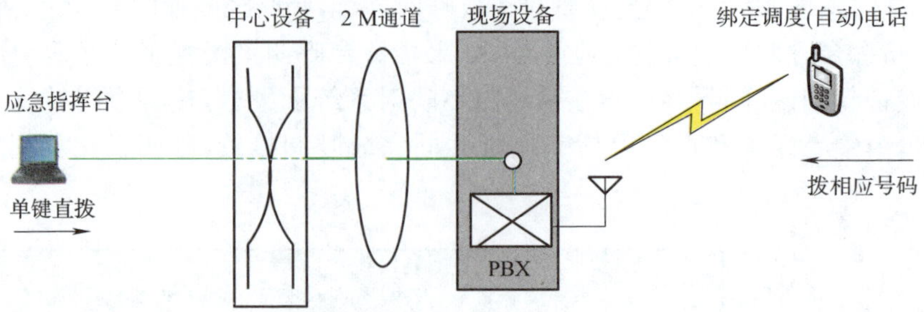

图 2-11 应急指挥台与绑定的调度(自动)电话之间的呼叫径路示意图

16. 应急指挥台与现场其他手机用户之间的呼叫过程和径路是什么?

答:现场的移动用户除单兵和绑定调度(自动)的手机之外,其他手机只配备一个无线 PBX 的手机小号码,以用户中继方式呼叫调度(自动)电话用户,应急指挥台呼叫现场其他手机时,要二次拨号,先拨"用户中继号"再拨"手机小号码"。反之,其他手机呼叫应急指挥台时,先拨"字冠(例如'0')"再拨"应急指挥台的号码"。用户中继号和应急指挥台的号码都在系统内,由中心设备和现场接入设备共同完成呼叫接续,呼叫径路如图 2-12 绿线所示。

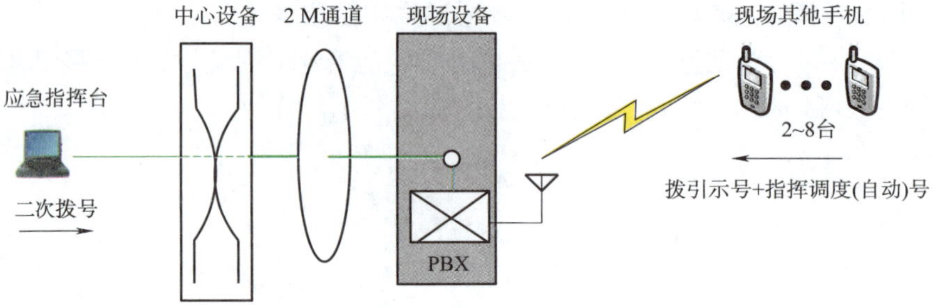

图 2-12 应急指挥台与现场其他手机相互之间呼叫径路示意图

17. 现场其他手机与系统外调度(自动)电话之间呼叫过程和径路是什么?

答:现场其他手机呼叫系统外的调度(自动)电话,先拨"引示号"再拨所要的调度(自动)电话号码,应急中心通信设备判断是呼叫外网的电话,便将号码转发到相应的电话交换机,由现场接入设备、中心设备和相应的电话交换机共同完成呼叫接续,呼叫径路如图 2-13 绿线所示。

18. 应急指挥台与异地应急指挥台之间呼叫过程和径路是什么?

答:应急指挥台与异地应急指挥台之间的呼叫,有三种呼叫方式:

(1)用调度号拨号呼叫:应急指挥台拨异地应急指挥台的调度号,由双方中心设备和双方调度交换机共同完成呼叫接续,如图 2-14 蓝线所示。

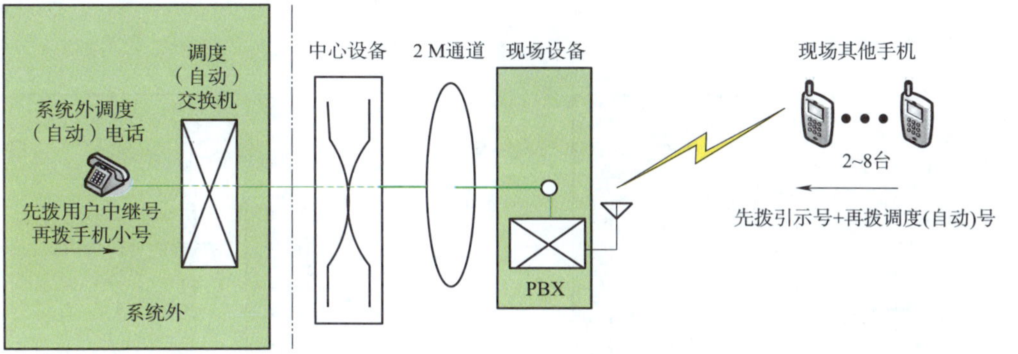

图 2-13　现场其他手机与系统外调度(自动)电话之间呼叫径路示意图

(2)用自动号拨号呼叫:应急指挥台拨异地应急指挥台的自动号,由双方中心设备和双方自动电话交换机共同完成呼叫接续,如图 2-14 绿色虚线所示。

(3)用系统识别号拨号呼叫:应急指挥台拨异地应急指挥台的系统识别号,应急中心通信设备判断是异地应急指挥台,通过数据网路由到异地应急中心通信设备,由双方应急中心通信设备共同完成呼叫接续,如图 2-14 绿色实线所示。

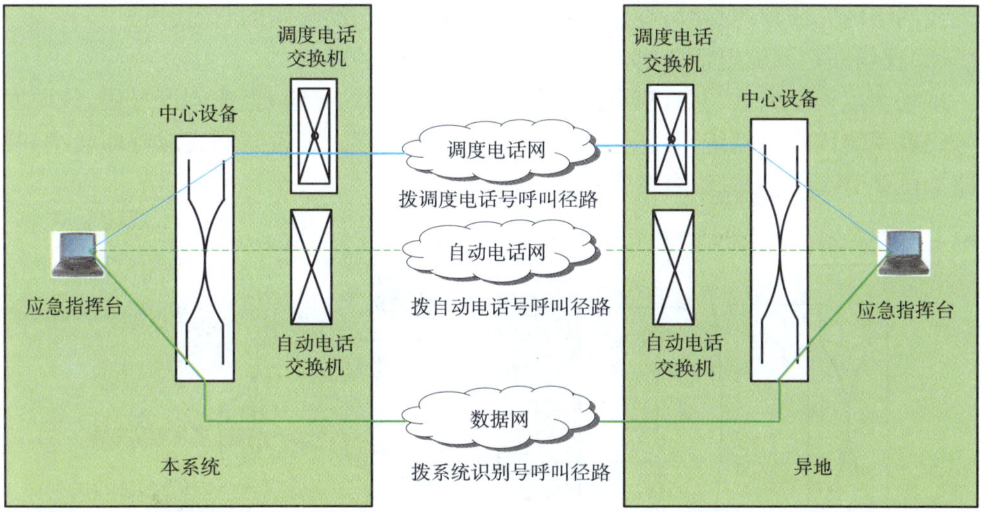

图 2-14　应急指挥台与异地应急指挥台之间呼叫径路示意图

19. 应急指挥台与异地调度(自动)电话之间的呼叫过程和径路是什么?

答:应急指挥台呼叫异地调度(自动)电话,直拨异地的调度(自动)电话号码,应急中心通信设备判断是呼叫异地的调度(自动)电话,便将号码转发到调度(自动)电话网,由应急中心通信设备和本地、异地调度(自动)电话交换机共同完成呼叫接续,呼叫径路如图 2-15 绿线所示。

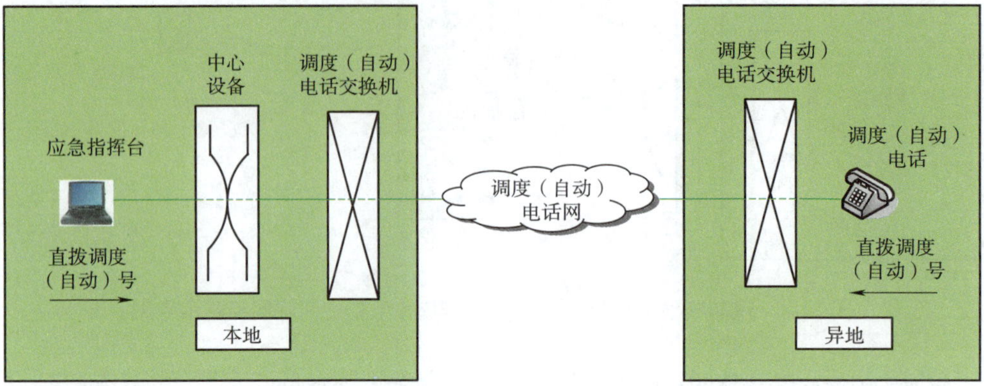

图 2-15 应急指挥台与异地调度(自动)电话之间呼叫径路示意图

20. 现场内部通话的呼叫径路是什么?

答:现场内部通话有以下方式:

(1)移动电话用户相互之间的呼叫,直拨手机小号码,由现场接入设备的无线 PBX 在无线网络内完成呼叫接续,在应急中心无法显示这一类呼叫的状态。

(2)现场固定调度电话与绑定调度号的手机之间的呼叫:

现场固定调度电话与绑定调度电话号的手机之间的呼叫,直拨调度号码,该调度电话号码在系统内映射系统识别号,由中心设备和现场接入设备共同完成呼叫接续,呼叫径路如图 2-16 绿线+移动网络所示。

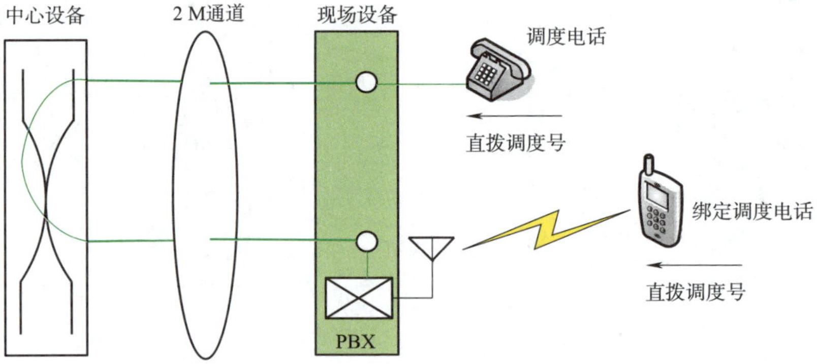

图 2-16 现场固定调度电话与绑定调度号的手机之间的呼叫径路示意图

(3)现场固定调度(自动)电话与现场其他手机之间的呼叫:

现场其他手机以用户中继方式接入调度(自动)电话网,现场固定调度(自动)电话呼叫其他手机,先拨"用户中继号"再拨"手机小号",其他手机呼叫固定调度(自动)电话,先拨"引示号"再拨"固定调度(自动)电话号"。固定调度(自动)电话号和用户中继号都在系统内映射系统识别号,由中心设备和现场接入设备共同完成呼叫接续,呼叫径路如图 2-17 绿线+移动网络所示。

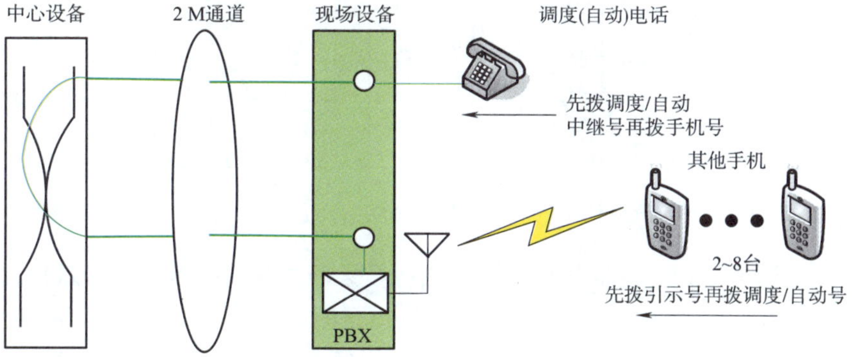

图 2-17 现场固定调度(自动)电话与其他手机之间呼叫径路示意图

21. 系统内不同现场电话用户相互之间呼叫径路是什么?

答:系统内不同现场电话用户相互之间呼叫,例如,现场一与现场二之间,现场调度(自动)电话相互之间的呼叫,直拨对方的调度(自动)号,在系统内映射系统识别号,由中心设备和现场接入设备共同完成呼叫接续,呼叫径路如图 2-18 绿线所示。

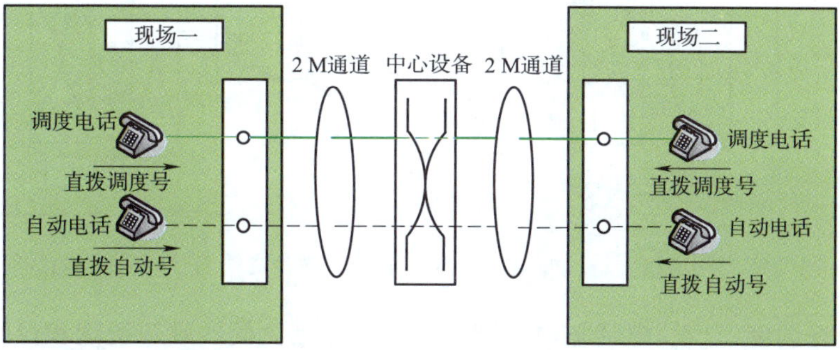

图 2-18 系统内不同现场电话用户相互之间呼叫径路示意图

22. 现场调度(自动)电话与系统外调度(自动)电话之间呼叫接续和径路是什么?

答:现场调度(自动)电话呼叫系统外调度(自动)电话时,拨相应的电话号码,中心设备收到号码判断是呼叫系统外的调度(自动)电话,便将号码转发到相应的电话交换机,被叫振铃,摘机通话。由中心设备和相应电话交换机共同完成呼叫接续。呼叫径路如图 2-19 绿线所示。

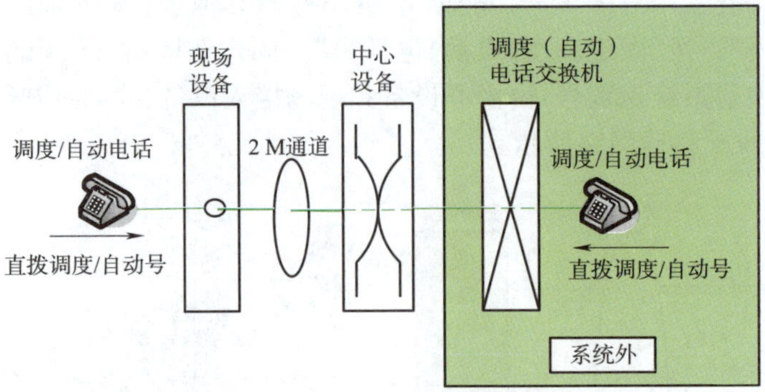

图 2-19　现场调度(自动)电话与系统外调度(自动)电话之间呼叫径路示意图

23. 现场调度(自动)电话与异地应急指挥台之间的呼叫接续和径路是什么?

答:现场调度(自动)电话呼叫异地应急指挥台时,拨相应的调度(自动)电话号码,系统内没有映射系统识别号,中心设备便将号码转发到相应的电话交换机,通过调度(自动)电话网络,被叫方电话交换机收到号码分析是呼叫应急指挥台,便将号码转发到中心设备,由双方中心设备和双方调度(电话)交换机共同完成呼叫接续,呼叫径路如图2-20 绿线所示。

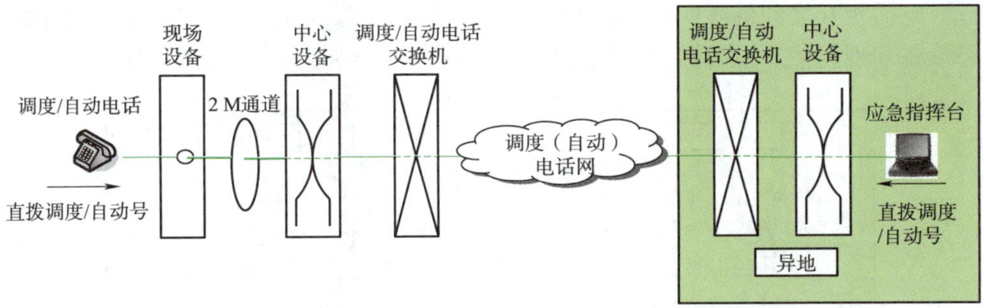

图 2-20　现场调度(自动)电话与异地应急指挥台之间的呼叫径路示意图

24. 现场调度(自动)电话与异地调度(自动)电话之间的呼叫接续和径路是什么?

答:现场调度/自动电话与异地调度/自动电话相互之间的呼叫,在实际运用中概率很小,只有当两个相邻铁路局交界处发生特大事件,双方都要启用应急通信时才有系统间现场电话用户通话。尽管概率很小但不是绝对没有,路外其他部门组网运用时,可能会有这方面的需求,因此设备应具有该功能。

相互之间的呼叫,直拨对方的调度/自动电话号码,中心设备收到号码分析不在本系统内,便将号码转发到调度/自动电话交换机,通过调度/自动电话网络,转发到异地调度/自动电话交换机,异地调度/自动电话交换机收到号码,分析为应急电话号,便将号码转发到中心设备,中心设备呼叫现场调度/自动电话,被叫振铃摘机通话。由双方中心设备和调度/自动电话交换机共同完成呼叫接续,呼叫径路如图 2-21 绿线所示。

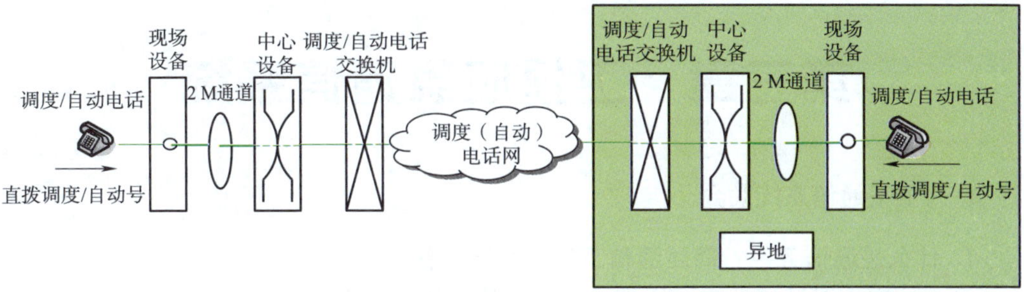

图 2-21 现场调度/自动电话与异地现场调度/自动电话之间的呼叫径路示意图

第三章 卫星应急通信系统

(一)卫星通信系统简介

1. 什么是通信卫星？简述通信卫星的发展历程。

答:(1)通信卫星是太空中用作无线电通信中继站的人造地球卫星。它是卫星通信系统的空间部分,用以转发无线电通信信号,实现地球站(含手持机终端)之间或航天器与地球站之间的通信。

(2)通信卫星的发展历程:

1945 年英国人 A·C·克拉克提出地球静止轨道通信卫星的设想。

1958 年美国空军发射世界第一颗通信卫星斯科尔号,开始了通信卫星的实验阶段。

1965 年美国发射国际通信卫星-1(又名“晨鸟”),苏联发射闪电-1 通信卫星,通信卫星进入实用阶段。

20 世纪 70 年代通信卫星向各应用领域和国内通信卫星方向发展,出现了各种专用通信卫星。

20 世纪 80 年代通信卫星为世界各国普遍应用。

20 世纪 90 年代通信卫星向着移动通信卫星和数字电视直播卫星方向发展。

21 世纪初,高功率、长寿命、大型地球静止轨道通信卫星与中低轨道小型卫星并驾齐驱,构筑以通信卫星为主的纵横交错的太空信息高速公路,向在太空建成高速率、宽带、多媒体因特网的目标前进。

2. 通信卫星一般如何分类?

答:通信卫星的一般分类如下:

(1)国际通信卫星:主要经营国际电信业务的通信卫星。其中最著名的是国际通信卫星组织所经营的第 8 代“国际通信卫星”(Intelsat),代表着世界卫星通信产业发展的典型历程。

(2)区域通信卫星:是某个地区多个国家共同使用的通信卫星。共同使用卫星系统的方式有两种,一种是处在同一地区的不同国家或地区共同出资建立卫星系统,共同承担运营费用,分享利润;另一种是一个公司筹资建立卫星通信系统,然后为处在同一地区的不同国家和地区提供服务,收取费用。

(3)国内通信卫星:主要用于覆盖本国领土的通信卫星。由于国内通信卫星建造费用较低，投入运行周期短，是“快、好、省”地建立国家基础电信网络的重要手段，因此颇受发展中国家的青睐。目前，除发达国家外，已有许多发展中国家建立了自己的国内通信卫星系统。

(4)移动通信卫星：是海陆空移动体或个人提供“动中通”的专用通信卫星。卫星按轨道可分为中轨道、低轨道和静止轨道三种；按服务区域可分为全球、区域和国内三种；按地面终端类型分有手持机型、车载、船载、机载和手提箱便携式。静止轨道移动通信卫星适用于为某个固定地域提供服务，而中、低轨道移动通信卫星一般都是采用众多卫星组网运行，适合为全球服务。

(5)直播卫星：是一种向公众直接转播电视或声音广播节目的专用通信卫星，主要用于电视直播，又称电视直播卫星。

(6)跟踪与数据中继卫星：是太空中的数据中转站。它配置在地球静止轨道上，居高临下转发地球站对中、低轨道航天器的跟踪测控信号，并对中、低轨道航天器不能直接发回地面的数据、图像、话音等信息进行实时、连续中继。跟踪与数据中继卫星正在逐渐成为航天技术发展中越来越重要的项目，目前美国和俄罗斯的跟踪与数据中继卫星已经组网运行，欧空局、日本等其他国家也正在研制跟踪与数据中继卫星。

(7)军事通信卫星：包括战略通信和战术通信两大类卫星，前者提供全球性的战略通信，后者提供地区性战术通信以及对军用飞机、舰船、车辆和个人的移动通信。20 世纪 80 年代以来的战略和战术通信卫星的区分已不明显。军事通信要求迅速、准确、保密和不间断。与民用通信卫星相比，现代军事通信卫星具有抗干扰性好、机动灵活、可靠性高、生存力强等特点。

3. 通信卫星按应用领域如何分类？

答：通信卫星按应用领域分类如下：

(1)海事移动卫星系统(MMSS)：可改善海上救援工作，提高船舶使用效率和管理水平，增强海上通信业务和无线电定位能力。

(2)航空移动卫星系统(AMSS)：主要用途是在飞机与地面之间为机组人员和乘客提供语言和数据通信。

(3)陆地移动卫星系统(LMSS)：主要是利用卫星为行驶在陆地上的车辆提供通信。

4. 在铁路应急抢险中，采用哪些卫星通信设备？

答：在铁路应急抢险中采用的卫星通信设备有：海事卫星系统和 Ku 波段的 VSAT 宽带卫星系统，海事卫星系统分 M4 和 BGAN 两类。

5. 卫星通信有什么特点？

答：卫星通信与一般通信方式相比，具有通信距离远、传输容量大、覆盖区域广、不受地理障碍限制、通信质量好、经济效益高的优点，是现代通信的重要手段。尤其卫星通信的多址灵活性和可移动特点在军事指挥控制上具有特别重要的意义。

6. 卫星通信系统在铁路应急救援中有什么作用?

答:铁路应急通信有着其独特的应用环境和功能要求:事故和灾害发生地往往远离城市和车站,现场缺少可用的通信网络、电源等基础资源,同时又要求现场人员能够以最快的速度在第一时间与后方指挥中心建立语音、图像和数据连接,以便后方领导和专家快速了解现场情况,及时做出决策、调度资源进行抢险救援。在这种环境和需求下,利用卫星通信可以在全路任何地点快速建立起连接,不需要地面线路和网络的支持,同时大多数卫星通信终端设备都比较小巧,便于携带,又具备 IP 语音、图像传输和数据传输等功能。

近些年来,随着无线、卫星通信技术的快速发展,卫星通信已经成了应急通信现场重要的传输手段,无论是在铁路应急,还是在地震、洪水、火灾等所有灾害现场,卫星通信都发挥着极其重要的作用。

7. 卫星应急通信设备在运用中有哪些优势?

答:卫星应急通信设备运用中有以下优势:

(1)设备小巧,便于运输和携带。海事卫星终端一般都比较小,特别 BGAN 型终端只有 1 kg 多的重量,大小和书本一样。VSAT 设备的天线尺寸也比较小、重量轻、机动性强。

(2)设备易于展开,可快速进行现场传输。在很快的时间内进行搭建和展开,可以保障在第一时间内将现场语音和图像进行回传。

(3)传输设备结构简单,无需现场其他设备的支持,也无需复杂的后方接入设备。

(4)性能可靠,故障率低。卫星设备一般集成度比较高,系统连接简单,没有过多的连接节点,因此性能稳定可靠,故障率低。

(5)适用于各种恶劣环境。卫星系统都是根据野外作业环境设计的,绝大多数卫星终端设备都符合野外恶劣环境中的使用要求。

8. 卫星通信设备在运用中有哪些不足之处?

答:卫星通信设备在运用中有以下不足之处:

(1)通信费用较高。一般的卫星通信设备都是按照时间或流量进行计费的,通信费用要比地面通信高。

(2)对通信人员技术要求较高。卫星通信设备虽然使用起来方便,但是在现场还是需要有较高水平的技术人员进行前期调试和故障处理。并且卫星设备的日常维护也是需要专门的技术人员。

(3)VSAT 宽带卫星设备需要租用信道,使用时需要提前租用卫星转发器信道。

(二)宽带卫星通信系统

1. 什么是 VSAT 卫星通信系统?

答:VSAT 是 Very Small Aperture Terminal 的缩写,直译为“甚小口径终端”,天

线一般小于 2.4 m,为智能化的小型地球站。能提供的单向传输速率不小于 1 Mbit/s,所以也称为宽带卫星通信(以下统称为宽带卫星通信)。

2. 宽带卫星通信系统的网络结构有哪几种?

答:宽带卫星通信系统的网络结构主要有:星状网、网状网或者星形/网状混合网三种,在应急通信现场应用最多的是点对点连接方式。

3. 宽带卫星通信系统有什么特点?

答:宽带卫星通信系统具有良好的高带宽的特点,在卫星信道上可以开放 IP 语音、数据包和图像等通信业务,还能提供多人、多组同时工作环境。

宽带卫星通信设备适合于大型的灾害现场、复杂的、多人应用环境。通过其 64 kbit/s～4 Mbit/s 的高带宽可以为多个现场工作组提供很好的网络和通信平台。

4. 宽带卫星通信系统由哪几部分组成?有哪几种接入方式?

答:(1)宽带卫星通信系统由抢险现场的移动站、应急指挥中心的地面固定站和空间卫星等三部分组成。

(2)抢险现场移动站设备的接入方式有车载式和便携式两种接入方式。

5. 卫星通信系统的工作流程是什么?

答:卫星通信系统的工作流程分上行链路和下行链路。

卫星上行链路是指从地面到空间卫星,其工作流程是采集到的视音频信号,由编码器进行压缩编码,输出数据流,此数据流接入到复用设备。复用后的数据输出到数据调制器,调制器进行纠错处理和调制后输出中频信号,利用上变频器进行频率变换,输出射频信号由高功率放大器进行功率放大,通过天线发往卫星。

卫星下行链路是指空间卫星到地面,其工作流程是卫星天线接收到卫星下行信号后经过放大和变频,输出 L 波段信号。由放大器输出的信号经功分器分为相等的多路,每路信号可送入不同的设备,实现不同的功能。

6. 铁路宽带卫星固定地面站和移动站如何配置?

答:铁路宽带卫星固定地面站的配置,为节省成本,统一结算卫星通道使用费。全路宜在铁路总公司建一个固定地面站,或建立铁路总公司与卫星运营商之间的数据专线。

卫星移动站有车载式和便携式两类,在救援列车、应急指挥车和应急通信车上宜配置车载式移动站,线路条件比较差的区段可根据需要配置便携式移动站。

7. 车载卫星的接入方式是什么?

答:车载卫星的接入方式是将宽带卫星远端小站设备配置到应急通信车或铁路救援列车上,通过与宽带卫星固定地面站设备构成双向传输通道,经传输网络将信息传送至应急中心/应急分中心,实现应急通信车或救援列车在现场及开往现场途中与应急中心/应急分中心、现场间话音、数据、图像信息的实时交互。此方式提供的单向传输速率不小于 1 Mbit/s。

8. 车载卫星的应用条件是什么?

答:车载卫星方式不受铁路现有通信条件限制,宜在卫星信号覆盖较好的区域采用。此方式应实现车载系统在运动中提供话音、数据、静止图像、动态图像的实时传送功能以及视频会议功能。

9. 车载卫星应急通信系统由哪些设备组成?

答:车载卫星应急通信系统由固定地面站接入设备、车载卫星接入设备和现场接入设备组成。车载卫星应急通信系统总体结构如图3-1所示。

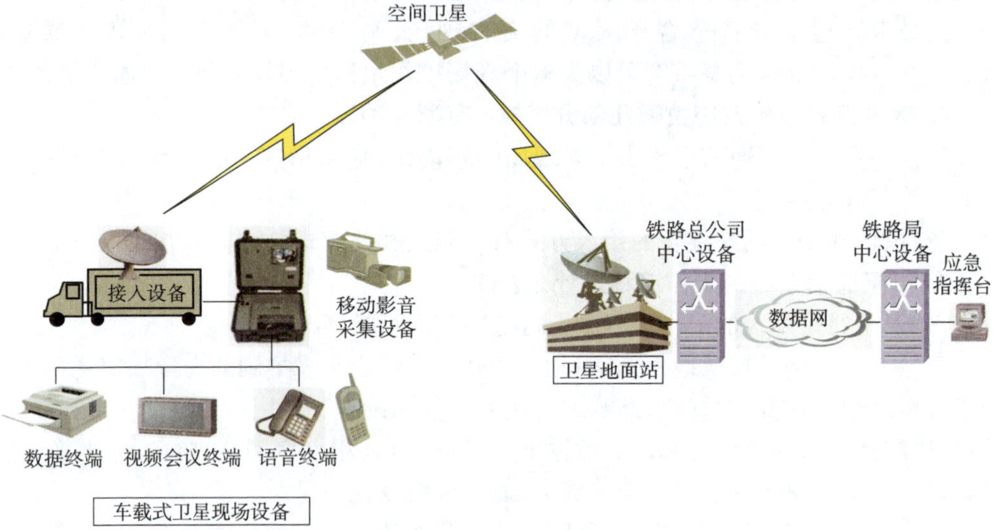

图3-1 车载卫星应急通信系统总体结构示意图

10. 车载卫星通信设备有哪些主要技术要求?

答:车载卫星通信设备主要技术要求如下:

(1)车载卫星通信设备性能指标应符合国家相关技术要求。

(2)能够快速自动捕获卫星,一键式开通使用,可在快速运动(不大于200 km)中保持卫星通道畅通。

(3)卫星开机捕获并锁定时间小于60 s,卫星链路通道开通时间小于2 min,重新捕获时间应小于20 s。

(4)车载卫星天线系统宜采用低轮廓天线。在救援列车上采用椭圆形天线时,长轴应不大于1 100 mm,短轴应不大于900 mm。天线安装高度应小于400 mm,安装后天线高度不应超过车辆限界。

(5)卫星天线抗风能力应不小于9级。

(6)设备安装采用小型一体化机柜。

11. 便携卫星的接入方式是什么?

答:便携卫星接入方式是通过在现场配置的宽带卫星远端小站设备与宽带卫星固定地面站设备构成的传输通道,经传输网络将信息传送至相应应急中心/应急分中心,实现现场与应急中心/应急分中心间话音、数据信息的实时交互,以及图像信息的上传。此方式提供的单向传输速率不小于 1 Mbit/s。

12. 便携卫星的应用条件是什么?

答:此方式不受铁路现有通信条件限制,宜在卫星信号覆盖较好的区域采用。此方式提供话音、数据、静止图像、动态图像的实时传送功能。

13. 便携卫星应急通信系统由哪些设备组成?

答:便携卫星应急通信系统由固定地面站接入设备、便携式卫星接入设备和现场接入设备组成,便携卫星应急通信系统的总体结构如图 3-2 所示。

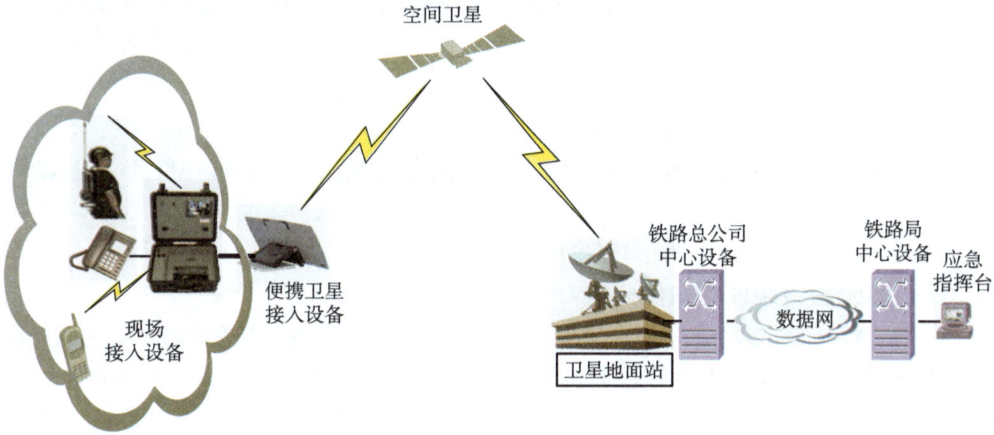

图 3-2　便携式卫星应急通信系统总体结构示意图

14. 便携卫星通信设备有哪些技术要求?

答:便携卫星通信设备主要技术要求如下:

(1)便携卫星通信设备性能指标应符合国家相关技术要求。

(2)能够快速自动捕获卫星,一键式开通使用。

(3)卫星开机捕获并锁定时间应不大于 90 s,卫星链路通道开通时间应不大于 2 min。

(4)卫星天线抗风能力应不小于 8 级。

(5)设备安装采用小型一体化机柜。

(三)海事卫星通信系统

1. 海事卫星通信系统由哪几部分构成?

答:海事卫星通信系统主要由同步通信卫星、移动终端(包括海用、陆用和空用终端)、海岸地球站以及协调控制站等构成。

2. 海事卫星系统有哪些应用?

答:海事卫星系统在海事上的应用包括直拨电话、电传、传真、电子邮件、数据连接、船队管理、船队安全网和紧急状态示位标。海事卫星系统还为海事遇险救助和陆地较大自然灾害提供免费应急通信服务。海事卫星系统和设备在我国已经广泛地应用于政府部门、国防军队、新闻媒体、海关、外交、战备通信、远洋运输、渔业船队、石油勘探、应急救灾、登山探险、民航客运、水利监测、野外作业等诸多领域。

3. 海事卫星设备有哪些主要特点?

答:海事卫星设备有以下特点:

(1)通信无盲区。在有线通信和无线蜂窝网不能覆盖的边远地区、草原荒漠以及深山莽林,利用海事卫星通信设备均可迅速地建立通信。

(2)可靠性极高。海事卫星通信系统不依赖于本地的通信网络,在地震和洪水灾害、人为破坏等造成地面通信中断的紧急情况下,也能保证通信畅通。海事卫星通信终端与卫星之间的通信,工作在 L 波段(下行 1.5 GHz,上行 1.6 GHz),基本不受雨雪、风暴、雷电等恶劣气候的影响。

(3)可提供多种通信业务。利用海事卫星通信系统,可以在同一部终端上提供话音、传真、计算机数据等多种通信业务。

(4)海事卫星的终端设备小巧便于携带。

4. 海事卫星终端设备如何分类?

答:海事卫星终端设备分为 2 个系列,分别是 GAN 系列产品和 BGAN 系列产品。

(1)海事卫星 GAN 系列产品是海事卫星第 3 代卫星终端产品,主要完成现场的语音、传真和窄带(ISDN 64 kbit/s)数据图像的传输。GAN 系列产品的主要特点是设备稳定性高。多次灾害的现场考验证明,可以在最紧急的情况下保障通信。目前正逐步被 BGAN 所取代。

(2)海事卫星 BGAN 系列终端产品是海事卫星第 4 代卫星终端产品,主要完成语音、不大于 492 kbit/s 的数据传输等功能。BGAN 设备的体积更小,功能较 GAN 系列产品更为强大。

5. 海事卫星 GAN 系列有哪些产品?

答:海事卫星 GAN 系列产品有以下几种:

(1)便携式海事卫星 Mini-M 站:提供话音服务,并带有 2.4 kbit/s 数据和传真接口,重约 2.3 kg,大小同普通的座机电话,便于单兵携带与使用。

(2)车载式海事卫星 Mini-M 站:带自动跟踪天线和电源模块,并提供 2.4 kbit/s 数据和传真接口,可以自动搜索卫星信号并锁定,无需人工干预。青藏线的全部机车均使用了此款终端。

(3)便携式海事卫星 M4 站:可提供话音、64 kbit/s 数据和传真、窄带图像传输,重

3.9 kg,大小同笔记本电脑,可支持多个用户通信。64 kbit/s 高速数据接口与电视会议设备连接,可以传送动态和静态图像。

(4)车载式海事卫星 M4 站:采用全自动跟踪天线,能够实现"动中通",最高时速为 160 km/h,可提供 4 kbit/s 话音和 64 kbit/s ISDN 数据通道,实现语音、数据传输、窄带图像传输的功能。

6. 海事卫星 BGAN 系列有哪几个等级产品?

答:海事卫星 BGAN 系列分为 3 个等级产品,分别是 C1、C2 和 C3:

(1)C1 级别产品可以提供 4 kbit/s 语音和 64 kbit/s ISDN 线路。共享模式的最高速率为 492 kbit/s,专线模式的最高速率为 256 kbit/s;

(2)C2 级别产品可以提供 4 kbit/s 语音。共享模式的最高速率为 464 kbit/s,专线模式的最高速率为 128 kbit/s。

(3)C3 级别产品是最小最为轻便的 BGAN 终端产品,可以提供 4 kbit/s 语音。共享模式的最高速率为 384 kbit/s,专线模式的最高速率为 64 kbit/s。

7. M4 海事卫星的接入方式是什么?

答:在现场配置 M4 海事卫星终端设备,通过海事卫星系统和地面 ISDN 网络,能够实现 64 kbit/s 数据传输,或 64 kbit/s 语音传输,或同时实现 4.8 kbit/s 压缩语音及图像传输。

接入方式如图 3-3 所示。

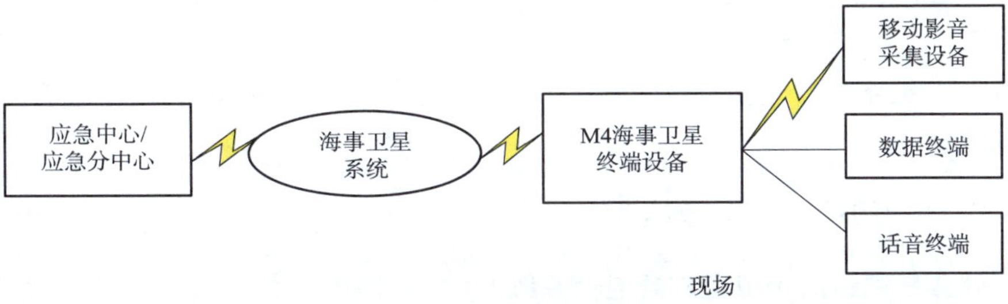

图 3-3　M4 海事卫星接入方式示意图

此方式为窄带卫星传输,在无法采用有线和无线宽带接入方式时采用,可提供话音、静止图像或图像质量要求不高的动态图像传送。

8. M4 海事卫星接入方式包括哪些主要设备?

答:M4 海事卫星设备由海事卫星终端设备和用户终端设备组成。

(1)海事卫星终端设备主要包括叠式天线及射频单元、射频电缆及主机单元等设备。

(2)用户终端设备包括话音终端(无线手持终端/电话机)、移动影音采集设备和数据终端。

9. BGAN 海事卫星的接入方式是什么？

答：在现场配置 BGAN 海事卫星终端设备，通过海事卫星系统和地面网络，能够实现 64 kbit/s 数据传输，或 64 kbit/s 语音传输，或同时实现 4.8 kbit/s 压缩语音及实时动态图像传输，并可提供 128 kbit/s、256 kbit/s、384 kbit/s、492 kbit/s 的专线或共享传输带宽。

接入方式如图 3-4 所示。

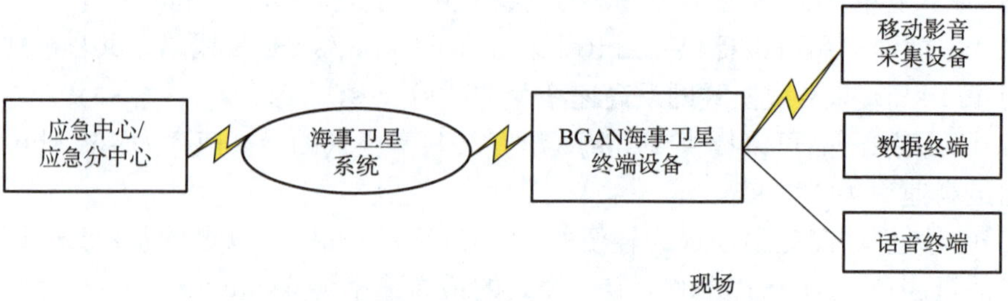

图 3-4　BGAN 海事卫星接入方式示意图

此方式可提供话音、数据、静止图像及动态图像的传送功能。

10. BGAN 海事卫星接入方式包括哪些主要设备？

答：BGAN 海事卫星由 BGAN 海事卫星终端设备和用户终端设备组成。

(1)BGAN 海事卫星终端设备主要包括小型天线及射频单元、射频电缆及主机单元等设备。

(2)用户终端设备包括话音终端(无线手持终端、电话机)、移动影音采集设备和数据终端。

(四)铁路海事卫星应急通信系统

1. 什么是铁路海事卫星应急通信系统？

答：铁路海事卫星应急通信系统是铁路应急通信系统的一个组成部分。该系统通过海事卫星网与地面网共同构成铁路应急通信的全时空、常备性网络。

2. 铁路海事卫星应急通信系统由哪几部分组成？

答：铁路海事卫星应急通信系统由现场便携设备、系统路由和应急通信中心设备三部分组成。

系统路由包括卫星路由和地面路由，卫星路由为空间段路由，地面路由包含专线段路由和铁路应急通信专网路由，如图 3-5 所示。

3. 铁路海事卫星应急通信系统的工作流程是什么？

答：海事卫星现场设备发送的信息通过海事卫星转发到海事卫星地面站，经地面专线到达铁路总公司海事卫星汇集设备，经应急通信数据网转发给相应铁路局的中心设

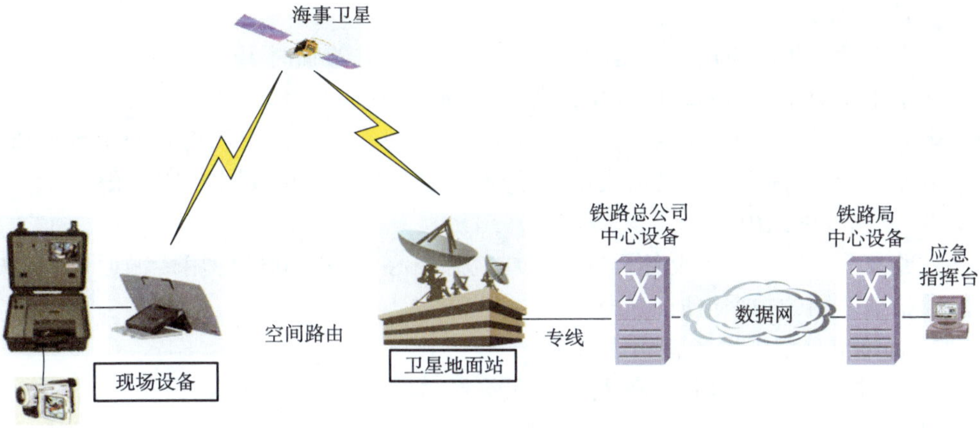

图 3-5　铁路海事卫星应急通信系统组成示意图

备。从铁路局应急中心到现场的信息传送与上述过程相反。

4. 海事卫星的系统路由由哪几部分组成?

答:海事卫星的系统路由是指应急现场与中心之间信息传送的路径,由空间段路由和地面路由组成。

5. 空间段路由如何构成?有何作用?

答:空间段路由由海事卫星终端设备、海事卫星、海事卫星地面站之间的通信链路构成,如图 3-6 所示。

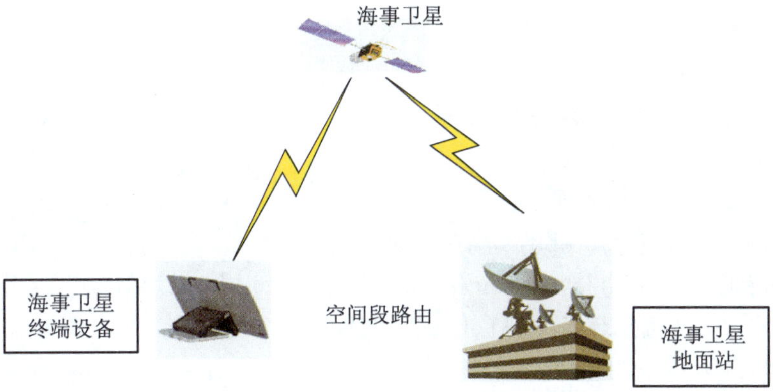

图 3-6　空间段路由构成示意图

它的作用主要是完成信息的空间转发,为应急现场和应急中心之间提供透明的传输通道。

6. 地面路由如何组成?

答:地面路由由专线路由和铁路专网路由两部分组成。

(1)专线路由

一般海事卫星的通信方式是通过公众互联网建立的临时 IP 路由的工作方式。而铁路海事卫星应急通信系统的工作方式，是在海事卫星地面站与铁路总公司应急救援指挥中心之间设置专用、固定的 2 M 传输通道，通过专线路由可获得高稳定传输质量，高性能安全级别，高水平的通信质量，以及高级别的技术支持及网络保障服务。

(2)铁路专网路由

铁路总公司应急中心设备至各铁路局应急中心设备之间的专用传输通道，是铁路应急通信地面网的一个组成部分。

7. 海事卫星终端设备有哪些功能？

答：海事卫星终端即 BGAN 海事卫星终端(含天线)，主要功能如下：

(1)支持语音通信；

(2)支持视频、图像等数据的接收和发送。

8. 卫星通信的语音通信有哪些要求？

答：语音通信的要求如下：

(1)能拨叫自动网电话和海事卫星电话；

(2)可使用 64 K 高速传真，支持电子传真。

9. 网络性能有哪些主要技术要求？

答：网络性能具有以下主要技术要求：

(1)移动卫星系统最高可提供 492 kbit/s 共享网络带宽，独享带宽为 256 kbit/s；

(2)端到端单向传输时延不大于 1 500 ms；

(3)端到端丢包率不大于 0.1%；

(4)音视频失步时间应不大于 0.5 s。

10. 海事卫星终端有哪些技术要求？

答：海事卫星终端设备具有以下技术要求：

(1)同时支持语音和数据通信；

(2)支持上下行各 492 kbit/s 高速数据；

(3)支持独享 32 kbit/s，64 kbit/s，128 kbit/s，256 kbit/s，384 kbit/s IP 数据业务；

(4)用户接口类型：RJ45、RJ11、USB2.0、WLAN、蓝牙；

(5)主机与天线采用分体式设计；

(6)天线：平板天线/手动调节；

(7)极化：RHCP；

(8)工作频段：L 波段，发射 1 626.5～1 660.5 MHz，接收 1 525.0～1 559.0 MHz；

(9)EIRP(Equivalent Isotropic Radiated Power，等效全向辐射功率)：20 dBW±1 dB；

(10)GPS：1 575.42 MHz；

(11)连续工作时间(电池):最大发射时间:1.5 h(492 kbit/s);

最大接收时间:3.5 h(492 kbit/s);

(12)单电池待机时间不小于 10 h;

(13)直流电输入范围:DC 10～32 V;

(14)交/直流适配器:交流输入 100～240 VAC,1.5 A,47～63 Hz;直流输出 19 V DC,功率 65 W;

(15)重量(含电池)不大于 3.5 kg;

(16)运行温度:－25 ℃～55 ℃(外接直流供电),0 ℃～55 ℃(电池供电);

(17)防水及防尘:IP-52(主机),IP-66(天线)。

第四章 铁路应急通信的管理与维护

(一)应急管理体系和应急通信保障

1. 铁路应急指挥体系是什么？如何分类？

答：铁路应急指挥体系是铁路运输部门对铁路突发性公共事件进行指挥救援的决策指挥中心和信息汇聚中心。

根据铁路系统的机构设置和管理模式，铁路救援指挥中心可分为铁路总公司救援指挥中心、铁路局应急救援指挥中心和现场救援指挥部三级指挥机构。

2. 铁路总公司救援指挥中心的职责权限是什么？

答：铁路总公司救援指挥中心是铁路应急救援的最高指挥机构，在铁路发生各类重大事件及社会性的重大突发事件时启动，也是对社会发布信息的窗口。在国家的应急联动系统中，铁路总公司救援指挥中心接受国务院/国家安全生产应急救援指挥中心的领导和指挥。

3. 铁路局救援指挥中心的职责权限是什么？

答：铁路局救援指挥中心直接接受铁路总公司救援指挥中心的领导，负责指挥、处理局管内的突发事件，必要时协助处理相关局的应急事件。当需要当地政府部门援助或协助时，铁路局救援指挥中心负责与当地省/（直辖市、自治区）人民政府指挥中心联动。

4. 现场救援指挥部的职责权限是什么？

答：现场救援指挥部是设在应急抢险现场的临时指挥部，可根据突发事件的大小、重要程度及时间长短等因素确定其规模。现场指挥部直接指挥应急现场的抢险活动，同时把应急现场的情况通过各种应急通信手段及时汇报给各级救援指挥的领导，为救援中心的领导提供决策支持；把各级领导的指挥命令传达给现场抢险人员。在应急抢险活动中，现场指挥部的作用最直接、最有效。

5. 铁路应急通信保障的指挥体系是什么？

答：铁路应急通信保障的指挥体系，是根据启用应急通信时的指挥体系来组建，其组织机构也分为：铁路总公司、铁路局、通信段三级机构。

6. 铁路局应急通信指挥机构的职责权限是什么？

答：铁路局应急通信指挥组织机构，由电务处长直接领导，其成员一般由通信科室人员和电务调度等组成，负责应急通信日常业务受理，应急通信指挥，组织应急通信演练。

7. 通信段应急通信指挥机构的职责权限是什么？

答：通信段应急通信指挥组织机构，由通信段长为组长、相关科室以及通信调度等有关人员等组成，负责应急通信任务的实施。并根据管辖情况建立若干应急通信抢险队伍，在适当地点配置抢险通信器材，以便满足铁路应急通信开通的时限要求。

8. 应急通信指挥体系的工作流程是什么？

答：应急通信指挥体系的工作流程如图 4-1 所示。

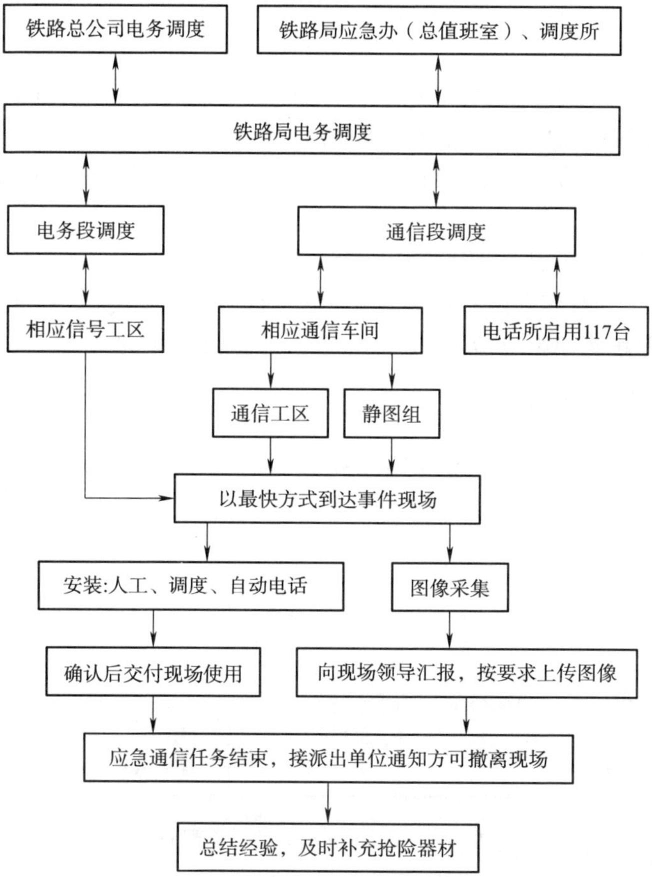

图 4-1　应急通信指挥体系工作流程图

9. 应急现场通信设备如何分类？

答：应急现场通信设备分为 A、B、C、D 四类：

A 类设备是搭载在应急通信车以及救援列车上的应急通信设备，提供图像（动图、静图）、数据、多路语音、内部通信、视频会议等业务，主要设备有：宽带卫星、B 类设备、电视会议终端以及显示器等。

B类设备是用于现场指挥通信的应急通信设备，提供图像（动图、静图）、数据、多路语音、内部通信等业务。主要设备有：现场通信平台、图像采集设备、接入设备以及移动、固定语音终端等。

C类设备是便携应急通信设备，提供语音、静图等业务。主要设备有：静图终端、海事卫星数据终端、照相机、公网移动终端、GSM-R移动终端等。

D类设备提供语音业务，主要设备有：自动电话机、磁石电话机、海事卫星语音终端、区间复用设备及区间引入线缆等抢险设备器材等。

10. 应急通信设备配置原则是什么？

答：应急中心通信设备只要在应急救援指挥中心配置一套，便可以满足运用需要。

应急现场设备数量及配置地点，应根据管内铁路线路和交通情况，按照《铁路交通事故应急救援规则》规定的各项时限要求确定。时限要求：1 h内开通应急救援现场至救援指挥中心电话业务；2 h内开通应急救援现场至救援指挥中心图像传输业务。配置地点应在通信段、铁路局、总公司备案。

11. 应急响应如何分级？分级响应的标准是什么？

答：根据《铁路交通伤亡事故应急预案》对应急响应的规定，铁路交通伤亡事故按事故的可控性、严重程度和影响范围，应急响应分为Ⅰ、Ⅱ、Ⅲ、Ⅳ四级。

分级响应标准见表4-1。

表4-1 分级响应标准

符合下列情况之一	Ⅰ级	Ⅱ级	Ⅲ级	Ⅳ级
事故后果已经导致死亡人数	30	10～29	3～9	<3
或危及生命安全人数	50	30～50	10～30	<10
事故后果已经或即将导致中毒（重伤）人数	100	50～100	30～49	<30
直接经济损失超过（万元）	10 000	5 000～10 000	500～5 000	100～500
繁忙干线运输设备遭受破坏，中断行车，经过抢修×小时内无法恢复通车	48	24	12	6
上级部门决定需要启动	国务院	铁路总公司	铁路局	铁路局

发生Ⅰ、Ⅱ级应急响应由铁路总公司负责协调组织通信联系，启动A类应急通信设备。发生Ⅲ、Ⅳ级应急响应，由铁路局负责协调组织通信联系，启动B类或C类应急通信设备。

12. 应急通信的启动程序是什么？

答：当铁路发生突发事件，需要在事件现场开通应急通信，原则上由铁路局电务调度→通信段（电务段）调度→通信车间调度→通信工区，逐级下达启动命令，并发出书面通知，内容包括：事件概况、发生时间和地点、应急通信方式、发令人、接令人等。

另外在紧急情况下，接警单位（指段以上的组织机构）直接通知相应通信段或通信车间要求开通应急通信，被通知单位先做好记录和出动的准备工作，同时逐级向上级单位报告，经确认先以口头（电话）下达，事后再补发书面通知，通信保障行动部门根据电话通知立即奔赴指定地点安装和开通应急通信系统。

13. 启动应急通信命令后，各行动部门的操作流程是什么？

答：在接到启动应急预案和抢险救援命令后，各行动部门的操作流程如下：

（1）相关应急通信行动部门应立即奔赴事件现场，并在 1 h 内接通下列电话：

首先接通“117”立接台至事件现场的应急抢险电话；

其次接通铁路局救援指挥中心（调度所）至事件现场的应急抢险专用电话或行调电话；

最后接通不少于两台铁路自动电话，拨“117”直接指向铁路局所在地。

（2）静图人员接到命令后，应迅速赶赴事件现场，到达后按规定和现场最高指挥人员的要求拍摄并传送静图。

（3）图像服务器管理人员接到通知后 10 min 内到达救援指挥中心，确保服务器的正常工作，并协助操作图像设备。

（4）电话所接到启用“117”立接台的通知时，应由领班或主任值守立接台。

当立接台受理通话后，话务员必须迅速接通，并同时溜线监听，但对通话内容要注意保密；立接台通话时间不受限制；人工电话接线原则是“领导优先、同级排队”，上级需要接续并无空闲可用通道时，必须无条件拆除下级通话；多个用户使用“117”电话系统主叫同方向或同一被叫用户电话时，必须坚持下级服从上级的原则，确保铁路总公司、铁路局领导的通信畅通。

（二）应急通信的管理

1. 应急通信设备如何才能入网使用？

答：应急通信设备应符合国家铁路局相关技术规范，经铁路总公司产品质量监督检验中心测试合格，并获得《检验报告》才能入网使用。

2. 应急通信设备管理有哪些要求？

答：应急通信的维护应纳入计表。应急通信物资、器材、工具等，应储备足够数量并固定存放，设专人保管，保证处于良好状态，不得挪作他用。

3. 各级通信管理部门要求建立哪些资料？

答：各级通信管理部门应建立以下资料：

（1）管内铁路线路示意图（行政区划图）、行车调度区段示意图、管内区间通话柱（或 GSM-R 基站）的编号示意图（表）及到达方式。

（2）本部门及相关部门的应急通信预案。

（3）区间运用回线台账、接续方式、芯线色别等图纸。

（4）管内各区段的应急通信设备配置一览表。

(5)区间自动电话号码表、管内重要地段的看守电话号码表。

(6)本单位救援指挥系统组成人员名单和电话,各级值班电话。

(7)应急通信保障部门、行动部门的组织机构、主要成员名单和电话。

4. 应急中心通信设备维护部门要求建立哪些主要技术资料?

答:应急中心通信设备维护部门应具备下列主要技术资料:

(1)相关工程竣工资料、验收测试记录;

(2)应急通信系统网图、区间电缆回线运用台账、通话柱和基站分布位置图;

(3)各类图纸,包括设备平面布置图、机房布线图、设备面板图等;

(4)各类台账,包括设备、端口、线路运用台账(含各处配线端子台账)、IP 地址以及系统主要板件的软硬件版本台账等;

(5)管内应急通信现场设备配置以及现场设备号码分配表;

(6)设备技术资料(含说明书、维护手册、操作手册等);

(7)仪器仪表说明书;

(8)应急预案。

5. 应急通信现场设备维护部门应建立哪些主要技术资料?

答:应急通信现场设备维护部门应具备下列主要技术资料:

(1)应急通信现场设备连接示意图;

(2)通话柱和基站分布位置图;

(3)各类台账,包括设备、端口、线路运用台账(含各处配线端子台账);

(4)现场设备 IP 地址及号码分配表;

(5)现场设备技术资料(含说明书、维护手册、操作手册等);

(6)应急预案。

6. 为什么要编制各部门的应急通信预案?

答:为了使应急通信指挥者能根据事件性质、发生地点,确定应急通信的实施方案,按指挥系统的工作流程有条不紊地操作,确保应急期间通信联络畅通。必须明确参与应急活动所有部门的通信方式,分级联系方式及备用方案;提供确保应急期间领导机关和事件现场通信畅通的方案,所以必须编制本部门应急通信预案。

7. 应急通信预案包括哪些内容?

答:应急通信预案内容包括:应急通信机构及其职责、应急通信指挥系统的工作流程、应急通信响应、应急通信保障、后期处置等内容。

8. "117"立接制话务台的使用有哪些要求?

答:"117"立接台是在紧急情况下,对突然发生的灾情、行车事故等非常情况,必须立即接通的紧急电话。"117"立接台的使用要求如下:

(1)"117"立接台应随时处于待用状态。

(2)立接台值台人员应具有高度负责精神,业务熟练,讲话文明礼貌,并能做到"三及时、一清晰”(即应答及时、接线及时、撤线及时和话音清晰)。

(3)任何单位和个人不得以任何理由阻止和妨碍通信部门按照上级领导指示沟通与现场的通信。

(4)话务员要熟记有权使用立接台的单位、首长姓名、电话号码,以及本地区事故救援指挥中心的电话号码,在抢险期间,要了解掌握在事故现场的领导电话和所在地。

(5)有权使用立接台的用户为:总公司、局长(含副职),调度长,安监、运输、机务、工务、电务、车辆、公安部门的正副职领导的办公及住宅电话,上述各单位的调度电话及总公司、局值班室和行车安全监督部门的值班电话。

事件现场的自动电话开放“117”业务,现场各部门指挥人员有权使用“117”。

(三)设备维护

1. 对应急通信维护单位有哪些要求?

答:维护单位应定期组织应急通信演练,保证响应时间、语音和图像的通信效果,满足使用要求。

演练周期:通信段每月进行一次演练,铁路局电务处每半年组织一次全局演练,北京通信中心每年组织一次全路演练。

每次应急通信演练、应急救援后,铁路总公司、铁路局应急中心通信设备维护人员应及时对图像资料整理归档。救援图像保留一年,演练图像保留3个月。

2. 对应急通信设备维护有哪些要求?

答:应急通信设备、器材按照日常检修、集中检修、重点整修三种方式纳入维修体系。防洪、防寒季节及遇有重要繁忙运输任务期间,应增加检查频次。

区间通话柱、光电缆线路以及传输、接入等应急通信经由的设备按各专业维修项目周期执行计表,发现问题时应及时通知相关部门处理,确保应急通信系统畅通。

3. 应急中心通信设备有哪些日常检修项目?

答:每天设备巡检,并通过网管对设备告警实时监控、分析处理。

每月应执行以下检修项目:

(1)设备(含网络设备及附属设备)外部清扫检查;

(2)连接缆线、连接件检查;

(3)设备风扇和防尘滤网清洁;

(4)系统数据检查及数据备份;

(5)各种终端设备(应急指挥台、应急值班台、音视频终端等)清扫检查及功能试验。

4. 应急中心通信设备有哪些集中检修项目?

答:应急中心通信设备每年应进行以下集中检修项目:

(1)输入电压测试;

(2)主备冗余通道切换试验；

(3)主备冗余板件切换试验；

(4)应急中心通信设备功能试验；

(5)各种终端、附属设备检修、调整；

(6)地线测试、保安单元检查调整(雷雨季节前)；

(7)应急 2 M 电路、数据链路检查试验以及数据链路的性能测试；

(8)中继线(与 PSTN、调度交换机、移动运营商、卫星)检查、呼叫通话试验；

(9)总公司至铁路局间应急通信主要功能试验。

5. 应急中心通信设备有哪些重点整修项目?

答:应急中心通信设备应根据需要有以下重点整修项目：

(1)整机检查、调整及更换部件，软件升级，IP 地址核对；

(2)更换老化配线。

6. 应急现场 A、B 类通信设备有哪些日常检修项目?

答:应急现场 A、B 类通信设备每月进行的检修项目：

(1)各种设备连接线、插件检查与清洁；

(2)各种设备检查、清扫、试验；

(3)抢险光电缆检查、数量核对；

(4)电池电量检查以及对电池进行充电；

(5)抢险工具等其他器材性能检查、数量核对；

(6)联机进行语音呼叫通话试验；

(7)联机进行图像(静图、动图)、数据、电视会议传输试验。

7. 应急现场 A、B 类通信设备有哪些集中检修项目?

答:每季应进行以下检修项目：

(1)抢险光电缆检查、测试；

(2)现场演练(主要包括现场内部、现场与应急指挥中心之间的呼叫通话试验，动图、静图传输试验)。

每年应进行以下检修项目：

(1)移动影音采集设备非视距传输距离试验；

(2)移动影音采集设备连续工作时间试验；

(3)便携式卫星终端开机捕获并锁定时间试验；

(4)车载式卫星终端开机捕获并锁定时间试验。

8. 应急现场 A、B 类通信设备有哪些重点整修项目?

答:根据需要更换抢险光电缆及不良配件，进行设备整修。

9. 应急现场 C、D 类通信设备有哪些日常检修项目?

答:每月应进行以下检修项目：

(1)设备及部件检查、清扫;

(2)磁石电话机电池电压、铃流电压测量,振铃通话试验

(3)电池电量检查以及对电池进行充电;

(4)抢险电缆检查、数量核对;

(5)自动电话机、磁石电话机、海事卫星终端、公网移动终端、GSM-R 移动终端等语音终端设备呼叫通话试验;

(6)图像采集设备功能试验。

10. 应急现场 C、D 类通信设备有哪些集中检修项目?

答:每季应进行以下集中检修项目:

(1)联机进行全部功能试验;

(2)抢险电缆检查、测试。

11. 应急现场 C、D 类通信设备有哪些重点整修项目?

答:根据需要进行设备内部、部件配线检查更换。

12. 应急中心通信设备的质量标准是什么?

答:应急中心通信设备的质量标准应符合表 4-2 的要求。

表 4-2　应急中心通信设备的质量标准

序　号	项　目	标　准	备　注
1	设备安装	牢固、位置适当、维护方便	
2	设备部件连接	部件紧固,完整,接触良好	
3	触摸屏	表面清洁,无明显划痕,透明度、透光率好,显示内容完整清晰可辨操作相应灵敏	
4	话音质量(MoS)	≥4	
5	语音呼叫接通率	≥99%	
6	应急指挥台、应急操作台保持的路数	≥4 方	
7	同时接入现场设备数	≥3	
8	支持会议组数	≥4	
9	音视频终端与应急现场固定用户的呼叫响应时延	≤2 s	
10	视频的分发和转发	分发≥30 路 转发≥4 路	

13. 应急现场通信设备的质量标准是什么?

答:应急现场通信设备的质量标准应符合表 4-3 的要求。

表 4-3 应急现场通信设备的质量标准

序号	项目	标准	备注
1	设备部件连接	部件紧固，完整，接触良好	
2	触摸屏	表面清洁，无明显划痕，透明度、透光率好，显示内容完整清晰可辨，操作响应灵敏	
3	引入线缆、配线、话机绳、耳机绳	表皮无破损，无半断，无焊接	
4	终端按键、叉簧	接点断续良好，动作正确灵活	
5	G. 652（B1. 1、B1. 3）单模光纤 1 310 nm 衰减系数最大值(dB/km)	Ⅰ级，0. 35； Ⅱ级，0. 38	
6	被覆线绝缘电阻(两线间)	≥10 MΩ	
7	被覆线环路电阻	不超过标准值的 10%	
8	被覆线不平衡电阻	≤3 Ω	
9	移动影音采集设备非视距传输	≥1 km	
10	移动影音采集设备连续工作时间	≥1 h	
11	接入设备移动语音终端通信距离半径	≥500 m	非视距
12	宽带无线设备无线信道的传输带宽	≥1 Mbit/s	
13	数码照相机图像分辨率	≥1 280×980	
14	数码相机光学变焦	≥3 倍	
15	数据终端显示屏分辨率	≥1 024×768 像素	
16	便携式卫星终端开机捕获并锁定时间	≤90 s	
17	车载卫星终端开机铺获并锁定时间	≤60 s	
18	卫星链路通道开通时间	≤2 min	重新捕获时间应小于 20 s
19	静止图像传送分辨率	≥640×480 像素	
20	动态图像传送分辨率	≥352×288 像素	
21	动态图像传送的帧频	≥12 帧/s(PAL)	
22	共电电话机直流环阻： 回线环路电阻≥500 Ω 时 回线环路电阻<500 Ω 时	 ≤300 Ω ≤500 Ω	外线要求：实线环路电阻≤2 000 Ω

续上表

序　号	项　目	标　准	备　注
23	磁石话机送话输出电平	≥0 dB	话机外线端接600 Ω 测试
24	磁石话机受话灵敏度	听话清晰	加 30 dB 衰耗时
25	磁石话机手摇发电机输出电压	≥60 V	以正常速度，加1 000 Ω 负载测
26	共电、磁石话机绝缘电阻(单线对机壳)	≥10 MΩ	用 250 V 兆欧表测

14. 应急通信人工电路的质量标准是什么?

答:应急通信人工电路的质量标准应符合表 4-4 的规定。

表 4-4　应急通信人工电路的质量标准

序　号	项　目	标　准	备　注
1	救援中心至相邻车站衰耗	≤15 dB	
2	车站至区间衰耗	≤8 dB	

第二篇

设备篇

第五章　CTT2000C 应急通信中心系统

(一)概　　述

1. CTT2000C 应急通信中心系统有哪些特点?

答:CTT2000C 应急通信中心系统(以下简称 CTT2000C 中心系统),采用先进成熟的计算机技术、软交换通信技术、视频处理技术,可迅速建立多个事发现场、各级应急指挥中心、相关信息系统之间的视频图像、语音、数据信息通信,将应急现场的视频图像实时接入和转发至各级应急指挥中心,并提供实时浏览、分发、AV 输出、存储、回放、归档、远程管理等多种业务应用,同时为应急指挥提供各种语音调度指挥的基本业务和补充业务以及应急数据业务。

2. CTT2000C 中心系统由哪几部分组成?并画出组成示意图。

答:CTT2000C 中心系统主要由中心主设备和用户终端设备组成,并通过外部接口与现场设备以及其他系统互联。组成示意图如图 5-1 所示。

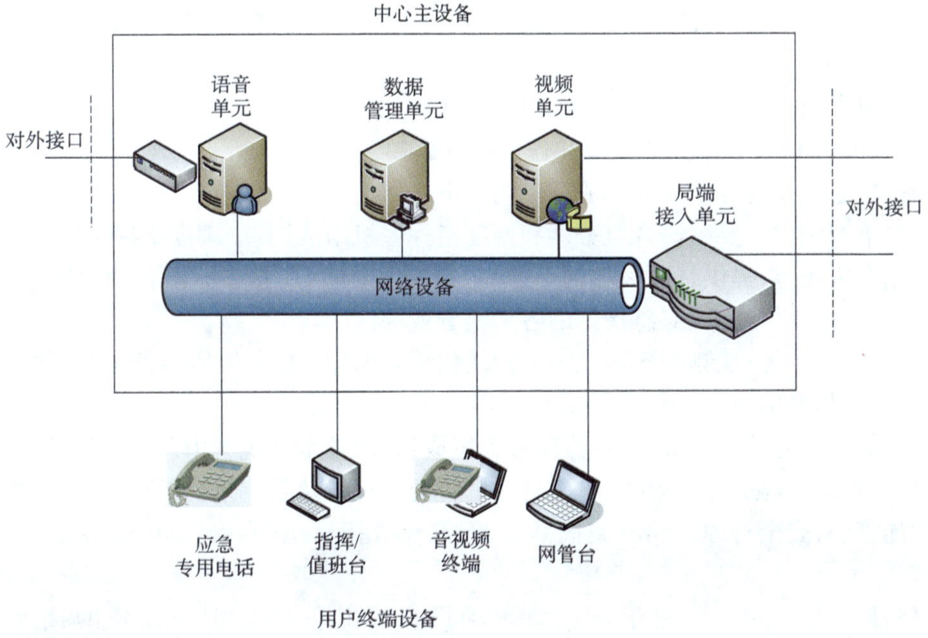

图 5-1　CTT2000C 中心系统组成示意图

3. CTT2000C 中心系统的中心主设备由哪些单元组成？有哪些对外接口？

答：中心主设备由语音单元、数据管理单元、视频单元、局端接入单元及网络设备组成。

中心主设备的组成示意图如图 5-2 所示。

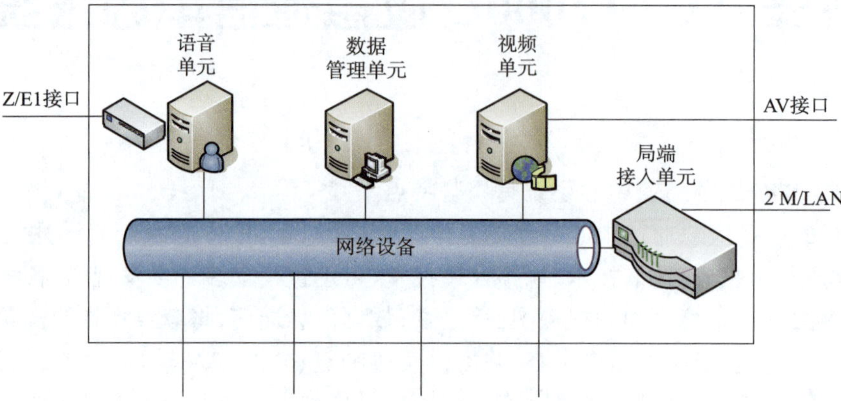

图 5-2　中心主设备的组成示意图

中心主设备有以下对外接口：

(1)Z/E1 接口与铁路调度电话交换机及自动电话交换机连接；

(2)2 M/LAN/FC 接口与现场设备及其他应急中心通信设备连接；

(3)AV 接口与显示系统连接；

(4)以太网接口与应急中心的用户终端及其他网络连接。

4. 中心主设备各单元的组成和作用是什么？

答：中心主设备各单元的组成和作用如下：

(1)语音单元主要由语音服务器和调度指挥主机组成，其中调度指挥主机包括中继模块、用户模块等，提供音频终端的 Z 接口、数字中继的 E1 接口。语音单元是基于 SIP 协议的软交换系统，完成应急指挥的各类语音业务。

(2)视频单元由视频服务器及相应模块组成，完成应急视频的各类业务，并将图像转换为 AV 信号输出。

(3)数据管理单元由管理、存储服务器组成，完成整个系统集中监控和管理的功能，包括用户管理、权限管理、设备管理、音像资料的管理以及整个系统的配置管理、故障管理、性能管理、安全管理。同时完成话音、图像和数据信息的存储、导入、导出、备份等业务。

(4)局端接入单元：用于与应急现场设备及其他应急中心设备的接入。将 2 048 kbit/s 数字接口转换为 10/100Base-T 以太网接口，对应急通信环路进行状态检测和 2 M 乱序处理等功能。

(5)网络设备：主要由网络交换机和路由器组成，实现组网功能。

5. CTT2000C 中心系统有哪些用户终端设备？

答：CTT2000C 中心系统的用户终端设备有应急指挥台/值班台/操作台、音视频终端、应急专用电话及网管终端等。

(二)系统功能

1. CTT2000C 中心系统有哪些主要功能？

答：CTT2000C 中心系统的主要功能是实现应急中心与突发事件现场、其他应急中心之间话音、图像和数据信息的实时交互及系统管理等。主设备可通过外部接口实现与自动电话网、调度通信网的通信；实现视频系统、静图系统的接入，并提供图像信息。

2. 话音单元有哪些主要功能？

答：话音单元的主要功能有：

(1)实现应急中心与现场、相关应急中心之间的话音通信；

(2)实现应急通信系统与自动电话网和调度通信网(简称外网)的话音通信；

(3)当应急现场设备启用时，为现场设备分配外网电话号码，并能同时接入三个现场设备；

(4)具有单呼、组呼、会议、强插、强拆等调度功能；

(5)具有对系统内的话音终端设备进行通话录音和话单记录功能；

(6)对系统内的话音终端通话状态具有监视功能。

3. 视频单元有哪些主要功能？

答：视频单元的主要功能有：

(1)具有实时接入现场视频图像的功能；

(2)支持视频流按照设定规则存储；

(3)支持视频流和录像文件以 AV 信号方式输出；

(4)具有视频分发、转发、实时调看和回放功能；

(5)支持对录像文件的播放控制；

(6)支持静图浏览。

4. 管理单元有哪些主要功能？

答：管理单元具有配置管理、性能管理、故障管理和安全管理等主要功能。

5. 配置管理能满足哪些功能要求？

答：配置管理能满足下列功能要求：

(1)支持对现场设备和应急中心通信设备的配置；

(2)支持录像文件、录音文件、通话记录以及数据信息的查询、统计和导出；

(3)支持图像标识管理和档案管理。

6. 性能管理能满足哪些功能要求?

答:性能管理能满足下列功能要求:

(1)支持设备运行状态的查看;

(2)支持对性能数据的统计分析。

7. 故障管理能满足哪些功能要求?

答:故障管理能满足下列功能要求:

(1)具有对应急中心通信设备的故障监测和告警功能;

(2)具有告警的声光提示功能;

(3)具有告警记录的存储、备份和查询功能。

8. 安全管理能满足哪些功能要求?

答:安全管理能满足下列功能要求:

(1)具有用户鉴权、操作权限的管理功能;

(2)具有日志管理功能。

(三)系统对外连接和接口

1. CTT2000C 中心系统对外有哪些连接?采用什么接口?

答:CTT2000C 中心系统对外连接有:

(1)与应急通信现场接入设备采用 2 048 kbit/s 数字接口或 10/100Base-T 以太网接口或光接口相连接。

(2)与铁路自动电话网采用 Z 接口或 2 048 kbit/s 数字中继接口(E1 接口)连接,用 E1 接口连接时采用中国 7 号信令或 DSS1 信令。

(3)与铁路调度电话网采用 Z 接口或 2 048 kbit/s 数字中继接口(E1 接口)连接,用 E1 接口连接时采用 30B+D 接口连接,用 DSS1 信令。

(4)与其他应急通信中心设备采用 2 048 kbit/s 数字接口或 10/100Base-T 以太网接口连接,语音业务采用 SIP 协议,视频业务采用 TB/T 3232—2010《铁路应急中心通信设备技术条件》附录 A 定义的通信协议。

(5)与视频显示系统采用 AV 接口连接。

(6)与综合视频监控系统采用以太网接口连接。

CTT2000C 中心系统对外连接如图 5-3 所示。

2. CTT2000C 中心系统与应急通信现场接入设备如何连接?有何要求?

答:与应急通信现场接入设备采用 2 048 kbit/s 数字接口或 10/100Base-T 以太网接口或 FC 光接口相连接。有以下要求:

(1)能同时接入不少于 3 个突发事件现场;

(2)现场设备上线后,按上线的先后自动分配外网电话号码;

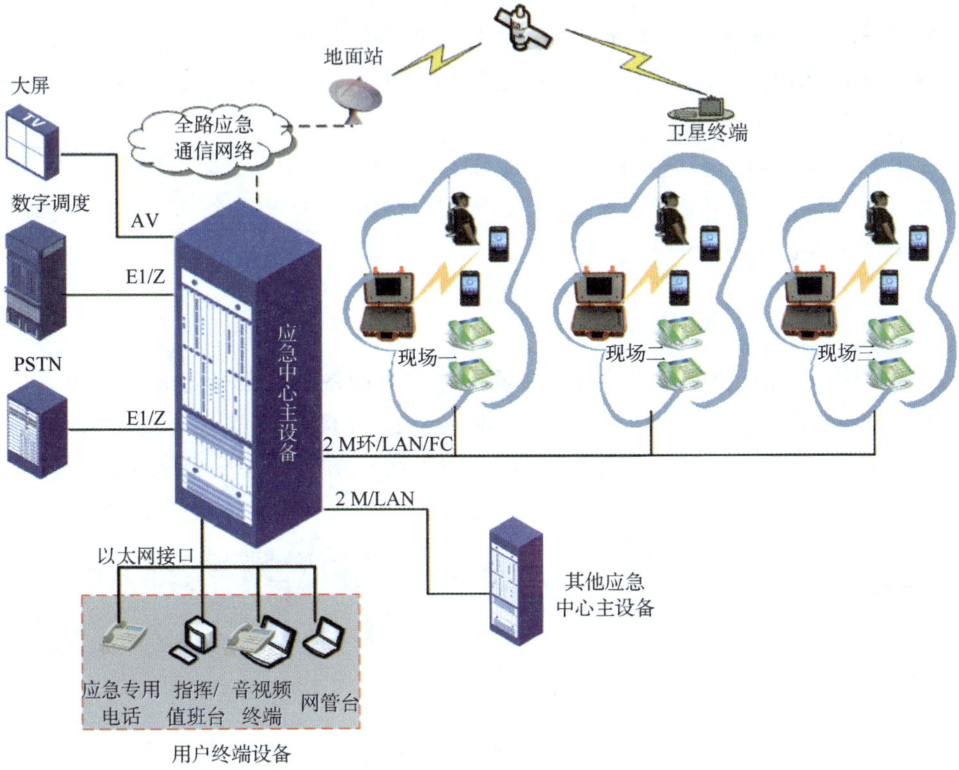

图 5-3　CTT2000C 中心系统对外连接示意图

(3)能兼容不同厂家不同型号的现场设备(但现场设备必须经过质量认证测试)。

3. CTT2000C 中心系统与铁路自动电话网如何连接？占用多少个号码资源？

答：与铁路自动电话网采用 E1 接口或 Z 接口连接，建议使用 E1 接口，用 E1 接口连接时采用中国 7 号信令或 DSS1 信令。需要占用自动电话网的号码资源，可根据实际需要配置，推荐占用不少于 23 个，分配如下：

(1)应急中心占用 11 个：应急指挥台、值班台、操作台各 1 个，音视频终端 6 个，应急专用电话 2 个；

(2)每处应急现场占用 4 个，3 个应急现场共占用 12 个。

4. CTT2000C 中心系统与铁路调度电话网如何连接？占用多少个号码资源？

答：与铁路调度电话网采用 E1 接口或 Z 接口连接，建议使用 E1 接口，用 E1 接口连接时采用 30B+D 接口连接，用 DSS1 信令。占用调度电话网的号码资源，可根据实际需要配置，推荐不少于 17 个，分配如下：

(1)应急中心占用 11 个：应急指挥台、值班台、操作台各 1 个，音视频终端 6 个，应急专用电话 2 个；

(2)每处应急现场占用 2 个,3 个应急现场共占用 6 个。

5. 应急通信中心系统与其他应急通信中心设备如何连接?

答:目前各局的应急通信中心通过铁路数据网的综合视频 VPN 通道汇总在铁路总公司的应急通信中心系统。

6. CTT2000C 中心系统与视频显示系统、综合视频监控系统如何连接?

答:中心系统与视频显示系统采用 AV 接口连接,不少于 4 个 AV 接口,与综合视频监控系统采用以太网接口连接。

(四)语音调度系统的运用

1. 如何进入语音调度系统的操作主界面?主界面由哪几部分组成?

答:在 Windows 窗口双击[Command]图标,便弹出如图 5-4 所示的语音调度系统的操作主界面,操作主界面由信息显示区、呼叫键区和功能键区三部分组成。

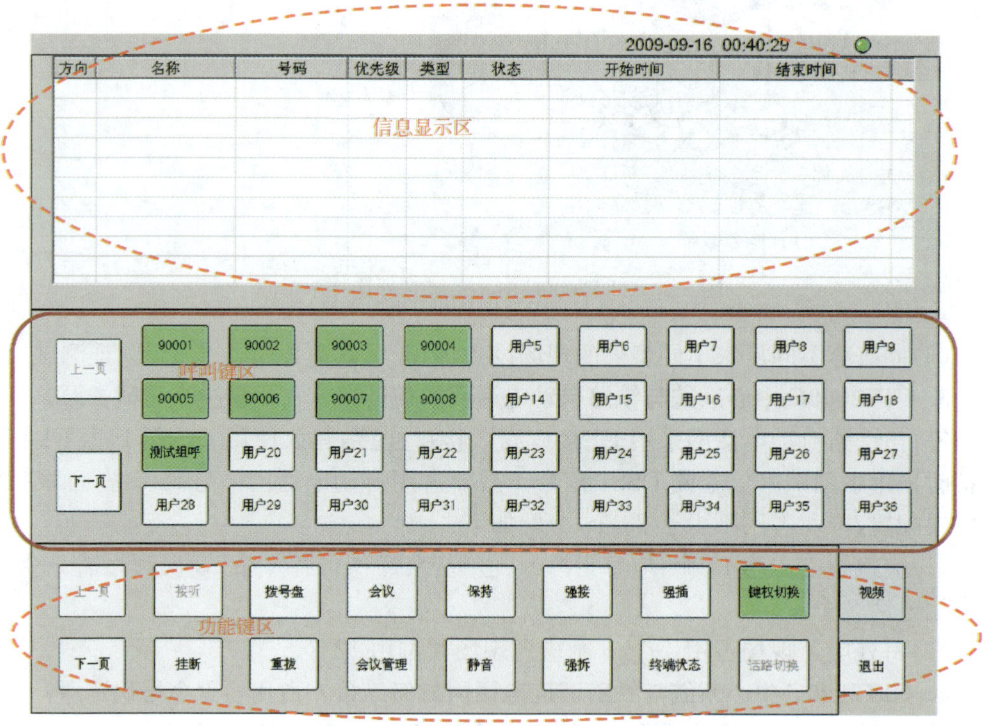

图 5-4　语音调度系统的操作主界面

2. 信息显示区每一栏信息的含义是什么?如何显示呼叫和通话的信息?

答:信息显示区以列表形式实时显示操作台的呼叫和通话状态信息,每一栏目信息的含义见表5-1。

表5-1　通话和呼叫信息栏目的含义

栏目名称	含　义
方向	操作台主叫时显示“呼出”，操作台被叫时显示“呼入”
名称	指对方的用户名称，如果是外网用户显示“外线号码”
号码	指对方用户的电话号码
优先级	表示主叫用户的呼叫级别
类型	指呼叫类型，分单呼、会议、广播等
状态	呼出时显示“振铃”；通话时显示“通话中”；话毕显示“通话结束”；呼叫时被等待或通话时被保留，显示“保持”
开始时间	指通话开始时间，显示年、月、日、时、分、秒
结束时间	指通话结束时间，显示年、月、日、时、分、秒

呼叫和通话时的信息显示方式如下：

(1)每发生一次呼叫便自动生成一条记录，当前的呼叫显示在最上面一行，按时间的前后自下到上排列；

(2)呼叫时[状态]栏显示“振铃”，该行底色呈蓝色并闪烁；

(3)通话时[状态]栏显示“通话中”，并记录“开始时间”，该行底色呈黄色；

(4)话毕[状态]栏显示“通话结束”，并记录“结束时间”，该行无底色。

3. 单呼键在运用时，键位的颜色和标记如何变化？

答：操作台上的[单呼]键设置了相应的电话号码，例如，用户2[单呼]键设置的电话号码为90002，直接按键便可对用户2进行呼叫，在不同的运用状态时，键位的颜色和标记都会发生变化，见表5-2。

表5-2　各种运用状态时键位的颜色和标记变化表

颜色	运用状态含义	左上角黑色箭头
绿色	用户空闲	无
蓝色	主叫时发起呼叫，被叫时振铃	主叫时箭头向上，被叫时箭头向下
黄色	正在通话	主叫时箭头向上，被叫时箭头向下
橙色	呼叫等待或呼叫保持	主叫时箭头向上，被叫时箭头向下

4. 功能键区有哪些功能键？运用时键位的颜色如何变化？

答：(1)本系统配置的功能键：

首页：挂断、拨号盘、重拨、会议、会议管理、保持、静音、强接、强拆、强插、终端状态、键权切换、话路切换；

次页：通话记录、电话簿、监听、自动应答、紧急呼叫、广播、转接、代接、录音、录音通知、话筒＋、话筒－；

最后页：触摸屏蔽。

(2)功能键位的颜色，平时呈灰色，按下运用时变为绿色。

5. 操作台呼叫用户有哪几种方法？如何运用？

答：操作台呼叫用户有五种方法：直接按[单呼]键呼叫；用[拨号盘]呼叫；用[电话簿]即时点击呼叫；用[重拨键]快速呼叫；用[紧急呼叫]键紧急呼叫。

运用时可根据情况选择如下几种方法：

(1)已经配置在呼叫键区的常用的用户，可以直接按[单呼]键呼叫；

(2)对呼叫键区以外的用户可以用[拨号盘]呼叫或用[电话簿]即时点击呼叫；

(3)对最近一次呼叫过的用户，可以用[重拨]键快速呼叫；

(4)需要紧急呼叫时可以用[紧急呼叫]键呼叫。

6. 操作台单呼时的呼叫过程是什么？

答：操作台直接按[单呼]键便可呼叫用户，呼叫过程如下：

(1)按[单呼]键；

(2)被叫振铃：操作台听到回铃音，在信息显示区显示呼叫信息，单呼键颜色由绿色变为蓝色，键位左上角显示一个黑色的小箭头，箭头向下表示呼入该用户；

(3)被叫摘机双方通话，在信息显示区显示[通话中]和[开始时间]，单呼键颜色变为黄色；

(4)通话结束：如果操作台先挂机，操作台恢复空闲状态，信息显示区显示[通话结束]，并记录结束时间，被叫听忙音；如果被叫先挂机，操作台恢复空闲状态，信息显示区显示[通话结束]，并记录结束时间，单呼键恢复为绿色。

7. 操作台为被叫时的呼叫过程是什么？

答：操作台为被叫时，呼叫过程如下：

(1)其他终端设备呼叫操作台，如用户 2(电话号码为 90002)发起呼叫，操作台振铃，信息显示区显示呼入状态，主叫用户的单呼键由绿色变为蓝色，键位左上角显示一个向上的黑色小箭头，表示该用户为主叫，操作台为被叫；

(2)按[接听]键，操作台停止振铃，信息显示区显示通话状态，通话建立，主叫用户的单呼键由蓝色变为黄色；

(3)话毕挂机：如果操作台先挂机，主叫听忙音；如果主叫先挂机，操作台恢复空闲状态，信息显示区显示通话结束，主叫用户单呼键恢复为绿色。

8. 操作台如何用拨号盘呼叫用户？

答：打开拨号盘，可以用拨号盘呼叫，呼叫过程如下：

(1)在主界面功能键区按[拨号盘]键，便在主界面上叠加拨号盘界面，如图 5-5

所示。

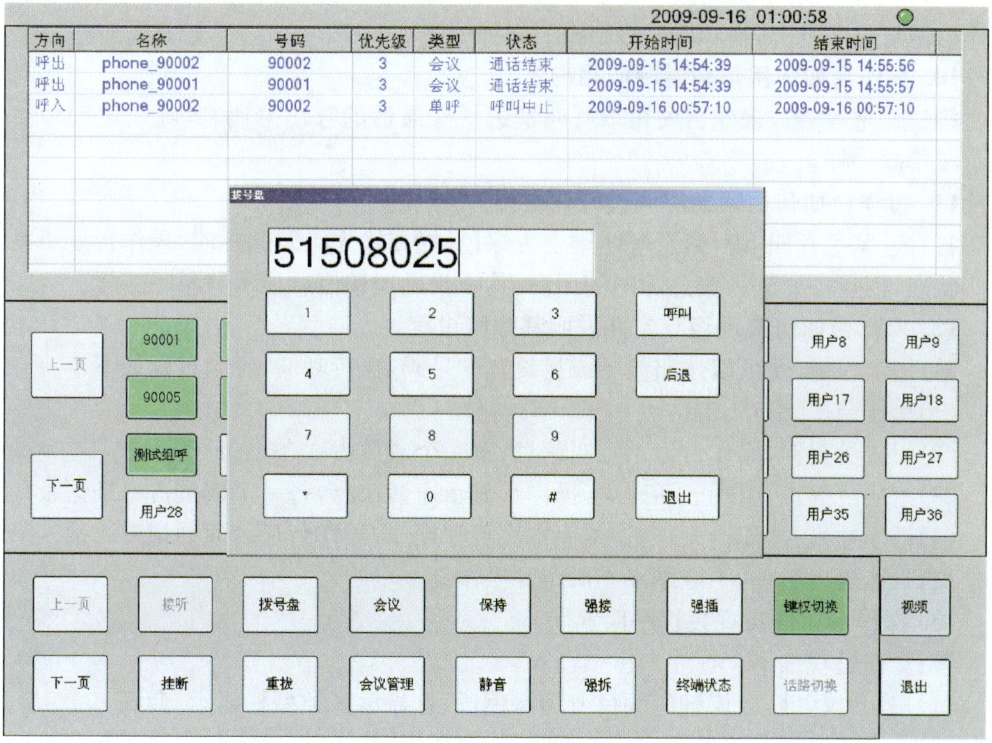

图 5-5 主界面上叠加的拨号盘界面

(2)在拨号盘上按位逐一输入电话号码，如果输入数字有误，按[后退]键取消一位输入，输入完成后，按[呼叫]键，如果输入的号码错误，提示："你输入的号码不存在，请核对后重新输入"；如果输入号码正确，被叫有空闲话路，被叫振铃，操作台听到回铃音，并显示呼叫信息。

(3)被叫摘机：通话建立，操作台显示通话信息。

(4)话毕挂机：如果操作台先挂机，显示[通话结束]，被叫听忙音；如果被叫先挂机，操作台恢复空闲状态，显示[通话结束]。

(5)按[退出]键，关闭[拨号盘界面]。

9. 操作台如何用电话簿呼叫用户？

答：用电话簿呼叫过程如下：

(1)在功能键区按[电话簿]键，便在主界面叠加一个[电话簿窗口]；

(2)点击需要呼叫的用户，被叫有空闲话路，被叫振铃，操作台听到回铃音，并显示呼叫信息；

(3)被叫摘机：通话建立，操作台显示通话信息；

(4)话毕挂机:如果操作台先挂机,显示[通话结束],被叫听忙音,如果被叫先挂机,操作台恢复空闲状态,显示[通话结束]。

10. 操作台如何用重拨键呼叫用户?

答:按[重拨]键,操作台便可以呼叫最近一次通话的呼出号码,其呼叫过程和信息显示与单呼一样。

11. 操作台如何用紧急呼叫键呼叫用户?

答:按[紧急呼叫]键,紧急呼叫键变为绿色,提高优先级发起呼叫,操作台处于紧急呼叫状态,再点击要进行紧急呼叫的用户,其呼叫过程和信息显示与单呼一样。

12. 操作台如何实现组呼? 并说明其呼叫过程。

答:按组呼键,便可以按照组呼成员设置的号码,执行呼叫,呼叫过程如下:

(1)操作台按[组呼]键;

(2)组成员振铃,操作台显示呼叫信息,每一个成员占一条记录;

(3)组成员摘机,组呼通话建立,操作台显示通话信息,每一个成员占一条记录;

(4)话毕挂机:操作台先挂机,结束本次组呼操作,操作台显示通话结束。某一组成员挂机,只能退出组呼,不能结束本次组呼操作。

13. 操作台如何实现会议呼叫?

答:操作过程如下:

(1)按[会议]键,会议键的颜色变为绿色,信息显示区类型栏显示[会议];

(2)点击要参加会议的用户或者组呼组,或者用[拨号盘]输入号码呼叫与会成员;

(3)被叫振铃,操作台信息显示区显示会议呼叫信息,被叫用户的单呼键颜色由绿色变为蓝色;

(4)各个被叫摘机,会议通话建立,操作台信息显示区类型栏显示[会议],状态栏显示[通话中],被叫用户的单呼键颜色由蓝色变为黄色;

(5)在会议过程中,也可以增加与会成员,点击要参加会议的用户或者组呼组,或者用[拨号盘]输入号码呼叫,加入已经建立的会议;

(6)退出会议:在会议过程中,若再次点击[会议]键,则系统会提示"是否退出会议"对话框,点击[确定]键,操作台便退出会议,其他会议成员可以继续进行会议。如果操作台按[挂断]键,也能退出本次会议呼叫,与会成员还能继续开会。

14. 操作台在会议过程中,如何进行会议管理?

答:在会议过程中按[会议管理]键,便在会议状态界面上叠加会议管理界面,如图5-6所示。

会议管理主要是对与会成员进行踢除和静音,及解散会议,操作过程如下:

(1)踢除某会议成员:选择某会议成员,再点击[踢除]键,则将相应的会议成员踢除会议室。

(2)对某会议成员静音:选择某会议成员,再点击[静音]键,则将相应的会议成员设

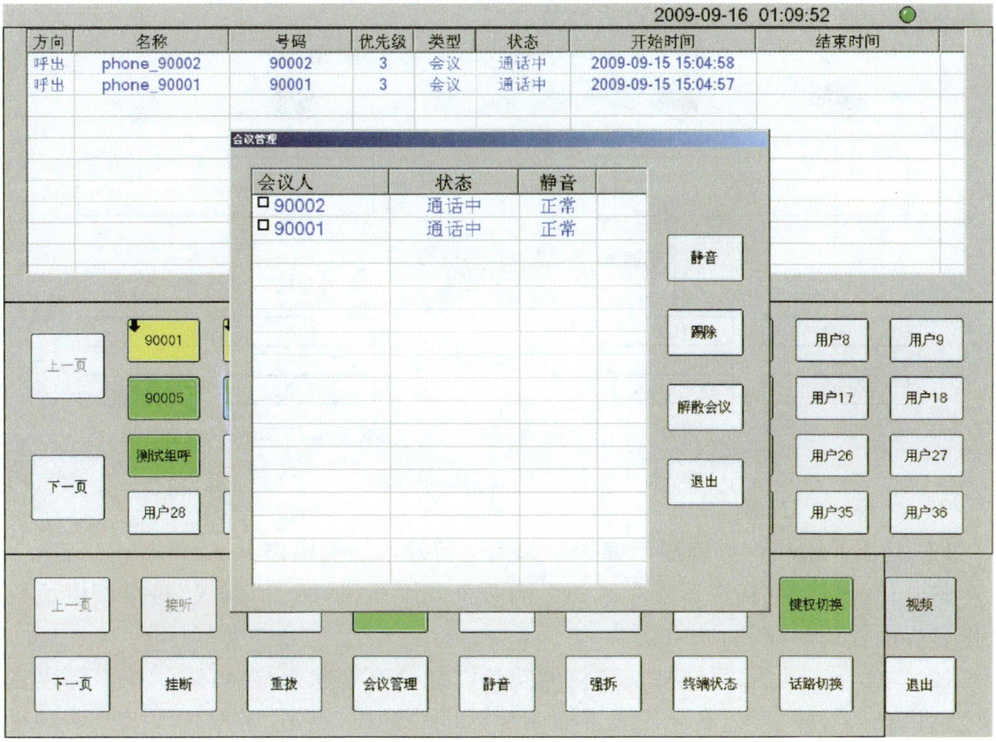

图 5-6　会议管理界面

为静音状态。

(3)退出会议管理：点击[退出]键，便退出会议管理，返回操作台会议状态界面。

(4)解散会议：在会议管理界面，要结束会议，点击[解散会议]键，则解散本次会议，向所有会议成员发挂机信号。

15. 操作台如何进行广播呼叫？与会议呼叫有何区别？

答：(1)操作台按[广播]键，广播键的颜色变为绿色，再点击要收听广播的用户或者组呼组，不在呼叫键区的用户可以用[拨号盘]输入号码呼叫收听广播成员，实现广播呼叫。

(2)广播呼叫与会议呼叫过程相同，只是广播呼叫时，被叫用户不能发言，信息显示区类型栏显示[广播]。

16. 如何使用功能键区的话路切换键？

答：操作台有主辅两路通道，系统默认扬声器麦克风对应主通道，手柄对应辅通道。如图 5-7 所示扬声器麦克风与用户 A 建立通话，手柄与用户 B 建立通话，如果在通话过程中需要变更通道，即扬声器麦克风与用户 B 通话，手柄与用户 A 通话，点击[话路切换]键便实现话路切换,再次点击恢复。

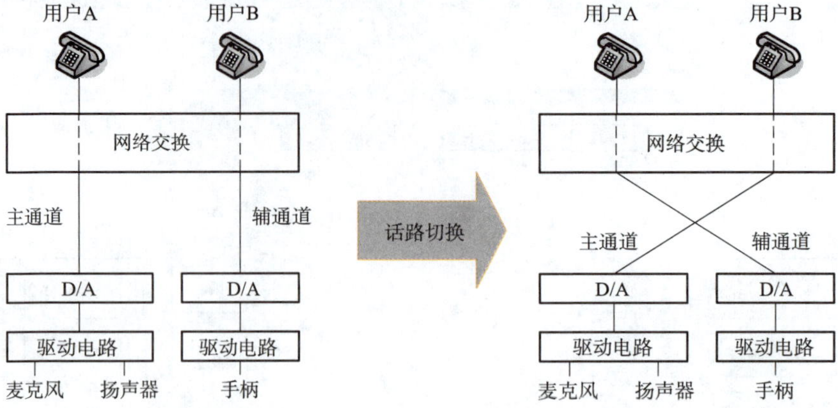

图 5-7 话路切换示意图

17. 什么是键权?如何显示键权?如何进行键权切换操作?

答:(1)操作台有扬声器麦克风和手柄两个调度话机,所谓“键权”是指调度话机对操作台界面使用的权利。

(2)操作台启动后,系统默认键权的颜色以绿色高亮状态显示,表示扬声器麦克风调度话机获得键权;红色高亮代表手柄调度话机的键权,点击[键权切换]键,两种显示状态循环变化,键权也相应改变。

当扬声器麦克风调度话机已经占用时,又有新的呼入,键权具有自动跟踪功能,手柄调度话机自动获得键权。

(3)当两个调度话机均摘机状态下,这时如果某一调度话机需要使用操作台界面,操作前需检查确认键权,键权不在本方时,可以点击[键权切换]键获得键权,才能进行操作。

18. 什么是呼叫等待?操作台主界面如何显示呼叫等待状态?

答:(1)操作台非空闲时,又有新的呼入,则系统判断为“呼叫等待”。例如,操作台主通道和辅通道分别与呼叫键区的用户 1 和用户 3 通话,这时用户 2 呼入,系统会给呼入的第三个用户播放提示音。

(2)呼叫等待时操作台主界面如图 5-8 所示。

19. 什么是呼叫保持?操作台呼叫保持时如何显示信息状态?

答:操作台与用户通话时,按[保持]键,通话进入保持队列,对方自动处于被保持状态,并听到保持音。

呼叫保持时的信息状态显示如下:

(1)操作台按[单呼]键,与该用户建立通话,该单呼键颜色呈黄色;

(2)操作台按[保持]键,该用户听保持音,单呼键颜色由黄色变为橙色;

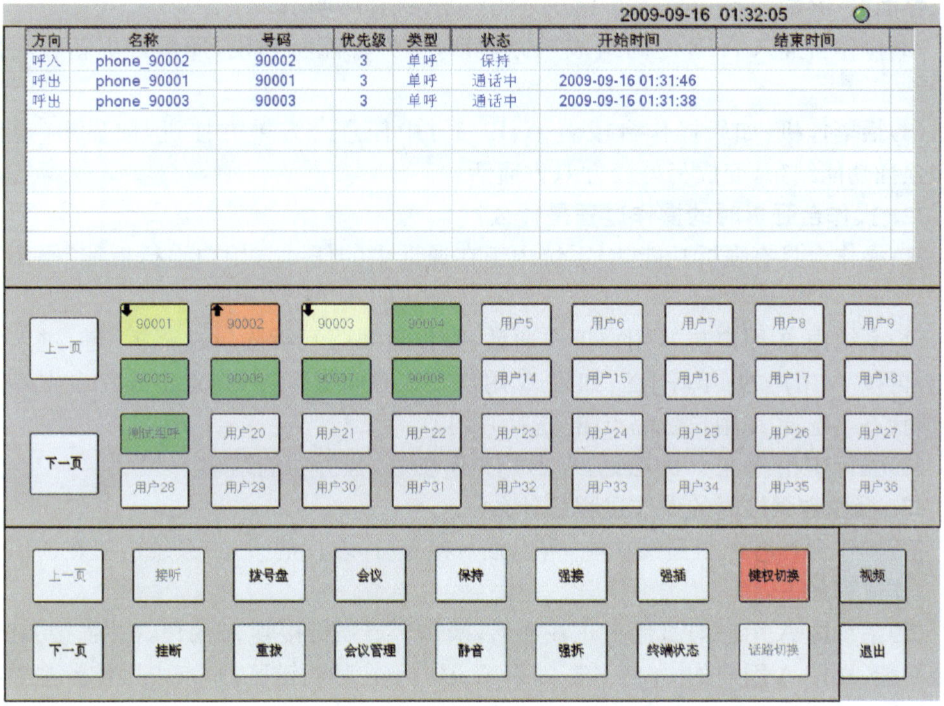

图 5-8　呼叫等待时的主界面

(3)操作台结束当前通话，将保持队列中优先级最高的通话，恢复为正常通话状态，该单呼键颜色由橙色变为黄色。

20. 什么是呼叫转接？操作台呼叫转接时如何显示信息状态？

答：操作台正在与用户通话时，对方要求转接到另一用户，操作台按[转接]键和需要转接的用户，实现呼叫转接并退出通话。

呼叫转接时的操作过程和信息状态显示如下：

(1)某用户呼叫操作台并建立通话，该用户的单呼键呈黄色；

(2)该用户要求转接，操作台按[转接]键及转接用户的[单呼]键，转接用户的单呼键由绿色变为蓝色；

(3)转接用户摘机并通话，转接用户的单呼键由蓝色变为黄色；

(4)操作台完成转接退出通话。

21. 操作台强插时的操作过程是什么？

答：操作台具有强插功能，可以对正在通话中的终端强行插入，组成三方通话，操作过程如下：

(1)系统内 A 用户与 B 用户正在通话，操作台对 A 进行人工强插操作，按[强插]键进入强插功能，再按 A 用户的[单呼]键，如果 A 用户不在呼叫键区范围内，则点击操作

台主界面的[终端状态],选择 A 用户号码点击[选择呼叫];

(2)操作台插入 A、B 之间组成三方通话,三方都能听和说,操作台更新呼叫信息显示;

(3)话毕挂机:如果操作台或者 A、B 三方中任意一方单方挂机,便显示[通话结束],强插功能结束,变成另外两方双方通话。

22. 操作台强拆时的操作过程是什么?

答:操作台具有强拆功能,对系统内正在通话中的任一方用户强行拆线,操作过程如下:

(1)系统内 A 用户与 B 用户正在通话,操作台要强行拆除,按[强拆]键,进入强拆功能,再按 A 用户的[单呼]键,如果 A 用户不在呼叫键区内,则点击操作台主界面的[终端状态],选择 A 用户号码点击[选择呼叫];

(2)强行中止 A 与 B 的通话,A、B 用户听忙音,强拆功能结束。

23. 操作台强接时的操作过程是什么?

答:操作台具有人工强接功能,可以强行接管(即取代的意思)系统内正在通话中用户,操作过程如下:

(1)系统内 A 用户与 B 用户正在通话,操作台要强行接管 A 用户,按[强接]键进入强接功能,再按 A 用户的[单呼]键,如果 A 用户不在呼叫键区,则点击操作台主界面的[终端状态],选择 A 用户号码点击[选择呼叫];

(2)操作台强行接管 A 的通话权,A 用户听到忙音,操作台与 B 用户正常通话、并更新呼叫信息;

(3)话毕挂机:如果操作台先挂机,显示[通话结束],B 听忙音;如果 B 用户先挂机,操作台更新呼叫信息,显示[通话结束],强接功能结束。

24. 什么是代接功能?操作台代接时如何显示信息状态?

答:操作台具有代接功能,可以代替系统内的用户接听电话,操作过程如下:

(1)系统内 B 用户呼叫 A 用户,A 用户振铃但无人接听,操作台按[代接]键进入代接功能,再按 A 用户的[单呼]键,如果 A 用户不在呼叫键区则点击操作台主界面的[终端状态],选择 A 用户号码点击[选择呼叫];

(2)操作台代替 A 接听电话,与 B 建立通话;

(3)话毕挂机:如果操作台先挂机,显示[通话结束],代接功能结束;如果 B 用户先挂机,操作台退出代接功能,恢复空闲状态,显示通话结束。

25. 操作台需要静音时,操作过程是什么?

答:操作台具有静音功能,在通话中对己方静音,使对方听不到本方讲话,操作过程如下:

(1)操作台在通话过程中,按[静音]键进入静音功能,屏蔽当前话路的本方麦克,对方听不到本方声音,静音键以高亮红色显示本机处于静音状态;

(2)静音过程中,按[静音]键可恢复正常通话状态,静音键变为正常显示,静音功能结束;

(3)操作台挂机,自动撤销静音功能,静音功能结束。

26. 操作台如何进行监听?

答:操作台话路为空闲状态,系统内A用户和B用户正在通话,拟对其进行监听,操作过程如下:

(1)按[监听]键进入监听功能,再按A用户的[单呼]键,如果A用户不在呼叫键区内,则点击操作台主界面的[终端状态],选择A用户号码点击[选择呼叫];

(2)调度台监听A、B之间的通话,A、B正常通话,操作台更新呼叫信息显示;

(3)如果操作台挂机,操作台显示通话结束,A、B继续通话,监听功能结束;

(4)如果A、B一方挂机,操作台更新呼叫信息,显示通话结束,监听功能结束。

27. 如何对操作台触摸屏进行屏蔽?

答:操作台具有触摸屏临时屏蔽的功能,操作过程如下:

(1)进入操作台主控制界面,在功能键区选择[触摸屏蔽]按钮;

(2)在没有任何呼入呼出业务时,按住[触摸屏蔽]按钮超过5 s,按钮本身变为红色高亮显示状态,系统会临时屏蔽除该按钮以外的其他所有的输入区域;

(3)再按住[触摸屏蔽]按钮,超过5 s,按钮本身变为正常状态,解除屏蔽功能,退出屏蔽状态,显示操作台主控制界面。

(五)视频监控系统的运用

1. 如何进入视频监控系统的主界面?

答:进入视频监控系统有两种方法:

(1)在语音调度主界面,点击[视频]按键便进入视频监控主界面。

(2)客户端启动:执行客户端程序VClient.exe,出现用户登录界面,在对话框中输入用户名密码进行登录,如图5-9所示。

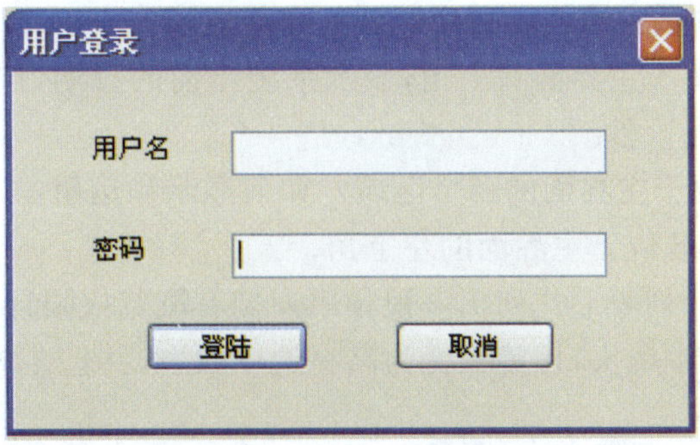

图5-9 用户登录界面

若输入的用户名错误，则提示“用户名不存在，登录数据库失败”，若输入的密码错误，则提示“密码错误，登录数据库失败”，若成功登录，则进入视频监控主界面。

2. 视频监控系统主界面有哪几个区域？并画出主界面示意图。

答：视频监控系统主界面如图 5-10 所示，有 6 个区域：日期显示区、设备列表区、图像显示区、视频窗口切换区、设备控制区和系统功能区。

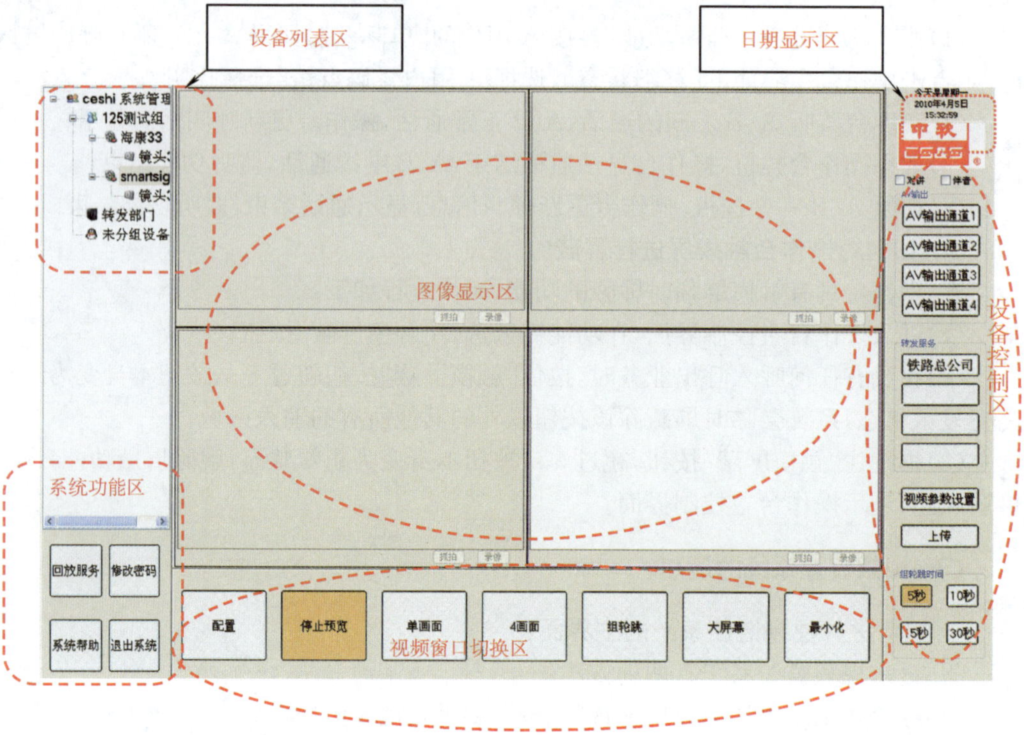

图 5-10 视频监控系统主界面

3. 日期显示区位于主界面的哪个区域？如何显示？

答：日期显示区位于主界面右上角，显示系统当前的日期，包括：今天是星期×；×年×月×日；×时×分×秒。

4. 设备列表区位于主界面的哪个区域？如何显示和运用？

答：(1)设备列表区位于主界面的左上角；

(2)该区域以树状列表形式列出该视频用户拥有浏览权限且在线的编码器和镜头。在设备列表区点击选中镜头，该镜头变为高亮选中状态，并且在图像显示区显示该镜头的视频图像。

5. 图像显示区位于主界面的哪个区域？如何显示视频图像？

答：图像显示区位于主界面的中部，该区域默认状态为四画面视频显示区，每个画面视频显示区域内都有[抓拍]和[录像]两个功能按键。如果视频用户对浏览的视频图像没有抓拍或者录像权限时，该功能键为暗色不能点击；如果视频用户对浏览的视频图像有抓拍或者录像权限时，在浏览视频图像时，可以对视频图像进行抓拍和录像操作。

6. 如何在浏览视频图像时进行抓拍和录像？

答：(1)抓拍图像

选中需要进行抓拍的视频图像区，点击[抓拍]键调用抓拍功能，系统截取当前视频显示区的画面，生成 BMP 格式文件存入配置功能中设定的本地抓拍的路径中，并提示“抓拍成功”。

在抓拍功能键栏左侧显示抓拍图像的设备号、镜头名称和 IP 地址。

(2)录像功能

选中需要进行录像的视频图像区，点击[录像]键，调用本地录像功能，开始本地录像，录像键状态变为[录像中]，再次点击[录像中]键，停止对此路视频的本地录像，生成的录像文件存入配置功能中设定的本地录像的路径中。录像中功能键状态恢复到录像状态。

7. 视频窗口切换区位于主界面的哪个区域？有哪些功能？

答：视频窗口切换区位于主界面下方，其主要功能有：

(1)配置功能：具有对本地播放、服务器连接、录像回放进行配置功能；

(2)变换图像画面功能：用[4 画面]键、[单画面]键、[大屏幕]键变换视频图像的画面；

(3)对视频图像轮流播放功能：用[组轮跳]键和[时间间隔]键对视频图像按设定的时间间隔轮流播放。

8. 如何对本地播放、服务器连接、录像回放进行配置？

答：在视频窗口切换区内点击[配置]键，系统会弹出如图 5-11 所示的配置选项对话框，在[播放存储路径]栏内填写设定生成的录像文件的存储路径，在[快照存储路径]栏内填写设定抓拍功能生成的 BMP 文件的存储路径，填写完毕后，点击[应用]键便完成了配置。

9. 视频图像有几种显示状态？如何变换视频图像的画面？

答：图像显示有 4 画面、单画面、大屏幕三种状态，系统默认图像显示区为四画面显示状态，可以同时显示来自不同镜头的四个视频图像。可以用[4 画面]键、[单画面]键、[大屏幕]键变换视频图像的画面，操作方法如下：

(1)4 画面显示

在单画面状态下，点击[4 画面]键可以完成进入 4 画面显示状态，4 画面键变为高亮显示。

(2)单画面显示

在图像显示区内选择一个视频图像，点击[单画面]键后，图像显示区会只显示用户

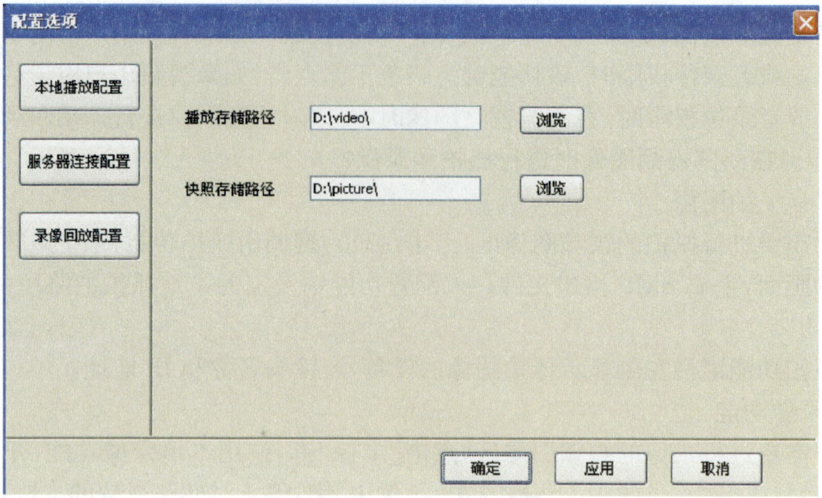

图 5-11 配置选项对话框

选中的视频图像,形成一个大的视频显示区域,单画面键变为高亮显示。

(3)大屏幕显示

在图像显示区内选择一个视频图像,点击[大屏幕]键后,整个图像显示区放大到整个显示器屏幕显示。在全屏幕阶段,点击屏幕画面任何一点,返回切换前的状态。

10. 如何对视频图像按一定的间隔时间轮流播放?

答:点击视频窗口切换区的[组轮跳]键,在图像显示区中所有的视频图像以单画面的形式在图像显示区轮流播放。

系统默认组轮跳时间为 5 s,若想更改组轮跳时间,点击设备控制区的组轮跳时间[5 秒]键、[10 秒]键、[15 秒]键、[30 秒]键,所选时间键变为高亮状态,组轮跳时间设为该值。然后再点击视频窗口切换区的[组轮跳]键,则会按照设定的时间间隔以单画面的形式在图像显示区轮流播放。

11. 设备控制区位于主界面的哪个区域?有哪些主要功能?

答:设备控制区位于主界面的右侧,其主要功能有:AV 输出、转发服务、视频参数设置等。

12. 如何将实时视频进行解码输出 AV 信号?

答:在设备控制区 AV 输出一栏,有[AV 输出通道 1]、[AV 输出通道 2]、[AV 输出通道 3]、[AV 输出通道 4]4 个 AV 输出通道键,各 AV 输出通道键表示是否通过本通道对选中的视频图像进行解码输出 AV 信号,键位颜色显示黄色高亮则表示有解码输出服务;没有解码输出服务,键位显示正常颜色。

选中一路视频图像后,点击某一路 AV 输出通道键,该按键变为黄色高亮显示状态,将选中的视频通过该通道解码输出 AV 信号。若再点击该按键,按键变为正常显示状态，停止输出 AV 信号。

13. 如何将实时视频进行转发服务？

答：在设备控制区[转发服务]栏，有 4 个[转发部门*]按键，各按键标有转发部门简称，[转发部门*]按键呈黄色高亮状态表示系统正在转发视频图像，正常显示表示没有转发服务。

选中一路实时视频图像后，点击[转发部门*]按键，该按键呈黄色高亮状态，表示选中的实时视频图像正在向该部门转发，若再点击[转发部门*]按键，按键变为正常显示状态，停止该路视频的转发。

14. 如何进行视频参数设置？

答：在设备控制区点击[视频参数设置]键，弹出图 5-12 所示的视频参数配置对话框。

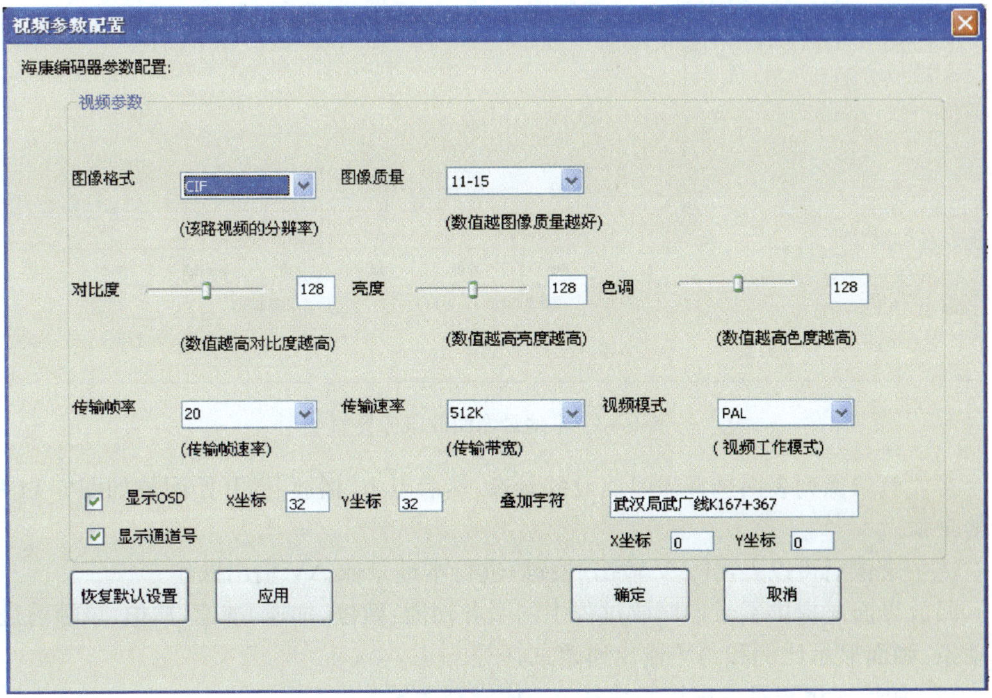

图 5-12　视频参数配置对话框

通过该配置对话框可以对选中视频图像进行参数配置，包括：图像格式、图像质量、对比度、亮度、色调、传输帧率、传输速率、视频模式等。设置完毕点击[应用]键后，完成设置。

15. 系统功能区位于主界面的哪个区域？有哪些主要功能？

答：系统功能区位于主界面左下方，其主要功能有：回放服务、修改密码、系统帮助、退出系统。

16. 如何对本地录像进行回放并 AV 输出到大屏?

答:在系统功能区点击[回放服务]键,系统便弹出回放服务界面,界面上方显示本地录像回放、远程录像回放和静图管理等三个选项,点击[本地录像回放]选项,弹出如图 5-13 所示的本地录像回放服务界面,左侧为录像列表,右侧为录像播放窗口。

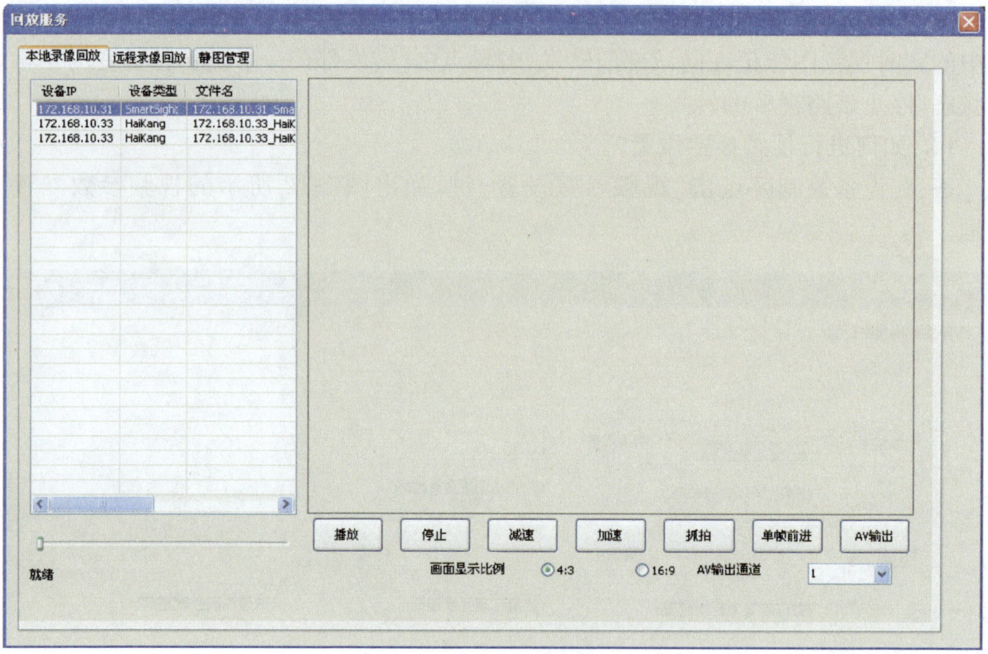

图 5-13 本地录像回放服务界面

在左侧录像列表内选择需要回放的录像,然后点击[播放]键开始回放如图 5-14 所示的录像。

选中录像后可以点击[AV 输出]按键,进行本地录像 AV 输出操作。

回放界面还提供了录像回放过程中的服务功能:暂停、加速、减速、抓拍、单帧前进、滑动条、画面显示比例和 AV 输出通道选择等。

17. 如何对远程录像进行回放并 AV 输出到大屏?

答:在回放服务界面点击[远程录像回放]选项,弹出如图 5-15 所示的远程录像回放服务界面。

远程录像回放服务界面分为两部分:录像列表显示区和功能操作区。

远程录像回放服务的操作步骤如下:

(1)在功能操作区内选择录像的种类是归档录像或者未归档录像;

(2)在功能操作区左侧查询条件区域内输入查询录像的条件;

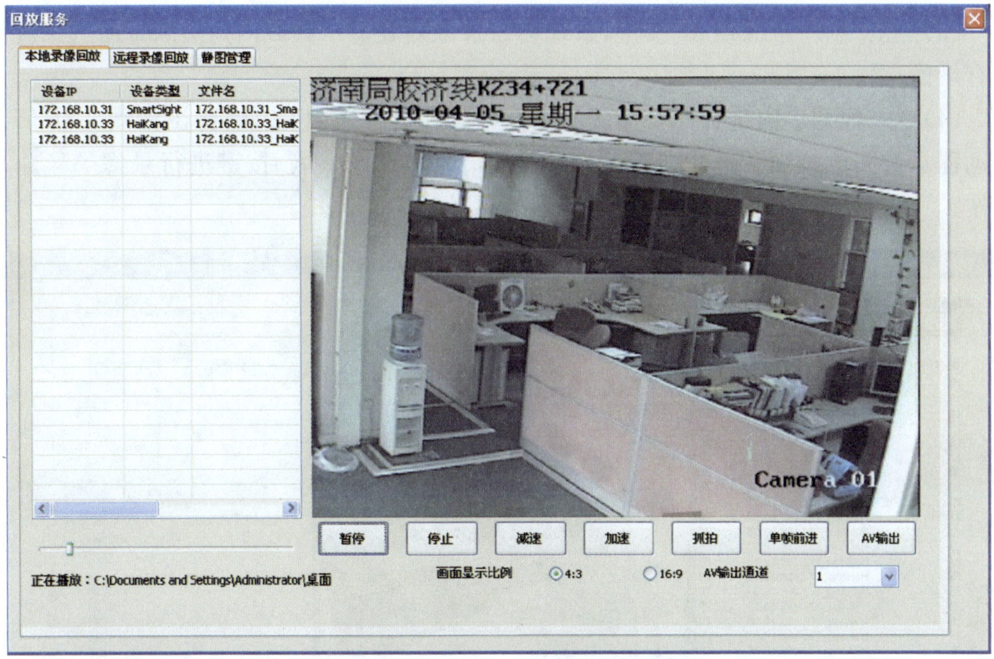

图 5-14　本地录像回放播放界面

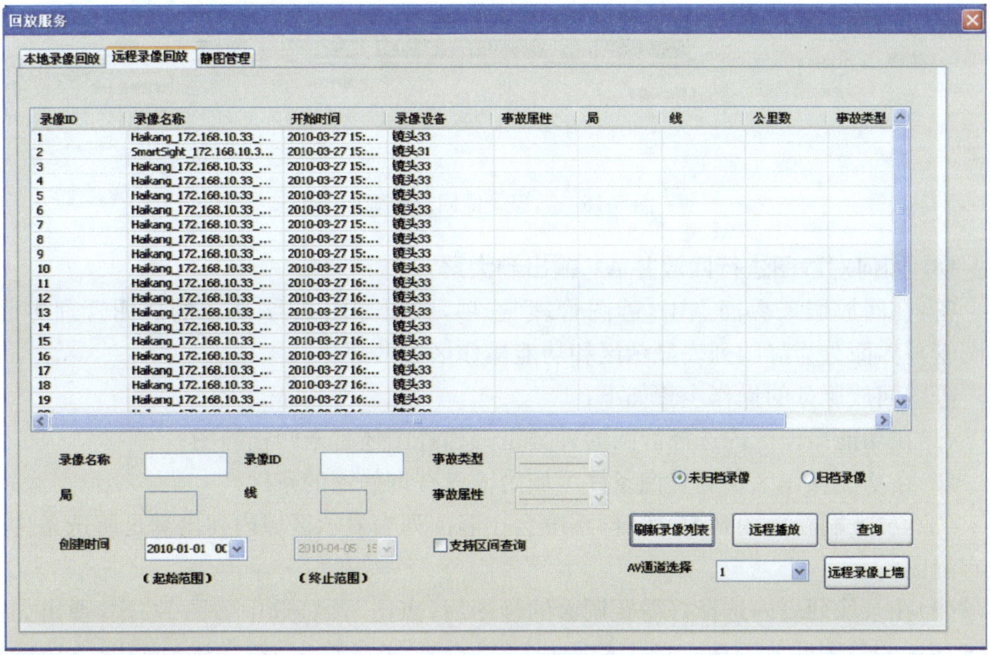

图 5-15　远程录像回放服务界面

(3)点击[刷新录像列表]按键,系统会在录像列表显示区域内列出满足所选条件的所有录像;

(4)在录像列表内选择需要播放的录像,点击[远程播放]按键,弹出如图 5-16 所示的远程录像回放画面。选中录像后可以点击[远程录像上墙]按键进行录像 AV 输出操作。

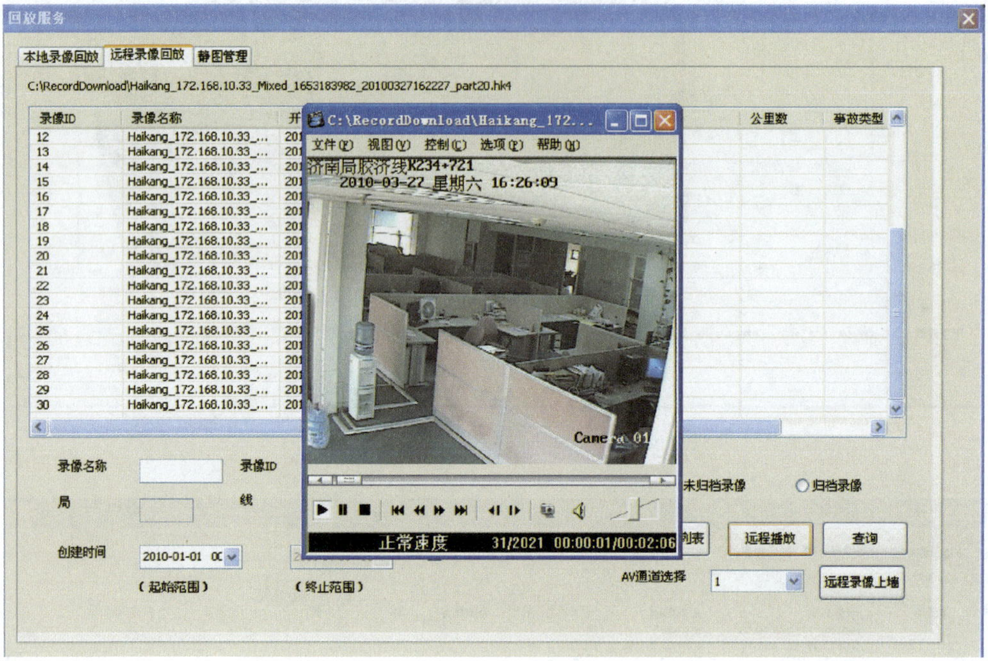

图 5-16 远程录像回放的画面

18. 如何对静图进行回放并 AV 输出到大屏?

答:在回放服务界面点击[静图管理]选项,弹出如图 5-17 所示的静图管理界面。静图管理界面分为静图列表显示区和功能操作区等两部分。

静图回放服务的操作步骤如下:

(1)在功能操作区内选择静图的种类是归档静图还是未归档静图;

(2)在功能操作区左侧查询条件区域内输入查询静图的条件;

(3)点击[刷新静图列表]按键,系统会在静图列表显示区域内列出满足所选条件的所有静图;

(4)在录像列表内选择好需要调看的静图后,点击[预览选中静图]按键,弹出如图 5-18 所示的静图回放画面。选中静图后可以点击[AV 输出]按键进行静图 AV 输出操作。

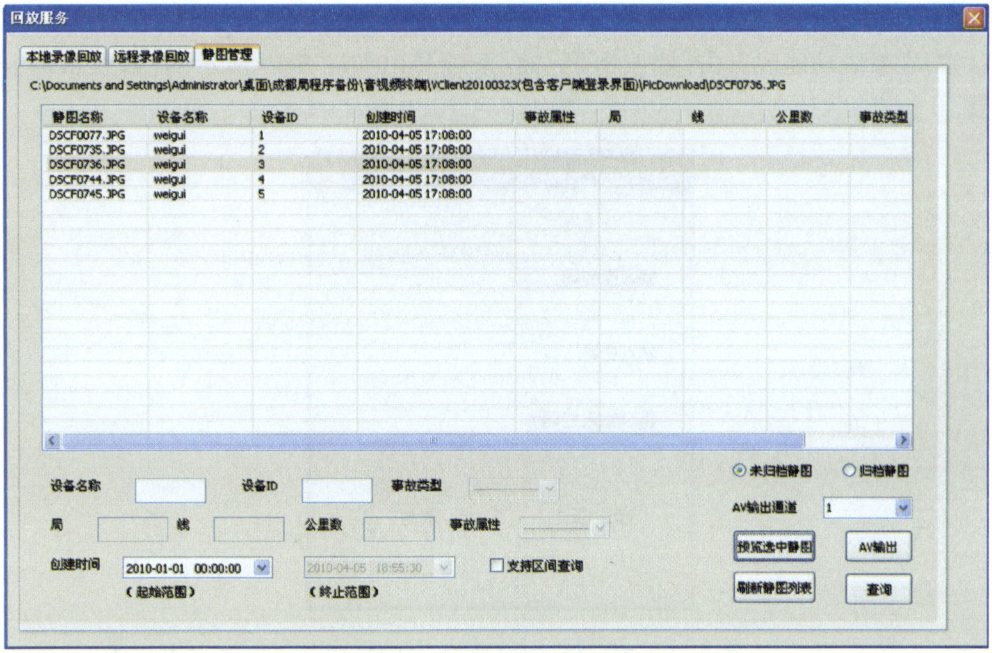

图 5-17　静图管理界面

图 5-18　静图回放画面

19. 如何修改密码?

答:在系统功能区点击[修改密码]键,系统弹出如图 5-19 所示的[修改密码]对话框。

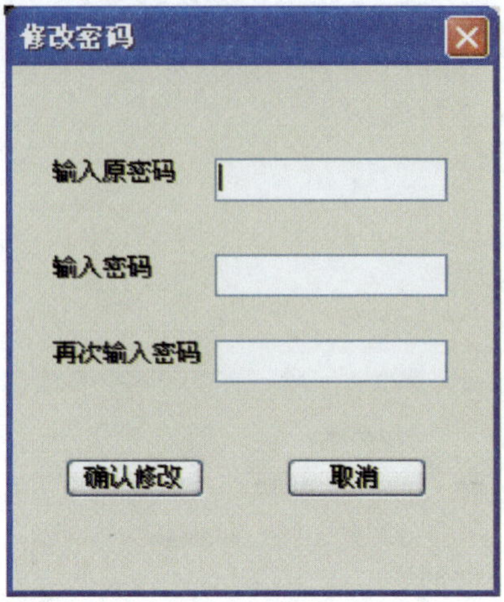

图 5-19 修改密码对话框

在[输入原密码]栏填写原密码;

在[输入密码]栏填写要修改的新密码;

在[再次输入密码]栏填写再次要修改的新密码;

填写结束后点击[确认修改]键,便完成修改密码操作。

20. 如何运用系统帮助?

答:视频用户在系统功能区点击[系统帮助]键,进入系统帮助。在图像显示区弹出系统帮助信息。

21. 如何退出视频监控系统界面?

答:在系统功能区点击[退出系统]键。关闭当前视频监控系统界面,退出本次所有的视频监控服务。

(六)视频单元的维护

1. 如何进入 CTT2000C 中心系统的维护界面?

答:在网管终端桌面,双击 [应急通信中心系统维护]文件夹,弹出如图 5-20 所示的应急通信中心系统维护界面。

2. 维护界面中主要图标的含义是什么?

答:维护界面中主要图标的含义见表 5-3。

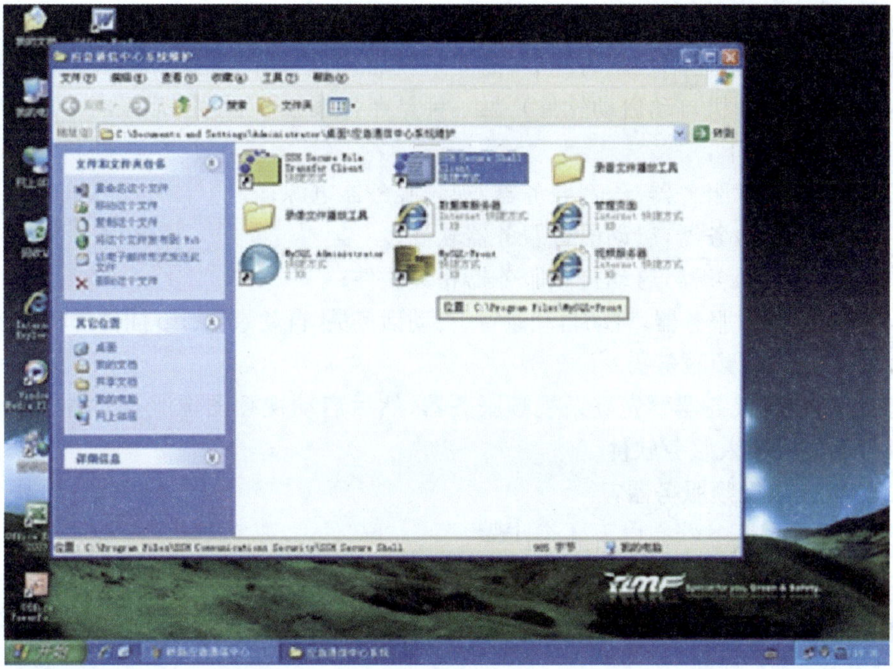

图 5-20　应急通信中心系统维护界面

表 5-3　维护界面主要图标含义

图　　标	含　　义
	用于远程控制连接视频服务器
	用于远程控制连接数据管理服务器
	用于远程连接语音服务器
	用于打开数据管理页面

3. 维护时如何重新启动?

答: 在维护时,当运用一段时间后,需要重新启动,启动的方式有两种,一种是开机自行启动(需启用开机自动启动软件),另一种是在各服务器上逐一启动各个应用程序,启动步骤的操作如下:

(1)开启数据库服务器、语音服务器、视频服务器电源;

(2)登录语音服务器,启动语音服务器软件;

(3)登录视频服务器,启动视频服务器相关软件;

(4)登录数据库服务器,启动自动录音、自动话务员、自动录像、ftp 插件等相关软件。

4. 如何启动视频服务器?

答: 启动视频服务器要先登录视频服务器,然后启动视频图像服务软件、视频输出服务软件和视频接入服务软件。

5. 如何登录视频服务器?

答: 登录视频服务器有以下 4 个步骤:

(1)双击[视频服务器]快捷图标,进入[安全证书]界面。

在[应急通信中心系统维护]界面中,双击[视频服务器]快捷图标,弹出如图 5-21 所示的[安全证书]界面。

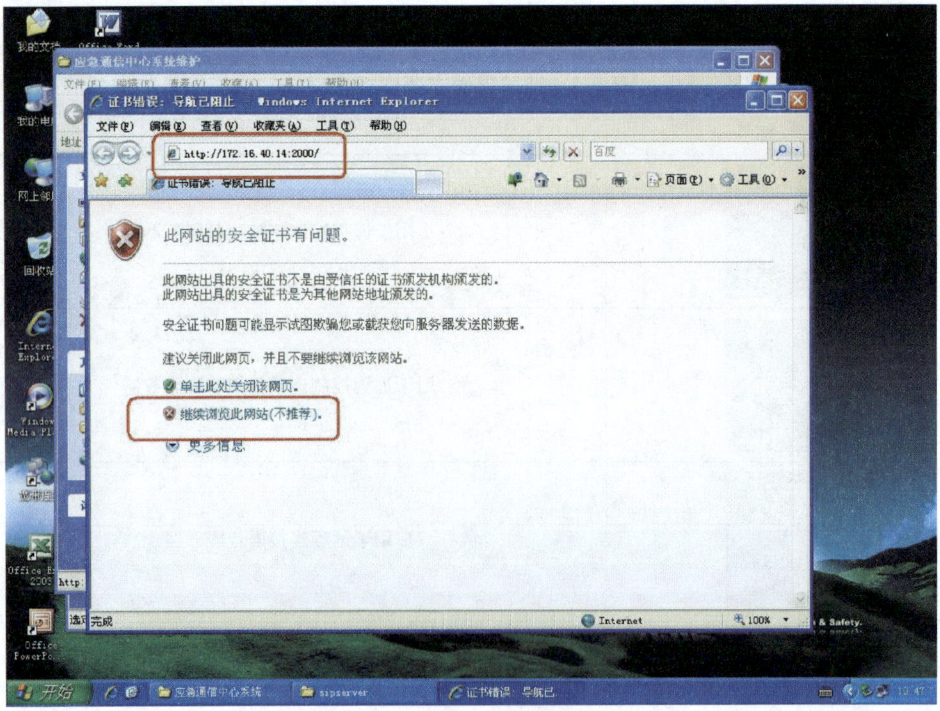

图 5-21 安全证书界面

(2)输入 IP 地址,进入[维护登录界面]。

在[安全证书]界面的地址栏输入该视频服务器的 IP 地址,本例视频服务器的 IP 地址为:172.16.40.10。在地址栏输入“http://172.16.40.10:2000”,点击[继续浏览此网站],在该界面弹出如图 5-22 所示的[维护登录界面对话框]。

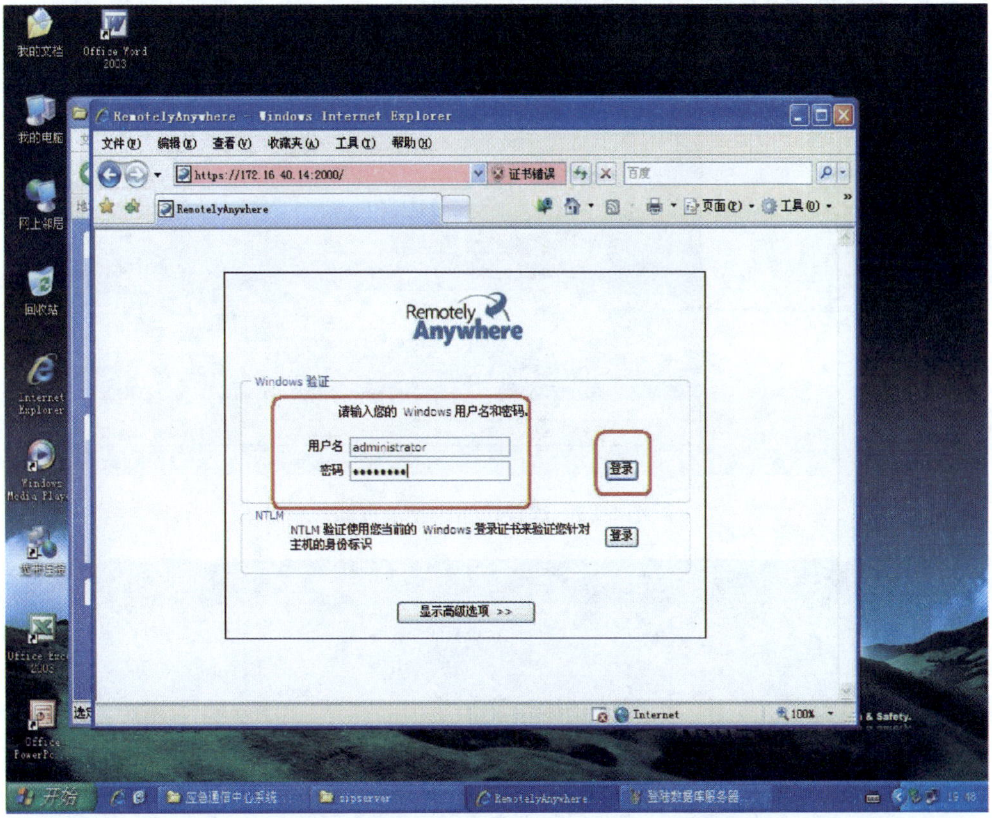

图 5-22　维护登录界面对话框

(3)输入用户名和密码,进入远程访问系统。

在对话框中输入视频服务器的用户名和密码,然后点击[登录]键,弹出如图 5-23 所示的远程访问登录页面,进入远程访问系统。

点击页面左边的[远程控制]选项,进入“远程控制”页面,点击页面上部的[Ctrl-Alt-Del]按钮,进入[登录计算机]对话框。

(4)输入用户名和密码,点[确定]键,登录成功。

在[登录计算机]对话框中输入用户名和密码,点击[确定]键,登录成功,弹出如图 5-24 所示的视频服务器桌面。

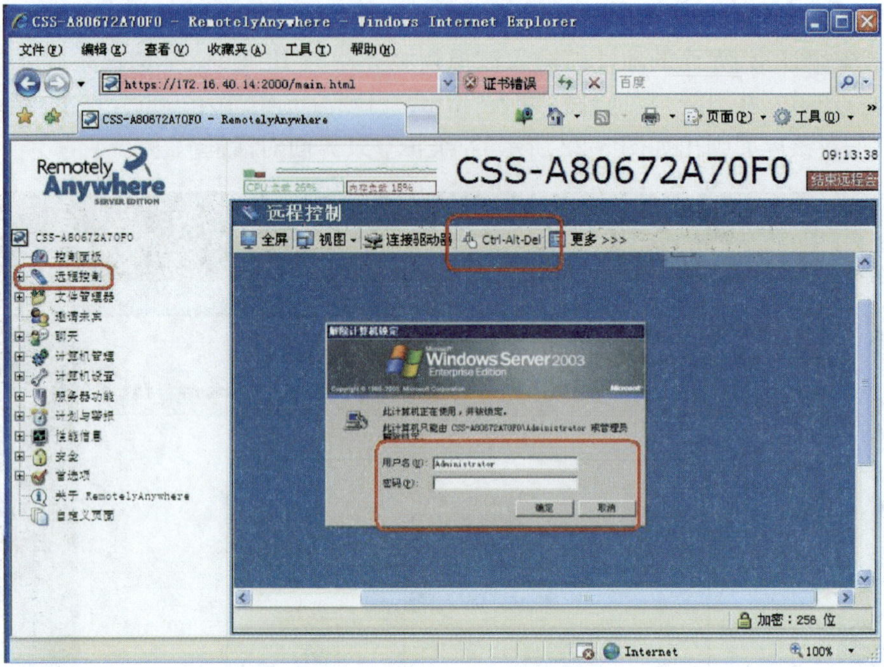

图 5-23　远程访问的登录页面

图 5-24　视频服务器桌面

6. 如何启动视频图像软件？

答：在视频服务器桌面上，双击［视频图像服务软件］快捷键，启动视频图像服务软件，弹出如图 5-25 所示的视频图像服务软件运行框。

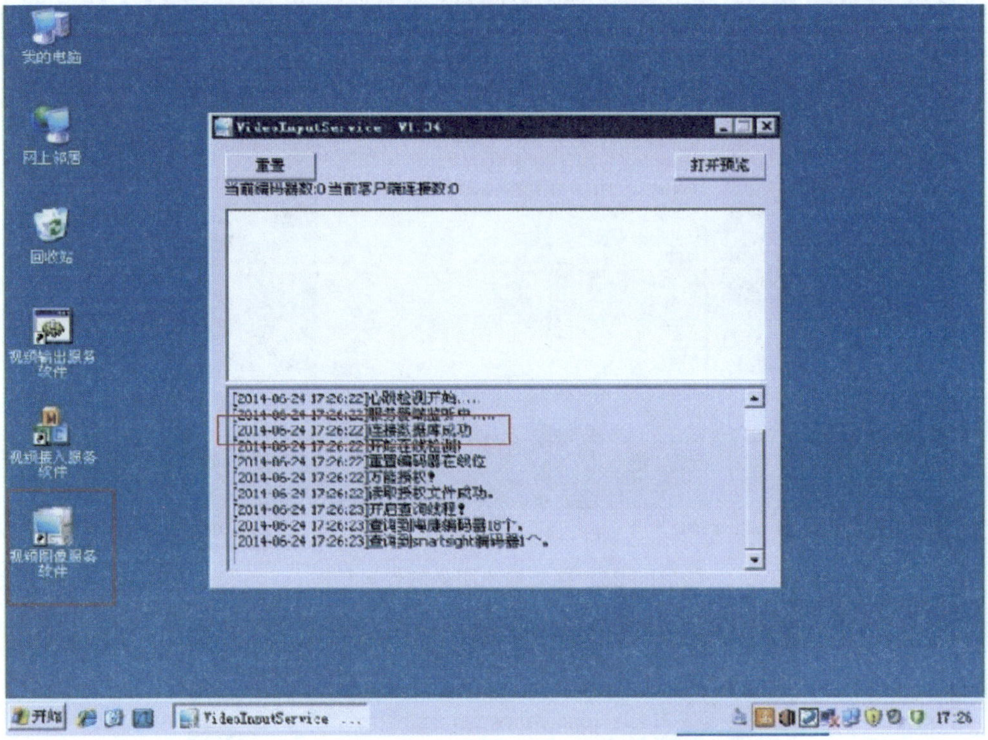

图 5-25　视频图像服务软件运行框

在运行框下部显示的反馈启动信息，当出现［连接数据库成功］、［重置编码器在线位］等字样时，视频图像服务软件启动成功。

7. 如何启动视频输出服务软件？

答：在视频服务器桌面上，双击［视频输出服务软件］快捷键，启动视频输出服务软件，弹出如图 5-26 所示的视频输出服务软件运行框。

在运行框下部显示的反馈启动信息，当出现［上墙卡初始化成功］、［连接数据库成功］等字样时，该视频输出服务软件启动成功。

8. 如何启动视频接入服务软件？

答：在视频服务器桌面上，双击［视频接入服务软件］快捷键，启动视频接入服务软件，弹出如图 5-27 所示的视频接入服务软件运行框。

图 5-26 视频输出服务软件运行框

图 5-27 视频接入服务软件运行框

在运行框显示“视频参数配置服务器已启动监听…”，视频接入服务软件启动成功。

9. 如何检查视频服务器 CPU 和内存的使用情况？

答：在视频服务器桌面按[Ctrl+Alt+Del]键，打开任务管理器界面，点击[性能]按钮，可查看到 CPU 和内存的使用情况，如图 5-28 所示，用内存使用数/物理内存总数即可得到内存使用率。

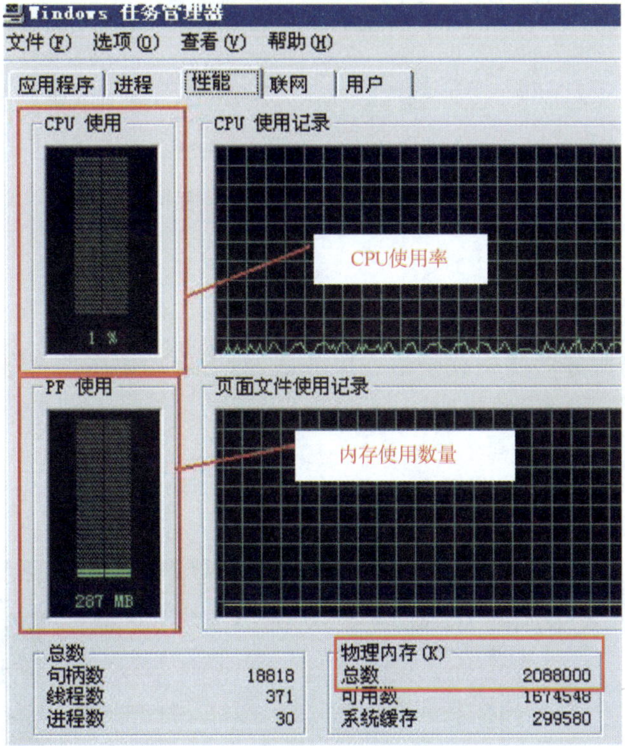

图 5-28　视频服务器 CPU 和内存

10. 如何检查视频服务器硬盘空间使用情况？

答：在视频服务器桌面，双击[我的电脑]图标，即可查看可使用空间和硬盘总空间。可使用空间/硬盘总空间便是硬盘使用率。

11. 如何检查视频服务器系统进程情况？

答：检查系统进程，即检查视频图像服务软件进程、视频输出服务软件进程、视频接入服务软件进程是否正常工作，在视频服务器桌面按[Ctrl+Alt+Del]键，打开任务管理器，点击[进程]按钮，显示如图 5-29 所示的系统进程情况，显示各服务软件的启动文件，表示系统进程正常。

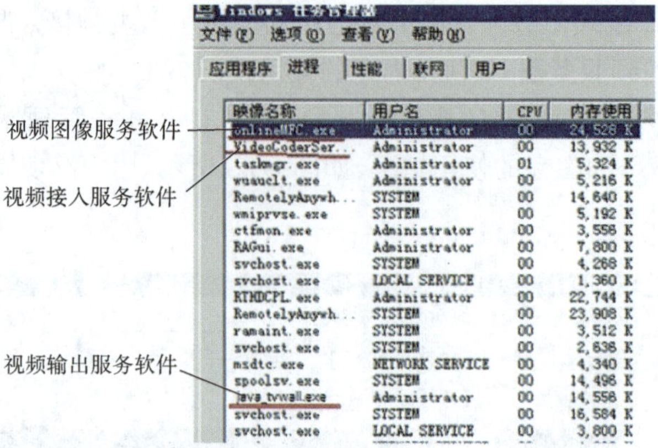

图 5-29 视频服务器系统进程情况

(七)语音单元的维护

1. 如何启动语音服务器?

答:启动语音服务器要先登录语音服务器,然后启动语音服务软件和检查服务进程,系统进程正常,表示启动成功。

2. 如何登录语音服务器?

答:在网管终端桌面双击[应急通信中心系统维护]文件夹,弹出图 5-30 所示的[应急通信中心系统维护]界面。

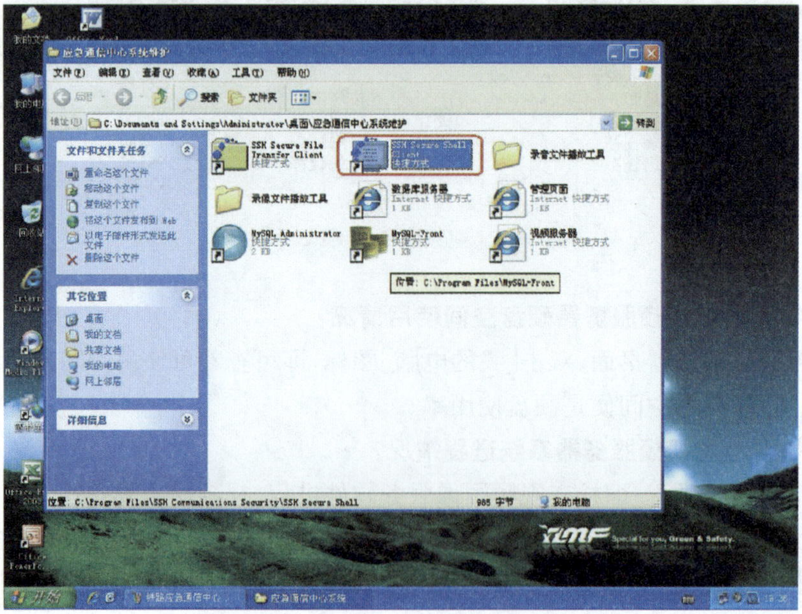

图 5-30 应急通信中心系统维护界面

双击[SSH Secrue Shell Client]快捷键,弹出图 5-31 所示的[SSH Secrue Shell]界面。

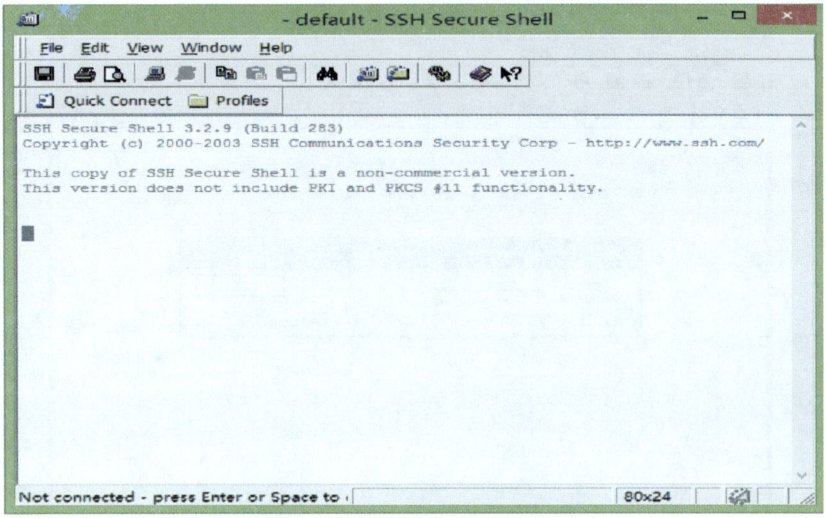

图 5-31　SSH Secrue Shell 界面

点击[Quick Connect]按钮后,在该界面进入 Connect to Remete Host 对话框,在[Host Name]处输入 IP 地址,在[User Name]处输入用户名,然后点击[Connect]按钮,登录语音服务器系统。如图 5-32 所示为 SSH Secrue Shell 登录界面。

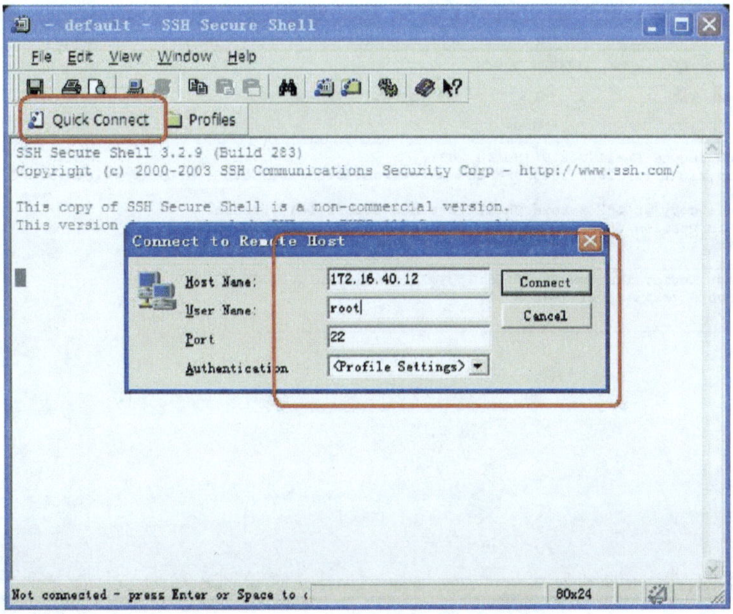

图 5-32　SSH Secrue Shell 登录界面

弹出如图 5-33 所示的 Enter Password 对话框。

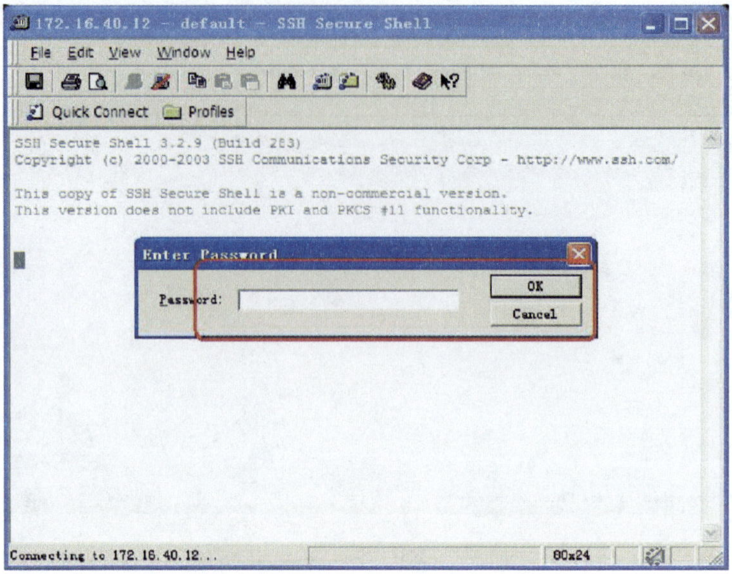

图 5-33 Enter Password 对话框

在对话框中输入密码，点击[OK]键，屏幕显示图 5-34 所示的“[root@localhost～]＃”字样，表示登录成功。

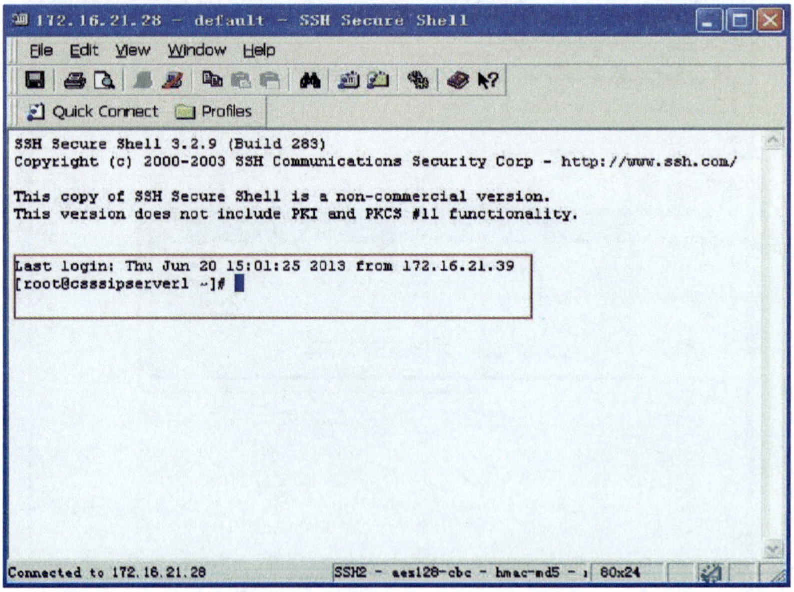

图 5-34 语音服务器登录成功界面

3. 如何启动语音服务软件？

答：在登录成功界面的"＃"后面输入命令[cd /home/softswitch-v0.6.0-0202/]，然后回车，进入安装目录，如图 5-35 所示 home 下的"oftswitch-v0.6.0-0202"目录。

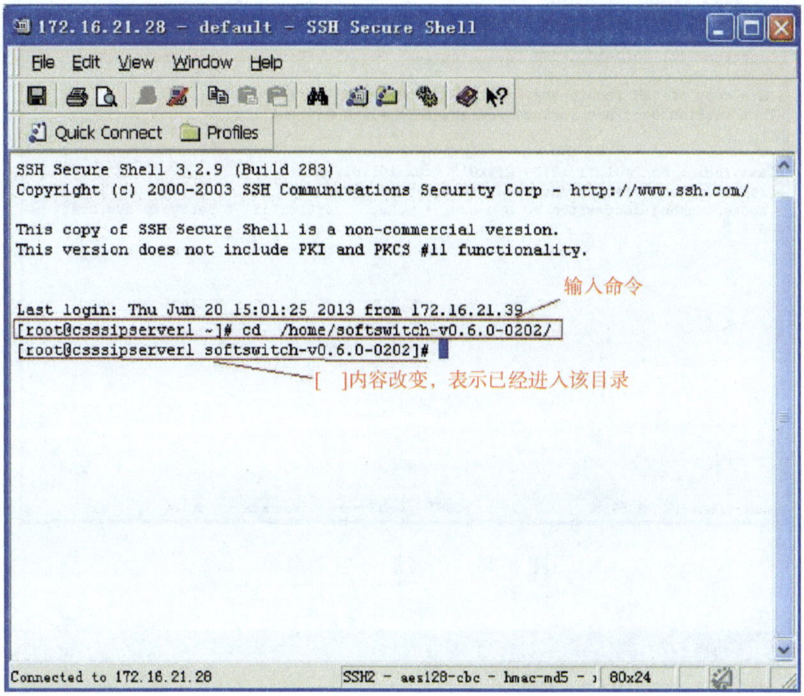

图 5-35　进入安装目录命令

在该目录下输入启动命令[nohup./softswitch-f partysip-sbc.conf -d 6&]，如图 5-36 所示。

然后回车执行，启动 SIPserver 服务软件。

4. 如何检查语音服务进程？

答：检查服务是否正常启动，输入查看系统进程的命令[ps -ef|grep　soft]，系统会显示含有 soft 字样的进程，如图 5-37 所示。

在进程中发现有"./softswitch-f partysip-sbc.conf-d 0"等字样的进程，表示系统进程启动成功。

5. 如何关闭语音服务器？

答：通过进程查看命令，查看语音服务器的进程号是多少，通过[kill-9] 进程号的命令，关闭语音服务器。如图 5-38 所示。

语音服务器的进程为 17109，所以用 kill-9 17109 来关闭语音服务器软件。关闭语音服务器软件以后，输入关机命令[shutdown-h "now"]，关闭语音服务器。

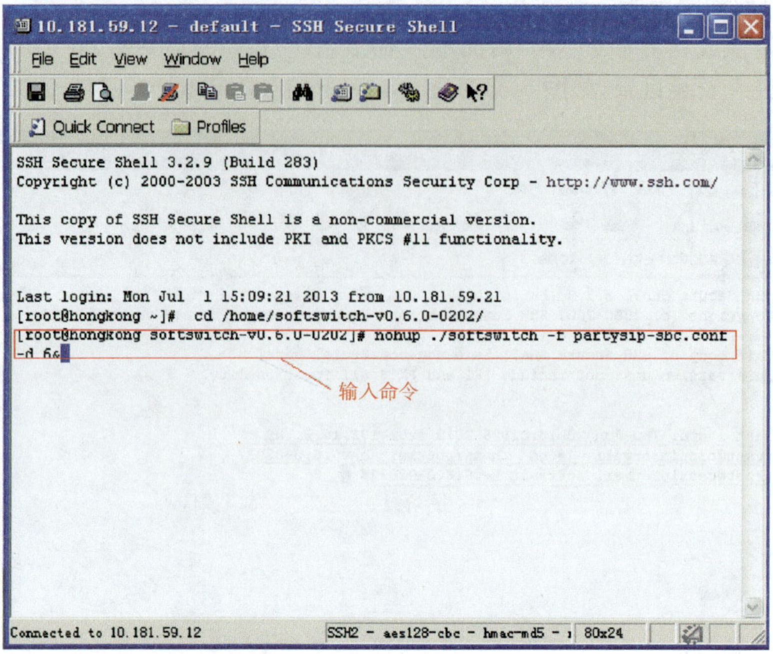

图 5-36 语音服务启动命令

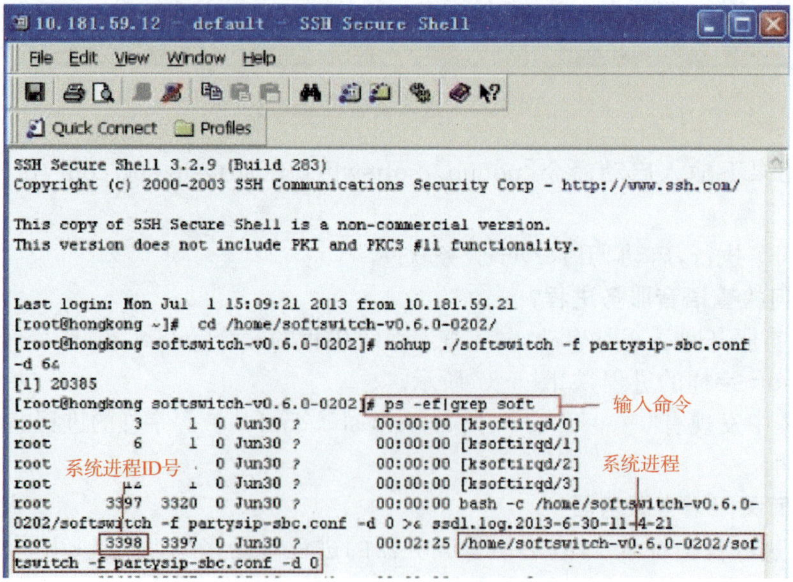

图 5-37 查看服务进程命令

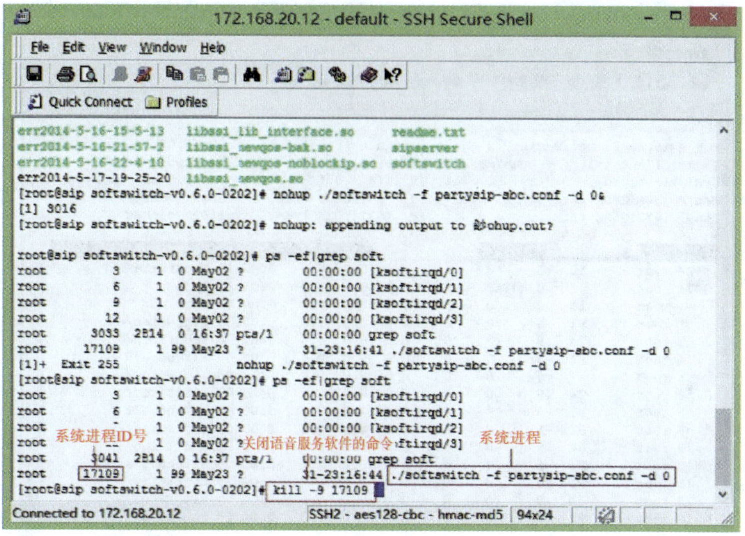

图 5-38 停止语音服务命令

6. 如何检查语音服务器 CPU、内存使用状况?

答:在登录成功界面"[root@localhost ~]#"字样的后面,输入检查 CPU、内存的命令[top],如图 5-39 所示。

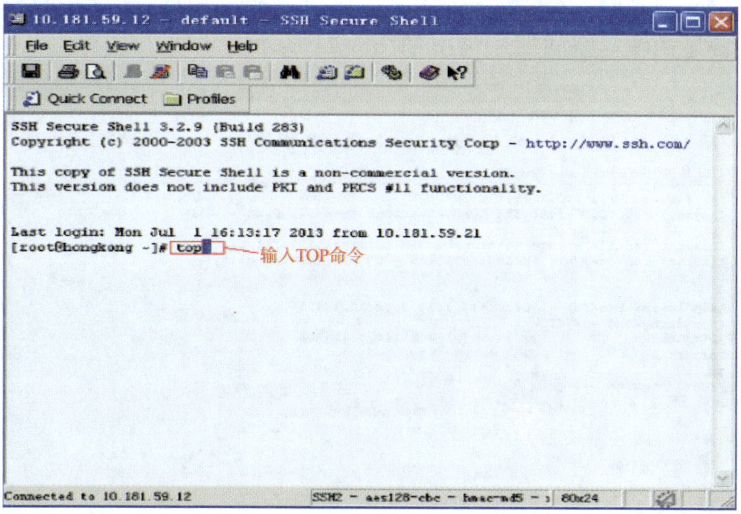

图 5-39 输入检查 CPU、内存的命令

屏幕显示 CPU、内存使用情况如图 5-40 所示。

用 100%减去空闲 CPU 使用率就是 CPU 使用率,内存使用数量/总内存数量=内存的使用率。

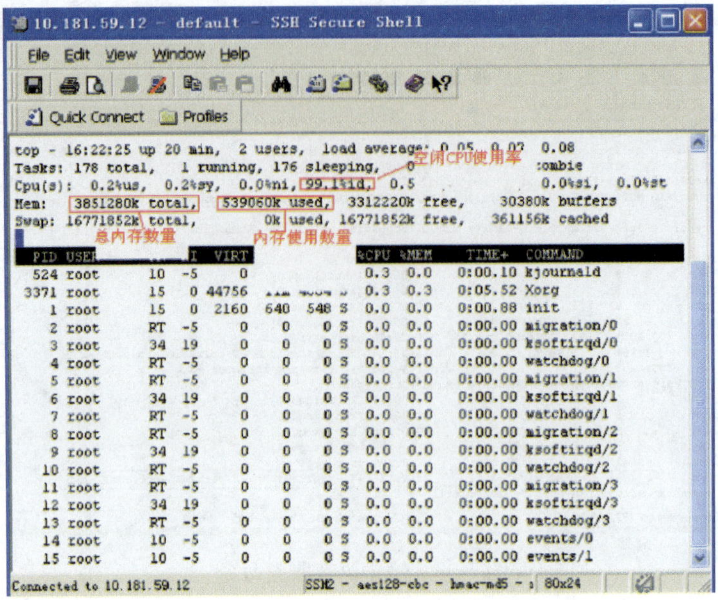

图 5-40 语音服务器 CPU、内存使用情况

7. 如何检查语音服务器硬盘空间使用情况？

答：在登录成功界面“[root@localhost～]＃”字样的后面，输入检查磁盘空间的命令[df-hl]，屏幕显示硬盘空间使用情况如图 5-41 所示。

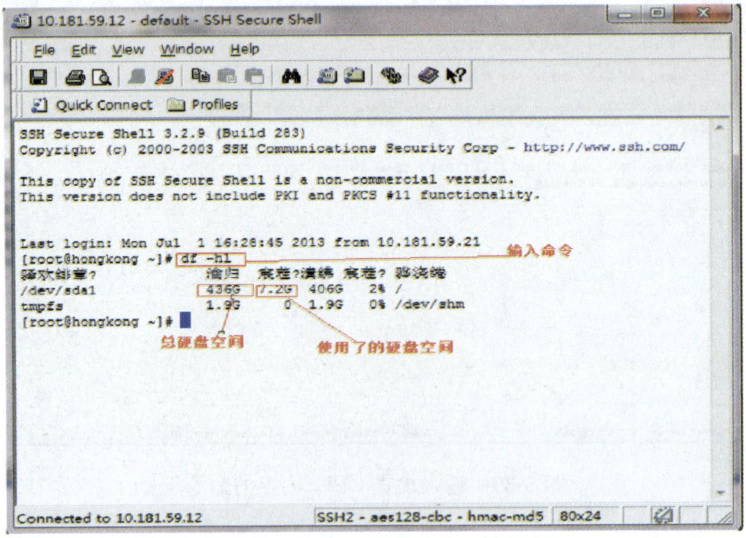

图 5-41 语音服务器硬盘空间使用情况

当硬盘空间低于 30％以后一定要及时清理硬盘空间。

(八)数据管理单元的维护

1. 如何启动录像服务软件?

答:双击数据库系统桌面的[录像服务软件]快捷键,启动录像服务功能。如图 5-42 所示。

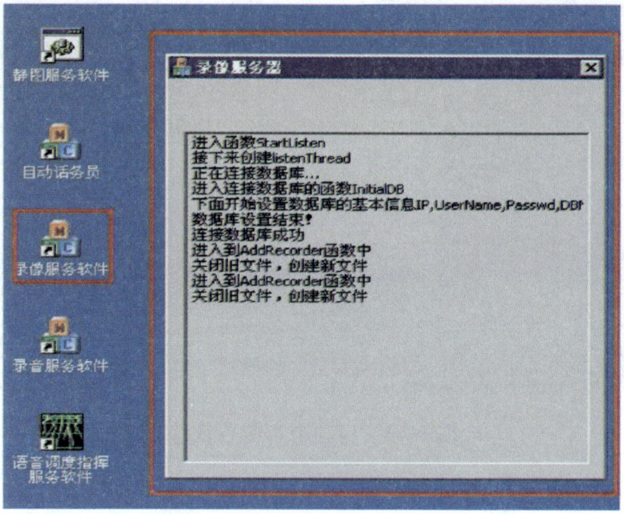

图 5-42　启动录像服务软件

2. 如何启动自动话务员软件?

答:双击数据库系统桌面的[自动话务员]快捷键,启动自动话务员功能。当出现注册成功字样时,自动话务员软件启动成功。如图 5-43 所示。

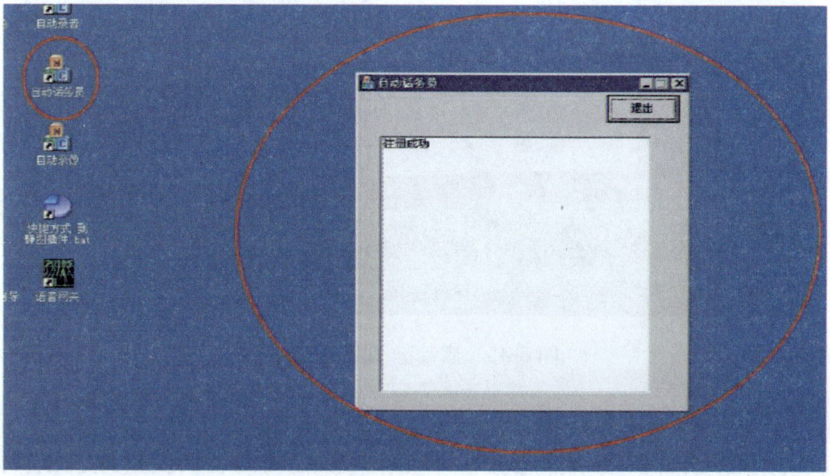

图 5-43　启动自动话务员软件

3. 如何启动录音服务软件?

答:双击数据库系统桌面的[录音服务]快捷键,启动录音服务的功能。当出现注册成功的字样时,启动录音服务功能成功。如图 5-44 所示。

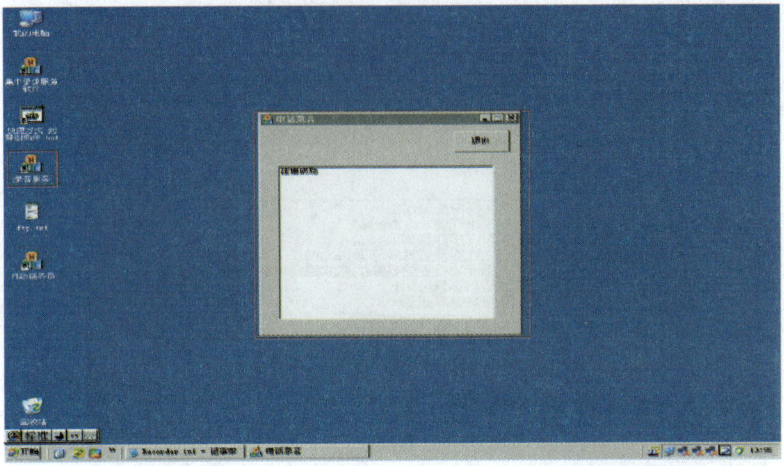

图 5-44 启动录音服务软件

4. 如何启动静图服务软件?

答:双击数据库系统桌面的[静图服务]的快捷键,启动静图服务软件,并弹出图 5-45 所示的静图服务软件运行框。

图 5-45 启动静图服务软件

5. 如何启动语音调度指挥服务软件?

答:双击桌面[语音调度指挥服务软件]快捷键,启动语音调度指挥服务软件。当界面中显示出话路状态以后,表示该服务启动成功,如图 5-46 所示。

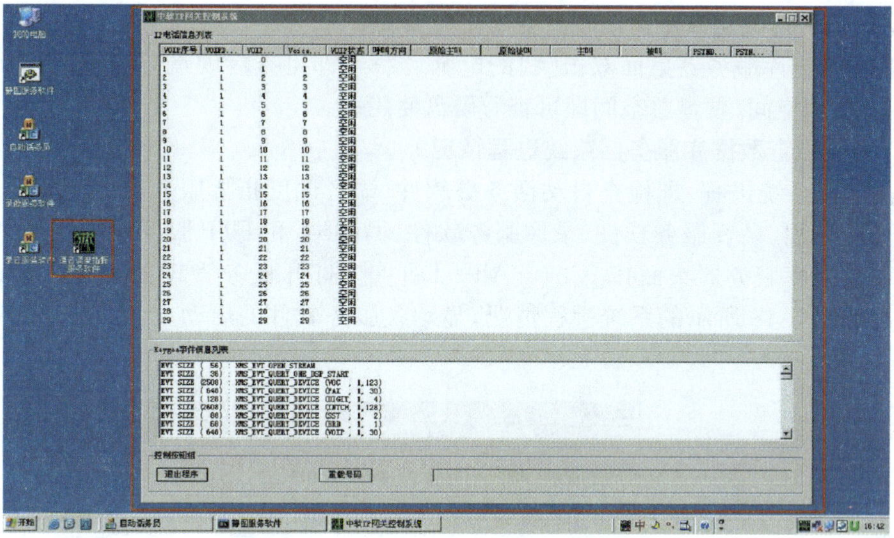

图 5-46　启动语音调度指挥服务软件

6. 如何检查数据库服务器 CPU 和内存的使用情况?

答:在数据库服务器桌面按[Ctrl+Alt+Del]键,打开任务管理器,点击[性能]按钮,可查看到 CPU 和内存的使用情况,如图 5-47 所示。用内存使用数/物理内存总数即可得到内存使用率。

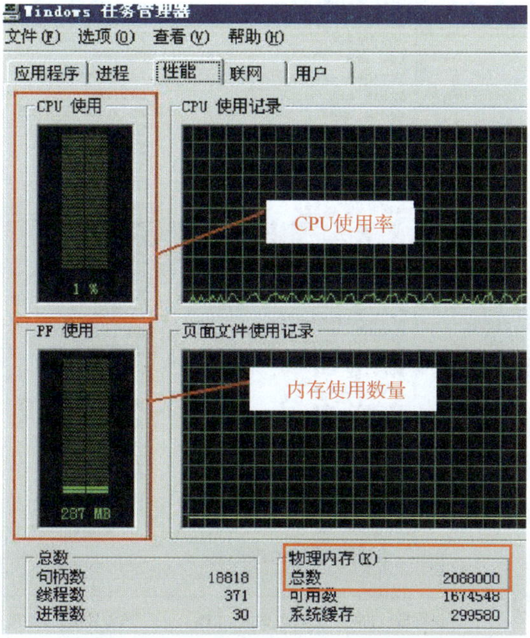

图 5-47　数据库服务器 CPU 和内存使用情况

7. 如何检查数据库服务器硬盘空间使用情况?

答:在数据库服务器桌面双击[我的电脑]图标,即可查看硬盘总空间和可使用空间。用可使用空间/硬盘总空间即可查看硬盘使用率。

8. 如何检查数据库服务器系统进程情况?

答:检查系统进程,即检查自动话务员软件、语音调度指挥服务软件、静图服务软件、数据库进程、录音服务软件、录像服务软件、Tomcot和FTP服务器进程是否正常工作,在数据库服务器桌面按[Ctrl+Alt+Del]键,打开任务管理器,点击[进程]按钮,弹出如图5-48所示的系统进程情况,显示各服务软件的启动文件,表示系统进程正常。

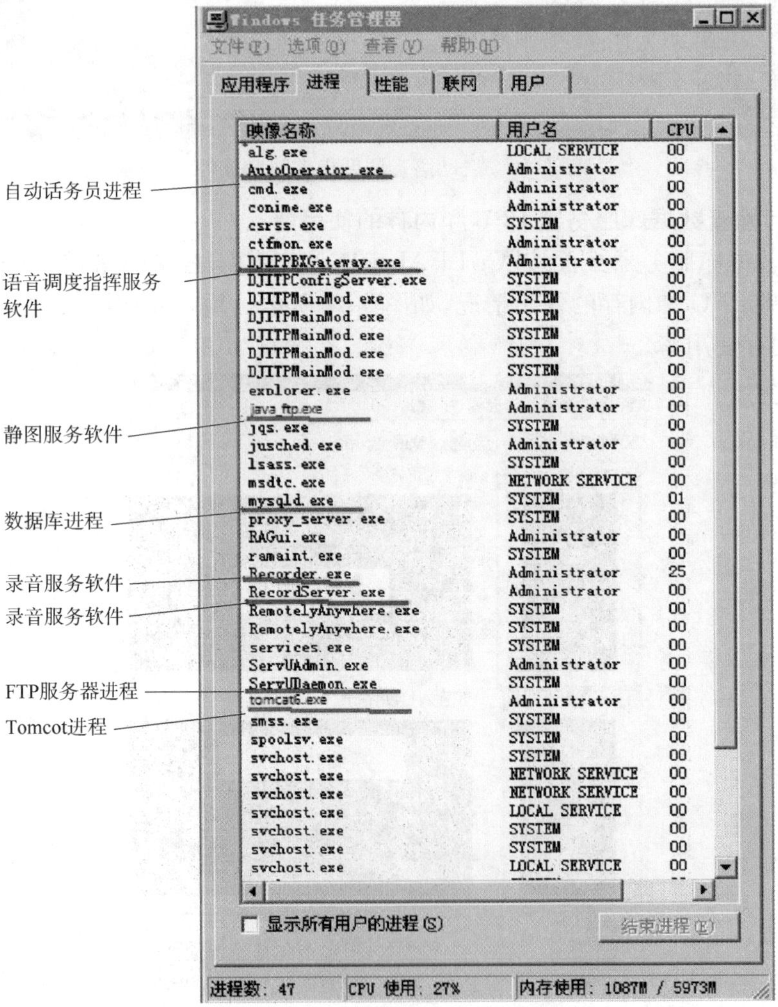

图5-48 数据库服务器系统进程情况

（九）应急指挥/操作台的维护

1. 如何检查应急指挥/操作台的 CPU 和内存的使用情况？

答：在操作台服务器桌面按[Ctrl+Alt+Del]打开任务管理器，在任务管理器界面点击[性能]按钮，可查看到 CPU 和内存的使用情况。用内存使用数/物理内存总数即可得到内存使用率。如图 5-49 所示。

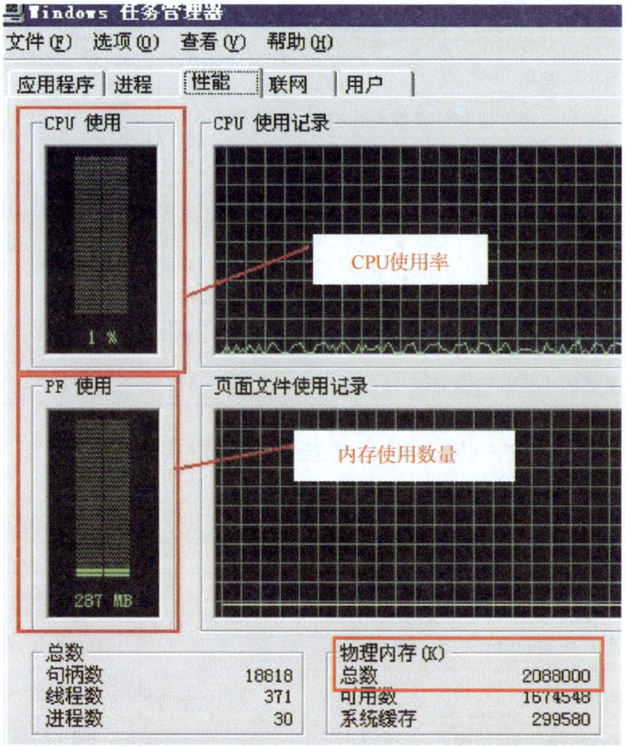

图 5-49　应急指挥/操作台 CPU 和内存使用情况

2. 如何检查应急指挥/操作台硬盘空间使用情况？

答：在操作台服务器桌面双击[我的电脑]图标，即可查看可使用空间和硬盘总空间。用可使用空间/硬盘总空间即可得到硬盘使用率。

3. 应急指挥/操作台的语音功能有哪些测试项目和要求？

答：应急指挥/操作台的语音功能测试项目和要求见表 5-4。

表 5-4　语音功能测试项目和要求

序　号	测试项目	要　求
1	现场用户的电话号码自动分配功能测试	按现场设备上线时间的先后，自动分配相应的自动、调度电话号码

续上表

序　　号	测试项目	要　　求
2	不同现场用户相互呼叫功能测试	呼叫正常、状态显示正确、话音清晰
3	指挥台与现场用户及其他中心系统相互呼叫功能测试	呼叫正常、状态显示正确、话音清晰
4	指挥台及现场用户与铁路自动电话网用户相互呼叫功能测试	呼叫正常、状态显示正确、话音清晰
5	指挥台及现场用户与调度电话网用户相互呼叫功能测试	呼叫正常、状态显示正确、话音清晰
6	指挥台单键直拨和任意拨号(含二次拨号)呼叫功能测试	呼叫正常、状态显示正确、话音清晰
7	指挥台用重拨、拨号盘、电话簿、紧急呼叫等方式进行呼叫测试	呼叫正常、状态显示正确、话音清晰
8	指挥台的单呼、组呼、会议呼、呼叫等待、保持、转接、强插等调度功能测试	呼叫正常、状态显示正确、符合功能要求、话音清晰
9	指挥台的静音、热线功能测试	能屏蔽本方话音、无需拨号摘机通话
10	通话话单查看功能测试	记录齐全、正确

4. 应急指挥/操作台的视频功能有哪些测试项目和要求?

答:应急指挥/操作台的视频功能测试项目和要求见表 5-5。

表 5-5　视频功能测试项目和要求

序　　号	测试项目	要　　求
1	实时视频的调看功能	浏览图片画面流畅,能抓拍和录像
2	历史视频的回放功能	对录像文件能播放、快进、暂停
3	视频播放控制功能	AV 输出、上传、切换画面、组轮跳
4	静图图片调看功能	能对进行调看并能 AV 输出传到大屏

(十)通信接入单元的维护

1. 局端接入模块功能是什么?

答:提供 2 048 kbit/s 数字接口(E1 口)、10/100Base-T 以太网口及 FC 光接口,实现中心设备与现场设备及其他中心设备之间的连接;对应急通信 2 M 环路进行状态检测和 2 M 乱序处理功能。

2. 局端接入模块有哪些接口?

答:每块局端接入模块有一个 10/100Base-T 以太网口连接网络交换机;对外有 4 个 2 048 kbit/s 数字接口(E1 口),1 个 10/100Base-T 以太网接口和 1 个光接口。

3. 局端接入模块的 E1 接口是如何运用?

答:每块局端接入模块的 1～4 个 E1 口映射为一个以太网口,因此用 2 M 应急通信环组网时,必须配置两块局端接入模块,一块为主用,另一块作环回用,如图 5-50 所示。

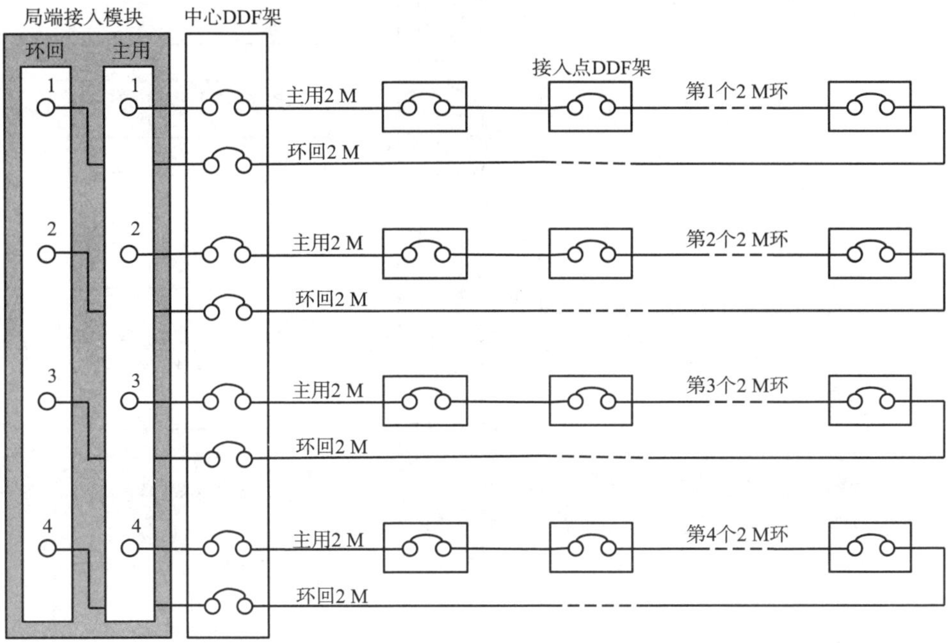

图 5-50　应急通信 2 M 环组网示意图

4. 局端接入模块面板上的指示灯如何显示设备的运行状态?

答:局端接入模块面板上有显示运行状态的指示灯,如图 5-51 所示。

(1)顶部 F、L、S 三个绿灯长亮,表示局端接入模块与交换机连接正常;

(2)以太口下面的 L、S 绿灯长亮,表示以太口连接正常;

(3)光接口下面的 L、S 绿灯长亮,表示光接口连接正常;

(4)中间 4 组 W 绿灯和 A 黄灯,分别代表 4 个相应的 E1 接口运行状态,绿灯长亮、黄灯长灭表示该 2 M 应急通道运行正常;

(5)底部 R 绿灯和 ST 黄灯表示系统运行状态,绿灯闪烁、黄灯长灭表示系统运行正常;当两个灯反相位闪烁时表示设备初始化不成功。

5. 如何检查应急通信环的运行状态?

答:应急通信现场设备以 2 M 环的方式接入应急通信中心设备,必须配置两块局端接入模块,E1 接口分别连接主用和环回 2 M 通道。在正常情况下,对应这个环上的 W 绿灯长亮 A 黄灯为灭的状态,表示 E1 接口连接正常。

当 W 绿灯和 A 黄灯长亮,表示经过传输网管以后网络中间有断点。

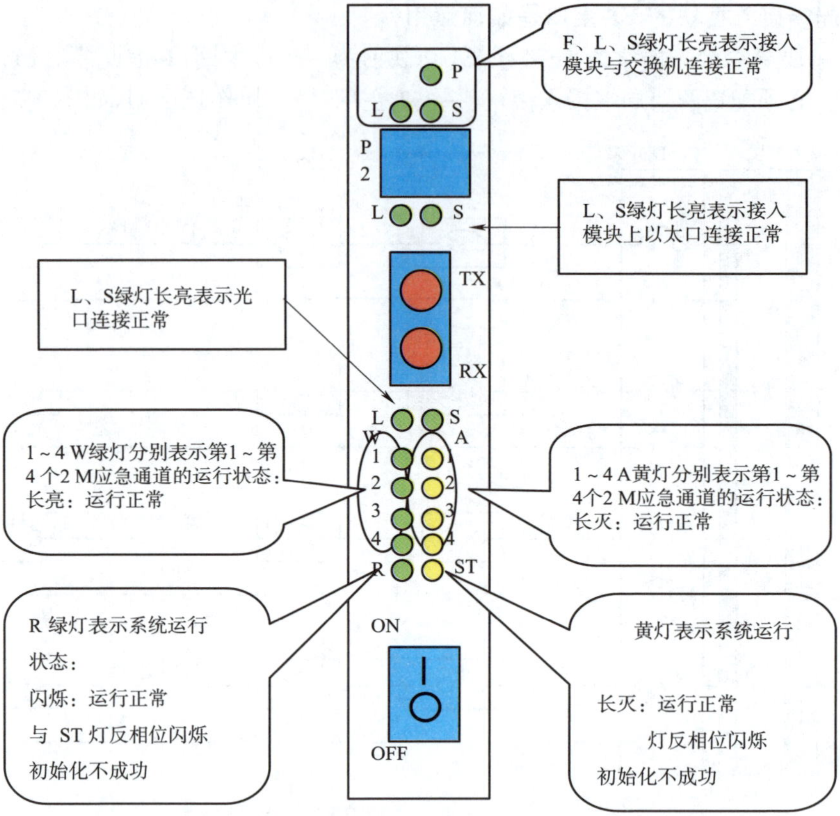

图 5-51　局端接入模块面板示意图

当 W 灯与 R 灯反相位闪烁，表示本端有误码；与 R 灯、A 灯同相位闪烁，表示本端 E1 接口有环回。

当 A 灯与 R 灯同相位闪烁，表示本端帧失步；反相闪烁表示对端帧失步。

6. 如何检查以太网接口的运行状态？

答：在局端接入模块面板中间有两组 L、S 绿灯，上面一组 L、S 绿灯表示电以太网口的连接状态和工作模式，下面一组 L、S 绿灯表示光以太网口的连接状态和工作模式。

L 灯亮表示连接正常，L 灯灭表示无连接；

S 灯亮表示工作在 100Base-T 模式，S 灯灭表示工作在 10Base-T 模式。

检查步骤如下：

（1）在 DDF 配线架上将要检查的应急通信环断开。

（2）用一台笔记本或者台式机，IP 地址设置为同网段 IP 地址，通过网线接入到要检查的局端接入模块面板上的网口。

（3）笔记本或者台式机，ping 应急系统中任一服务器。如果能够 ping 通，说明局端接入模块和交换机连接正常。

(十一)故障案例分析

1. 操作台告警,显示“注册失败”,如何处理?

答:操作台发出“滴、滴……”连续报警声,屏幕右上角圆形工作状态指示灯由绿色变成红色,同时系统弹出“周期注册失败”提示框。

(1)故障分析:上述故障报警信息,提示操作台向语音服务器周期注册时未成功。出现该故障的原因有两个:一是网络不通,二是语音服务器工作不正常。

(2)解决方法:

第 1 步:检查操作台网线是否可靠连接。若检查是不可靠的连接,请重新可靠连接并转第 8 步,若检查是可靠连接,转第 2 步。

第 2 步:ping 语音服务器的 IP 地址,检测是否能够 ping 通语音服务器。若能 ping 通语音服务器则转第 4 步,检查语音服务器上的服务是否正常,若未 ping 通转第 3 步。

第 3 步:ping 其他服务器 IP 地址,检测是否能够 ping 通其他服务器。若不能 ping 通其他的服务器转第 6 步,若能 ping 通其他服务器,则转第 4 步。

第 4 步:检查语音服务器上的服务是否正常。

检查的步骤如下:①用 root 用户登录语音服务器;②用 ps-ef|grepsoftswitch 查看语音服务器的主程序是否正常工作;③用 netstan-an|grep 5060 查看 5060 端口是否正常工作。

若服务器上服务运行正常转第 5 步。若服务器上服务运行不正常转第 7 步,重启语音服务器。

第 5 步:重启操作台。重启后故障解决转第 10 步,若故障未解决转第 9 步联系厂家。

第 6 步:检查网络主设备中网络接入设备及网线连接。若故障未解决转第 7 步。若故障解决转第 10 步结束。

第 7 步:重启语音服务器。重启后故障解决转第 10 步结束,若故障未解决转第 9 步联系厂家。

第 8 步:等待数十秒指示灯是否正常。若正常转第 10 步结束,若不正常转第 2 步。

第 9 步:联系厂家技术人员。

第 10 步:结束。

故障处理流程如图 5-52 所示。

2. 操作台告警,显示“连接数据库失败”,如何处理?

答:操作台发出“滴、滴……”连续报警声,屏幕右上角圆形工作状态指示灯由绿色变成红色,同时系统弹出“连接数据库失败”提示框。

(1)故障分析:故障报警信息,提示操作台连接数据库时未成功。出现该故障的原因有两个:一是网络不通,二是数据管理服务器工作不正常。

(2)解决方法:

第 1 步:检查操作台网线是否可靠连接。若发现连接可靠转第 2 步。若发现是不可靠连接,请重新可靠连接。转第 8 步。

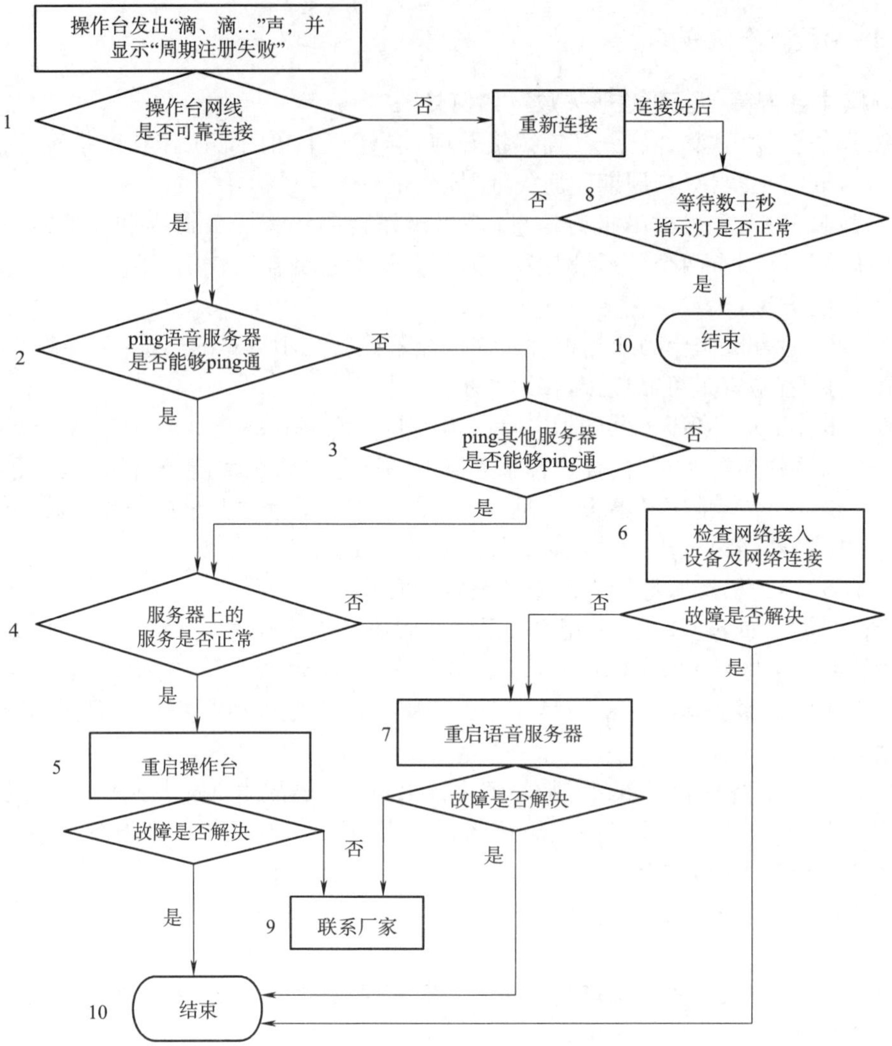

图 5-52　操作台告警显示'注册失败'故障处理流程

第 2 步：ping 数据管理服务器的 IP 地址，检测是否能够 ping 通数据管理服务器。如果能够 ping 通数据管理服务器则直接至第 4 步，若未 ping 通转第 3 步。

第 3 步：ping 其他服务器 IP 地址，检测是否能够 ping 通其他服务器。若不能 ping 通其他的服务器转第 6 步，若能 ping 通其他服务器，则转第 4 步。

第 4 步：检查数据管理服务器上的服务是否正常启动。检查的方法如下：

telnet 数据库服务器的 3306 端口。如果能够登入该端口说明数据库运行正常。telnet 命令如下：telnet 172.168.10.14 3306。

如果 telnet 不成功，则返回"正在连接到 172.168.10.14…不能打开主机的连接，在端口 3306：连接失败"。

若服务器上服务运行正常转第 5 步，若服务器上服务运行不正常转第 7 步。

第 5 步：重启操作台。若故障解决转第 10 步，若故障未解决转第 9 步。

第 6 步：检查网络主设备中网络接入设备及网线连接，若故障解决转第 10 步，若故障未解决转第 7 步。

第 7 步：重启数据管理服务器。重启后故障解决转第 10 步，若故障未解决转第 9 步。

第 8 步：等待数十秒，观察工作指示灯是否恢复正常，若正常转第 10 步，若未恢复正常转第 2 步。

第 9 步：联系厂家技术人员。

第 10 步：结束。

故障处理流程如图 5-53 所示。

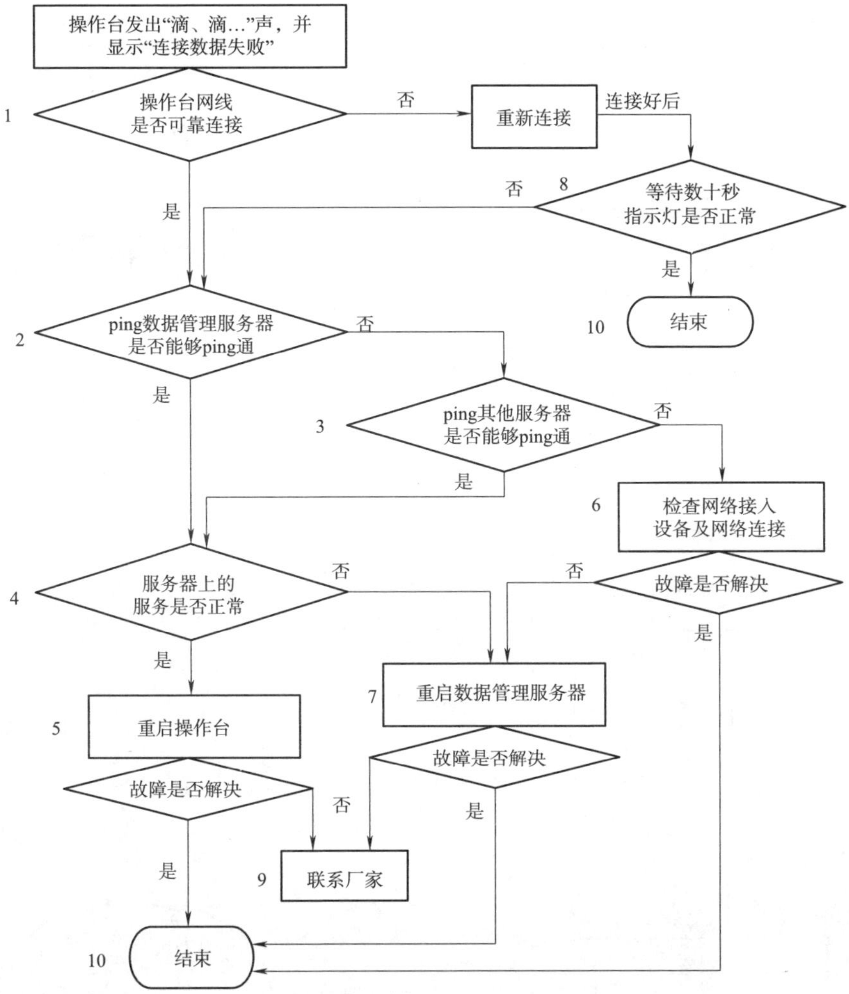

图 5-53　操作台告警显示“连接数据库失败”故障处理流程

3. 操作台无声，如何处理？

答：操作台能呼入呼出，但通话时，听不到对方声音。

(1)故障分析：出现该故障的原因有两个，音箱没有正常工作或者语音板卡外部接口松动。

(2)解决方法：

第 1 步：检查音箱是否上电工作正常，如有异常解决后转第 4 步。

第 2 步：检查音箱音量旋钮是否在最小位置，如有异常解决后转第 4 步。

第 3 步：检查音箱与语音板卡外部接口连接处是否松动，若松动紧固之。

第 4 步：再次通话验证是否能听到对方声音。

第 5 步：若故障仍未解决，及时联系厂家技术人员。

第 6 步：结束。

操作台无声的故障处理流程如图 5-54 所示。

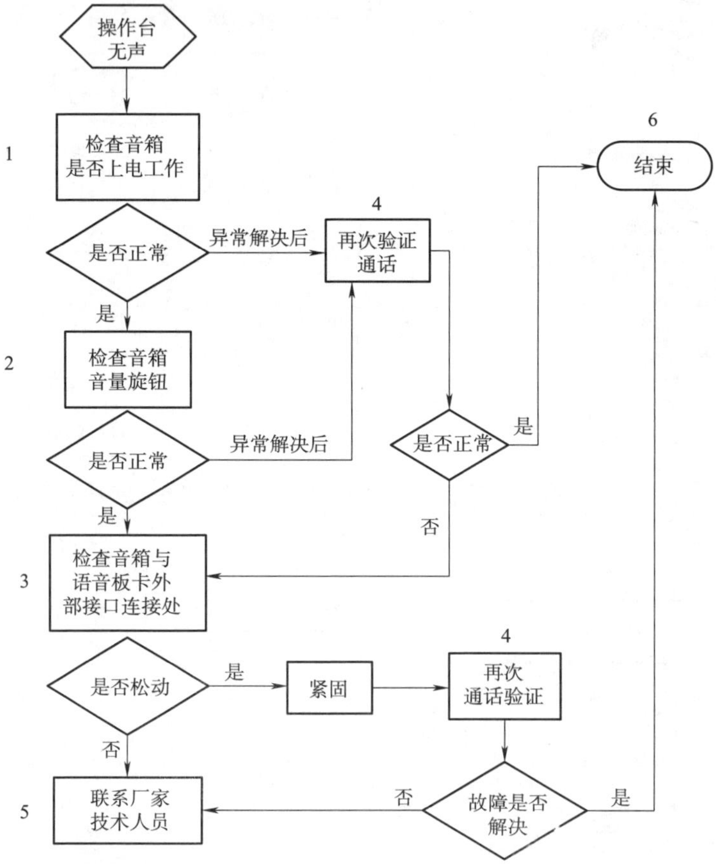

图 5-54 操作台无声故障处理流程

4. 操作台不响铃，如何处理？

答：操作台有空闲话路时，来电呼入，不响铃。

(1)故障分析：出现该故障的原因有三个：一是操作台配置了“自动应答”，造成不振铃直接进入了通话状态；二是负责振铃的音箱工作不正常；三是操作台的主机工作不正常。

(2)解决方法：

第1步：检查操作台的“自动应答”是否生效，若处于生效状态，可根据需要选择是否更改该配置，转第8步。

第2步：检查音箱音频接入线是否准确、牢靠接在操作台的相应输出口上。

第3步：检查音箱的AC220 V电源是否正确加载。

第4步：检查音箱的电源开关是否处于开启状态。

第5步：检查负责振铃的音箱的音量控制旋钮是否被调节至最小音量，若为最小位置，根据需要调节至合适位置转第9步结束。故障仍未解决转第6步。

第6步：重启操作台。

第7步：若故障仍未解决，及时联系厂家技术人员。

第8步：验证是否恢复正常。

第9步：结束。

操作台不响铃的故障处理流程如图5-55所示。

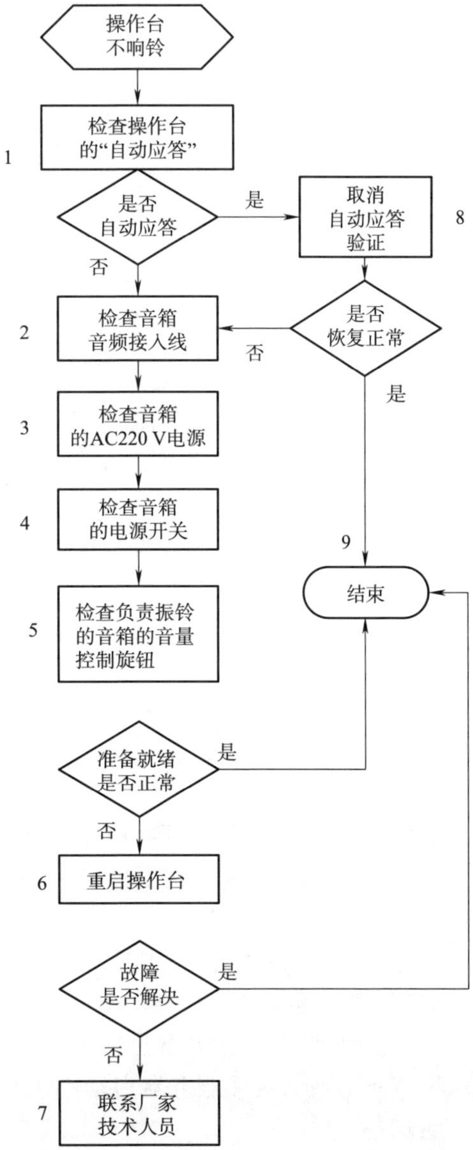

图5-55 操作台不响铃的故障处理流程

5. 操作台开机不上电，如何处理？

答：操作台开机后，屏幕没有任何显示，工作指示灯不亮。

(1)故障分析：出现该故障的原因主要有以下两个：一是AC220 V电源没有正确加载；二是操作台本身硬件故障。

(2)解决方法：

第1步：检查AC220V是否正确加载至操作台电源接口，若经修复，重新开机恢复正常转第 4 步。

第 2 步:检查操作台电源接口处的乒乓电源开关是否处于开启状态,若经开启该开关,重新开机恢复正常转第 4 步。

第 3 步:若故障仍未解决,及时联系厂家技术人员。

第 4 步:结束。

操作台开机不上电的故障处理流程如图 5-56 所示。

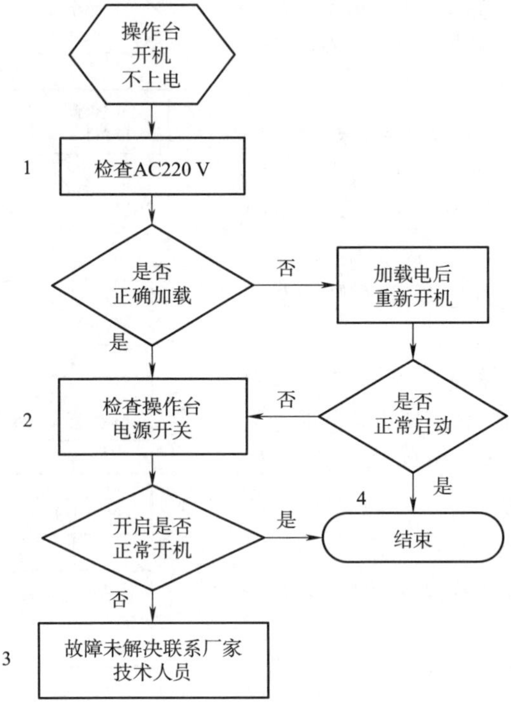

图 5-56　操作台开机不上电的故障处理流程

6. 用户无法登录视频客户端,如何处理?

答:当登录时,返回错误信息为"密码错误,数据库登录失败"或者"数据库连接失败"。

(1)故障分析:当返回错误信息为"密码错误,数据库登录失败",一般是用户密码输入有误,需要重新输入密码。如果忘记密码,询问系统管理员。

当返回错误信息为"数据库连接失败,请确认数据库参数配置是否正确",一般是由于网络不通或者视频服务器启动不正常造成。检查视频服务器和客户端所在机器网络是否通畅。

(2)解决方法:

第 1 步:检查音视频终端网线是否可靠连接。若发现是不可靠连接,重新可靠连接后转第 7 步。若连接可靠转第 2 步。

第 2 步:ping 视频服务器的 IP 地址,检测是否能够 ping 通视频服务器,如果能够 ping 通视频服务器则直接至第 4 步,若未 ping 通转第 3 步。

第 3 步:ping 其他服务器 IP 地址,检测是否能够 ping 通其他服务器。若不能 ping 通其他的服务器转第 5 步,若能 ping 通其他服务器,则转第 4 步。

第 4 步:检查视频服务器内视频服务模块是否正常启动。若能正常启动转第 7 步,不能正常启动转第 6 步。

第 5 步:检查网络主设备中网络接入设备及网线连接,若故障解决转第 9 步,若故障未解决转第 6 步。

第 6 步:重启视频管理服务器。重启后故障解决转第 9 步,故障未解决转第 8 步。

第 7 步:重启视频客户端。重启后故障解决转第 9 步,故障未解决转第 8 步。

第 8 步:联系厂家技术人员。

第 9 步:结束。

无法登录视频客户端的故障处理流程如图 5-57 所示。

7. 浏览实时图像时弹出“无数据包到达”,如何处理?

答:当发出故障报警信息,并提示“无数据包到达”。

(1)故障分析:出现该故障原因有:网络不通、视频服务器故障、视频客户端故障。

(2)解决方法:

第 1 步:检查音视频终端网线是否可靠连接。若发现不可靠连接,重新可靠连接后转第 6 步,若连接可靠转第 2 步。

第 2 步:ping 现场编码器设备 IP 地址,检测是否能够 ping 编码器设备。如果能够 ping 通编码器设备则直接至第 4 步,若未 ping 通转第 3 步。

第 3 步:检查现场编码器设备网络连接情况和运行情况。如检查出问题并恢复转第 2 步,如不能恢复转第 7 步。

第 4 步:检查视频服务器内视频服务模块是否正常启动。

若服务器上服务运行正常转第 6 步,若服务器上服务运行不正常转第 5 步。

第 5 步:重启视频管理服务器。若故障解决转第 8 步,若故障未解决转第 7 步。

第 6 步:重启视频客户端。若故障解决转第 8 步,若故障未解决转第 7 步。

第 7 步:联系厂家技术人员。

第 8 步:结束。

浏览图像时显示“无数据包到达”的故障处理流程如图 5-58 所示。

8. 视频监控系统 AV 输出失败,如何处理?

答:视频监控系统可以正常浏览实时视频,但在进行 AV 输出操作时,提示“电视墙

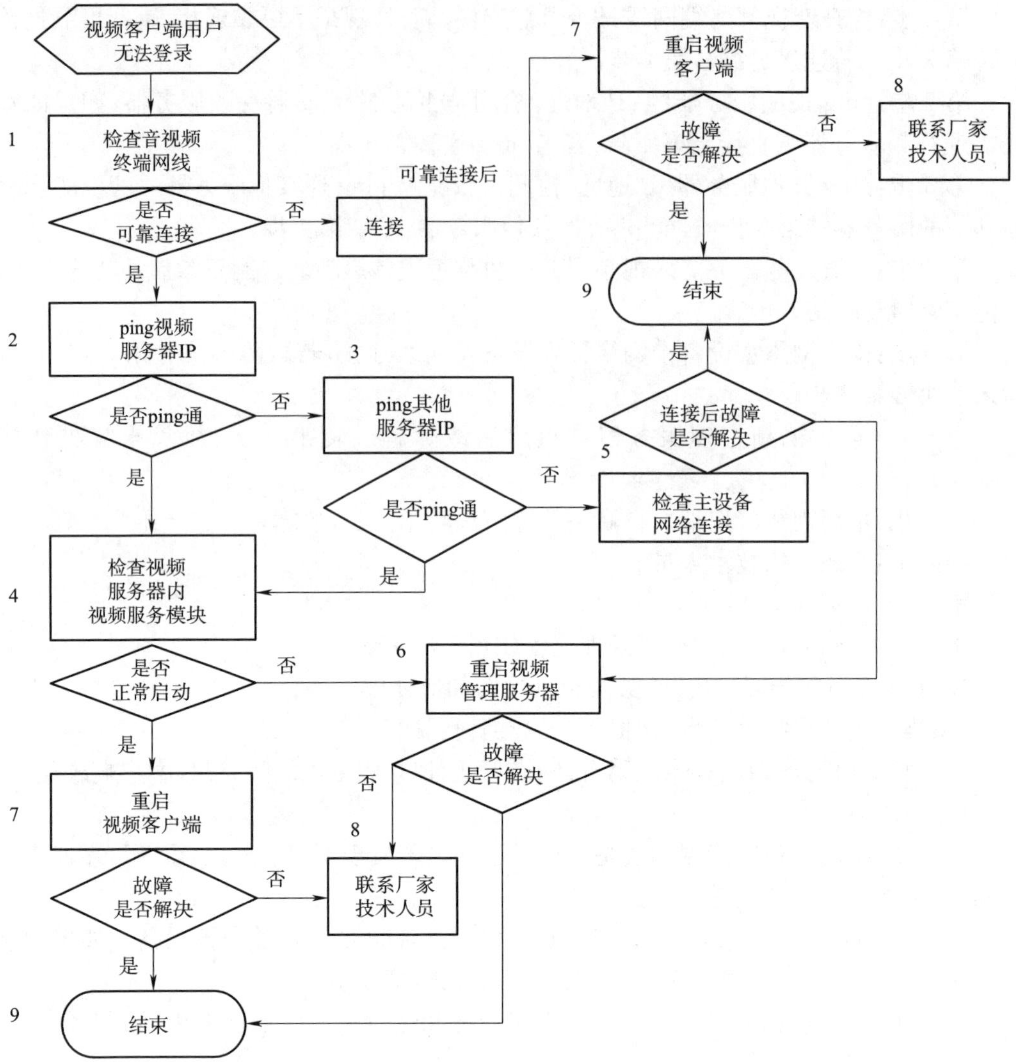

图 5-57 无法登录视频客户端的故障处理流程

服务器未打开”。

(1)故障分析:出现该故障原因为视频上墙服务器故障引起。

(2)解决方法:重新启动视频上墙服务器,若故障未解决,及时联系厂家技术人员。

9. 视频转发失败,如何处理?

答:视频监控系统可以正常浏览实时视频,但在进行转发操作时,系统提示“远端服务器没有应答”。

(1)故障分析:出现该故障的原因有:两套中心网络互通不正常、转发视频通道配置错误、视频服务器有故障。

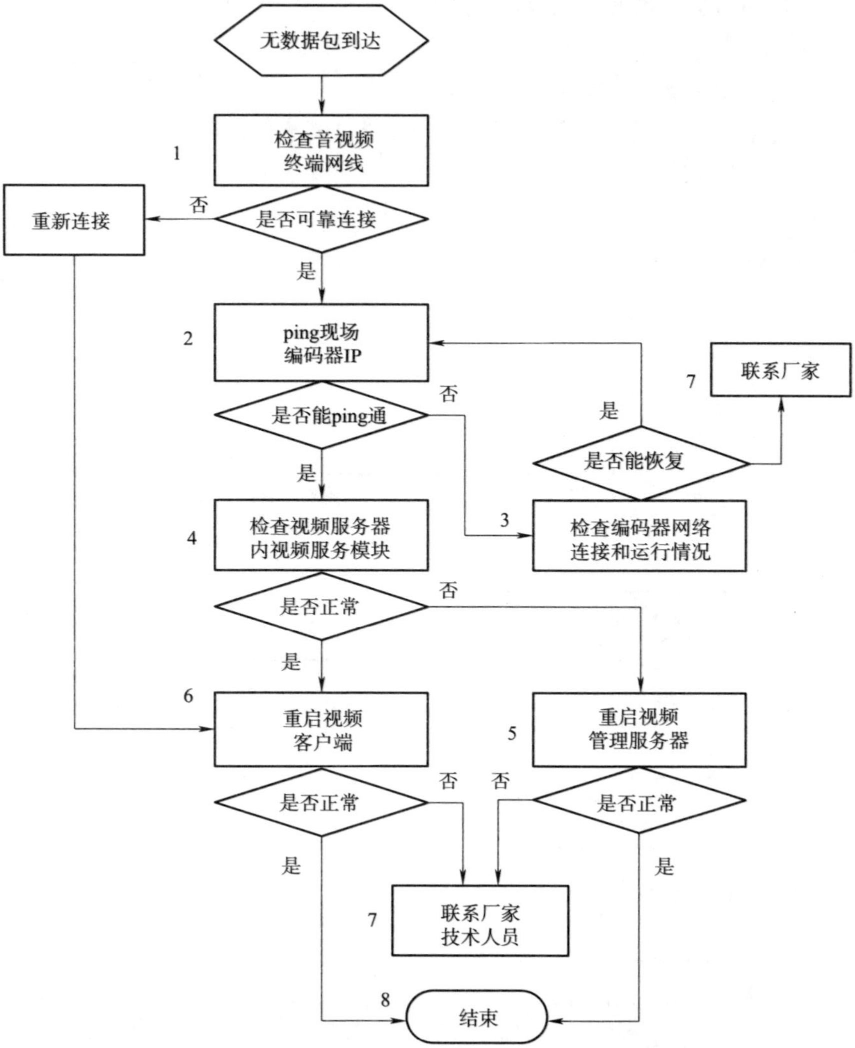

图 5-58　浏览图像时显示“无数据包到达”的故障处理流程

(2)解决方法:

第 1 步:检查两套中心网络互通情况。如果两套中心网络互通情况正常转第 2 步,有问题转第 3 步。

第 2 步:检查数据管理系统内转发视频通道配置是否正确。如果视频转发通道配置正确转第 4 步,不正确转第 5 步。

第 3 步:检修两套中心间网络环境,修复成功后转第 7 步。

第 4 步:重启视频服务器,转第 6 步。

第 5 步:告知目标中心检查视频服务器,如有异常重新启动。转第 6 步。如无异常转第 4 步。

第 6 步:重启视频客户端软件。

第 7 步:验证转发。若故障解决转第 9 步,若故障未解决转第 8 步。

第 8 步:联系厂家技术人员。

第 9 步:结束。

视频转发失败的故障处理流程如图 5-59 所示。

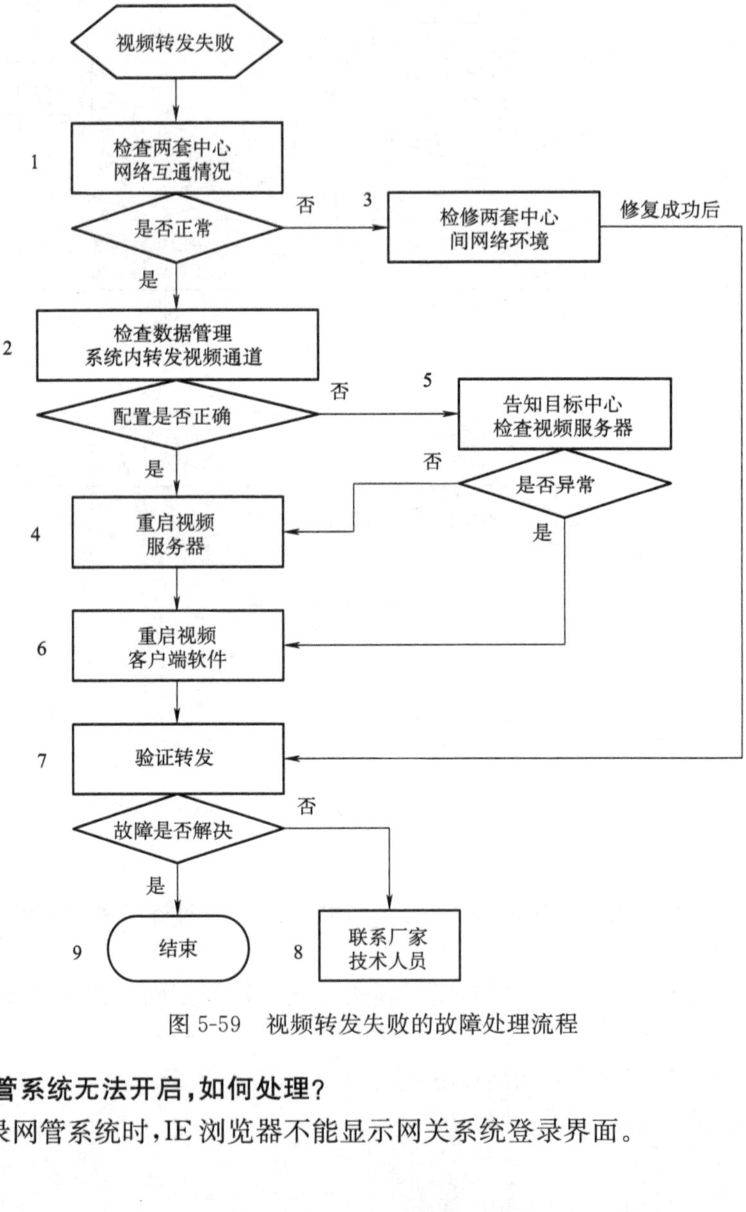

图 5-59 视频转发失败的故障处理流程

10. 网管系统无法开启,如何处理?

答:登录网管系统时,IE 浏览器不能显示网关系统登录界面。

(1)故障分析:导致这种故障原因为网络异常或者网管服务程序异常。

(2)解决方法:

第 1 步:检查本机网线是否可靠连接。若发现是不可靠连接,请重新可靠连接后转第 5 步,若可靠连接转第 2 步。

第 2 步:ping 数据管理服务器的 IP 地址,检测是否能够 ping 通数据管理服务器。若能 ping 通则转第 4 步,若未 ping 通转第 3 步。

第 3 步:ping 其他服务器 IP 地址,检测是否能够 ping 通其他服务器。若不能 ping 通其他的服务器检查网络设备转第 5 步,若能 ping 通其他服务器,则转 4 步。

第 4 步:重启数据管理服务器,若故障解决转第 7 步,没有解决转第 6 步。

第 5 步:检修/验证是否恢复正常。若故障解决转第 7 步,若故障未解决转第 6 步。

第 6 步:联系厂家技术人员。

第 7 步:结束。

网管系统无法开启的故障处理流程如图 5-60 所示。

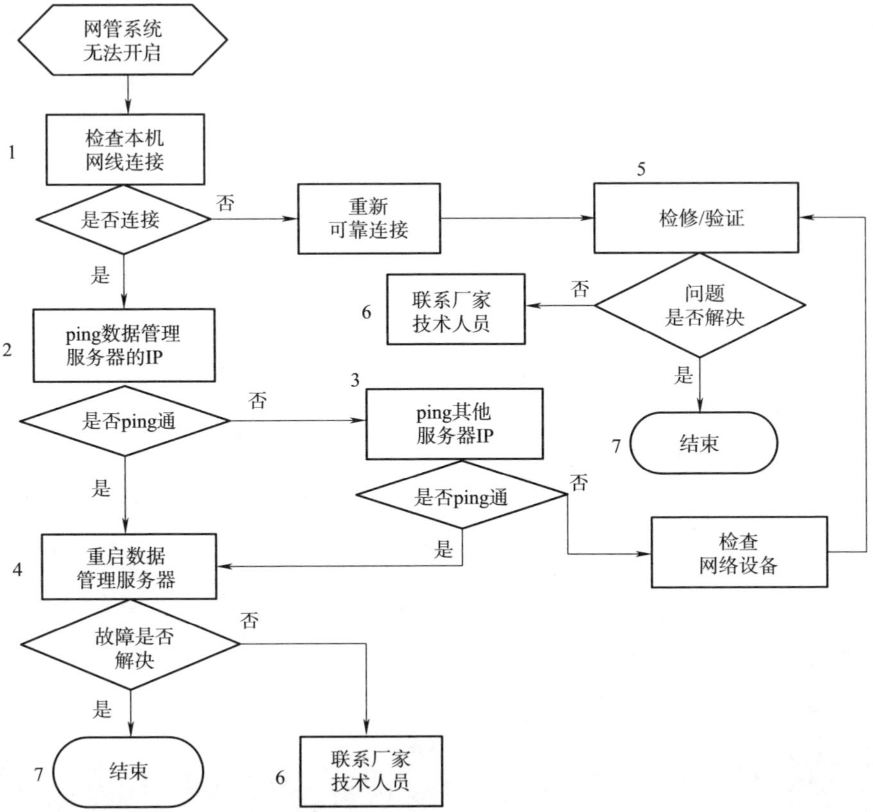

图 5-60　网管系统无法开启的故障处理流程

11. 网管系统无法登录,如何处理?

答:通过 IE 浏览器登录到网管系统登录界面,输入用户名密码后无法进入网管系统,并提示用户名或密码错误。

(1)故障分析:导致这种故障的原因是用户名或密码错误。

(2)解决方法:请联系系统管理员找回密码;若故障未解决,重新启动数据管理服务器;重启后故障仍未解决,及时联系厂家技术人员。

第六章　YJ-1000 应急通信系统现场接入设备

(一)概　　述

1. YJ-1000 现场接入设备有哪些特点?

答:YJ-1000 现场接入设备是一个集静图、动图、“117”事故救援电话、应急视讯系统、监视系统和区段接入系统于一体的新型应急通信现场设备,与应急中心通信设备配套组成铁路应急通信系统。

YJ-1000 现场接入设备由上海国欣科技发展有限公司按照 TB/T 3204—2008《铁路应急通信接入技术条件》自主研制开发,具有以下特点:

(1)话音业务的多样性:本设备能提供固定电话和移动电话;既可与铁路自动电话网、调度电话网(简称外网)互联,又可实现现场内部通话;还可根据实际需要选配电话数量;还能与接入点的车站互联互通。现场电话与接入点车站电话互联互通,是本设备特有的特点。

(2)话音业务的优越性:中心与现场的话音通信采用 VoIP 方式,通话质量好;无线手机采用无线集群技术,非视距传输远,通话效果好;还可灵活组网。

(3)图像传输的实时性:本设备的静止图像传输采用网络方式上传,比拨号方式上传明显既快又好;动态图像实时上传,还能提供两路视频输入。

(4)视频传输的兼容性:本系统的视频编解码支持 MPEG-4 或 H. 264 标准建议,传输协议支持 TCP 协议,与应急中心通信设备连接时,只要符合标准协议的都能互联互通。

(5)接入方式的灵活性:本设备采用综合接入平台将现场终端设备与接入设备相连接,因此现场终端设备不论采用哪种接入方式,都能灵活接入。

(6)箱体结构的安全可靠性:箱体采用特制的工业箱,密闭防水,包装方式简易可靠,适于人工搬运,更适用于铁路抢险现场的复杂环境。到达现场后设备的展开,只要打开箱盖,接上电源线、外线、天线,开机即通,操作方便、快捷。

2. YJ-1000 现场接入设备有哪些功能?

答:YJ-1000 现场接入设备符合 TB/T 3204—2008 第 8. 1. 1 终端设备功能的要求,具有以下功能:

(1)具有静止图像和动态图像的采集、传送功能，在事件现场用数码照相机拍摄的照片，以网络方式将静图上传到应急中心。用移动影音采集设备，在半径为 1 km 范围内拍摄动态图像，称为单兵图像，通过综合接入平台将单兵图像上传到应急中心，综合接入平台有两路视频输入接口，还可用摄像机就近拍摄动态图像，称为本地图像，也能通过综合接入平台上传到应急中心，还能实时监视上传图像。

(2)具有图像接收功能，能接收从应急指挥中心传过来的图像，可以兼作视频会议用，这是本设备特有的功能。

(3)提供有线电话业务功能，可配置 4～12 台的固定电话，实现事件现场与应急指挥台的热线电话；现场与应急中心、自动电话网和调度通信网的话音通信；可根据需要提供现场与接入点车站的话音通信，这是本设备特有的功能。

(4)提供移动电话业务功能，可配置 2～n 台的移动电话，数量可根据需要选配，采用无线集群技术，可支持半径为 1.5～2 km 的通信距离(非视距)，并可实现现场内部通话。移动电话具有一机双号的功能，移动电话间用内部小号可互相拨打，可以将外网(指自动电话网和调度电话网)的大号绑定在移动电话上，作为外网电话的无线延伸。

(5)提供数据通信业务，在现场可实现发送、接收及传真功能。

3. YJ-1000 现场接入设备由哪几部分组成？并画出组成示意图。

答：YJ-1000 现场接入设备由接入点局端设备、接入线路和突发事件现场设备三部分组成，组成示意图如图 6-1 所示。

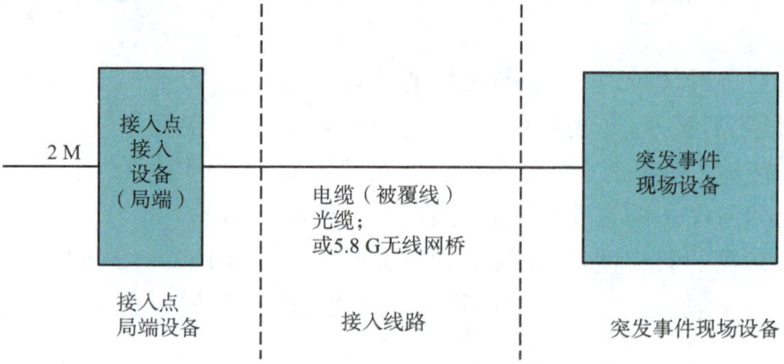

图 6-1 YJ-1000 现场接入设备组成示意图

接入点局端设备一般设在车站或 GSM-R 基站，接入线路是指从接入点到突发事件现场的传输媒介，分有线和无线接入方式。有线接入采用电缆、光缆或被覆线，无线接入一般采用 5.8 G 无线网桥，突发事件现场设备设在事件现场。

4. 突发事件现场设备由哪几部分组成？并画出总体结构示意图。

答：突发事件现场设备由综合接入平台单元、天线单元、移动影音采集单元和电源单元 4 个部分组成。

总体结构示意图如图 6-2 所示。

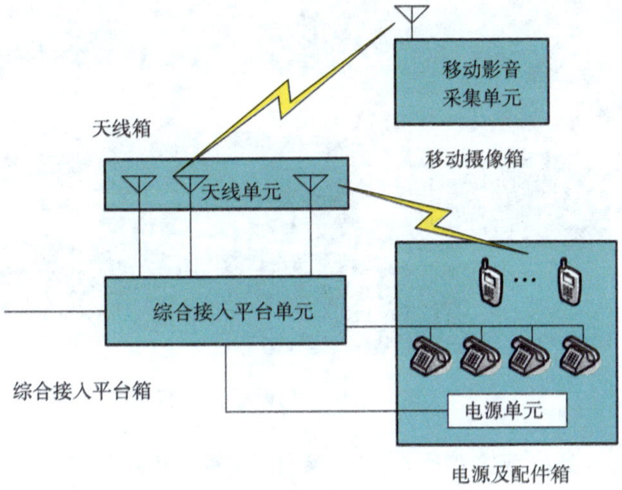

图 6-2　突发事件现场设备总体结构示意图

5. 突发事件现场设备的每个单元有哪些作用?

答:突发事件现场设备每个单元的作用如下:

(1)综合接入平台单元

是突发事件现场设备的核心部件,实现设备的全部功能,主要部件包装在一个"综合接入平台箱"包内,简单可靠,适于人工搬运。

(2)天线单元

有无线 PBX 天线和无线接收机天线,无线 PBX 天线供现场移动电话通信用;无线接收机天线用于接收单兵信息,这两种天线存放在一个"天线箱"包内。

(3)移动影音采集单元

用来实时采集和上传动图和静图,包括无线发射机、数码摄像机和数字相机等组件,存放在一个"移动摄像箱"包内。

(4)电源单元

为综合接入平台提供直流电源,为便于携带,将直流电池、电话机及连接线等配件全部存放在一个"电源附件箱"包内。

6. 突发事件现场设备如何包装?一共有多少件箱包?每件有多少千克?

答:突发事件现场各单元设备都采用工业仪表箱包装,防震防水,耐挤压。对设备具有良好的保护性能,并且配置有把手和背带,便于搬运,各箱包的实物如图 6-3 所示。

突发事件现场设备一共有 4 件箱包,综合接入平台箱重 9.4 kg;天线箱重 9.8 kg;移动摄像箱重 9.5 kg;电源及配件箱重 8.9 kg;总重量 37.6 kg。

图 6-3 突发事件现场设备包装实物图

7. 在遇到暴雨、台风或大雪等恶劣气候时，有哪些防护措施？

答：设备连线接头全部采用防水航空插头，接插口位置在箱体侧面，能有效防止水流渗透，综合接入平台箱开机调通后无需人工干预，可关闭箱盖，有效防止雨雪、灰尘和飞溅的水花进入。另外在设备外围设有防潮垫、防雨罩和帐篷等附属防护设施，进一步增加防护效果。

8. YJ-1000 现场接入设备如何满足夜间工作的要求？

答：YJ-1000 现场接入设备符合 TB/T 3204—2008 第 8.2.2 h)的要求，能满足夜间工作要求，采取的措施是在电源附件箱设有一个照明小灯，打开箱盖拨动开关即可点亮照明小灯。电源附件箱还配有一个微型手电筒，配合照明小灯使用在安装连接设备时的照明使用。综合接入平台箱盖顶部设有一串 LED 照明小灯，用于工作时照明使用，综合接入平台箱设备连接电源附件箱后自动点亮，操作面板上设置有开关，切换点亮和关闭状态，以节约电能。另外还可以配置附属的直流照明灯和交流照明灯，供夜间照明。移动摄像箱配有摄像灯，摄像灯亮度可调，以满足拍摄远近物体时使用。

9. 如何安排人员到现场展开设备？

答：到现场展开设备，可安排一人携带车站接入箱直奔突发事件邻近车站(基站)，安排两人携带 4 个箱包直奔突发事件现场，到达后一人操作单兵，另一人操作综合接入平台。

(二)综合接入平台

1. 综合接入平台由哪几部分组成？

答：综合接入平台是 YJ-1000 现场接入设备的核心部件，由远端接入设备、话音单元(含无线 PBX 主机)、移动影音接收单元及音视频编解码单元组成，如图 6-4 所示。

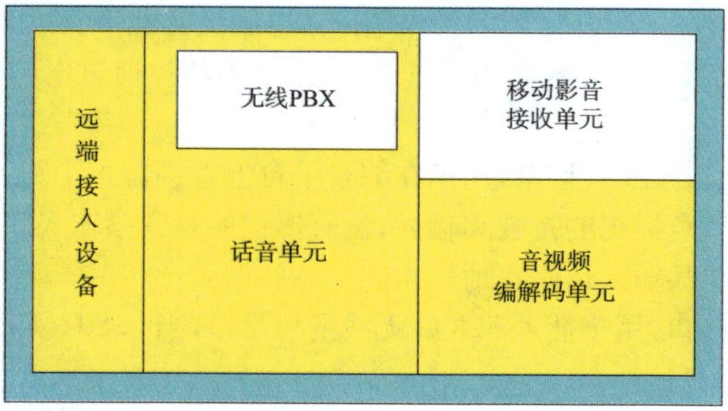

图 6-4　综合接入平台组成示意图

考虑到铁路的传输网络，远端接入设备采用高比特率数字用户线设备(G. SHDSL)，可直接用于电缆接入方式，同时默认光缆接入，配置了光缆接口，因此还可直接用于光缆接入方式。另外还配置了以太网接口，可直接与宽带卫星接入设备、宽带无线接入设备相连接，适应各种接入方式。

2. 综合接入平台的箱体采用什么样的结构？

答：综合接入平台箱外壳采用尺寸为 45.3 cm×32.5 cm×17.8 cm 的高强度防水密封箱工业仪表箱，防震防水，耐挤压。对设备具有良好的保护性能，并且配置有把手和背带，便于搬运。箱体前后都有一个接口面板，在运输、存储时面板用黑色的橡胶盖板封住，以免水和灰尘进入设备内部(防尘防水)，使用时取下密封盖板。其外观如图 6-5 所示。

3. 综合接入平台箱体前接口面板上有哪些接口和插座？

答：前接口面板如图 6-6 所示。

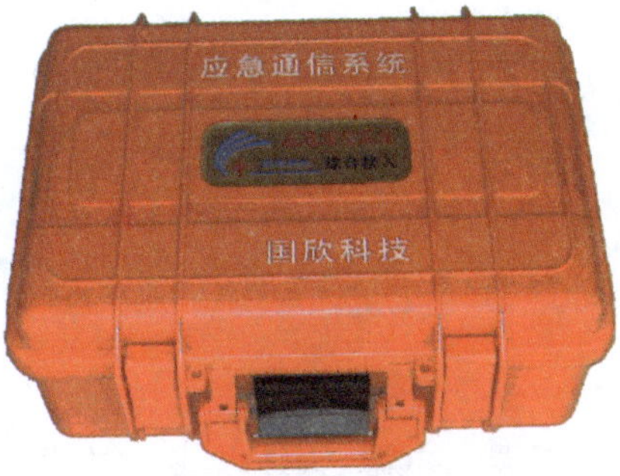

图 6-5　综合接入平台箱外观图

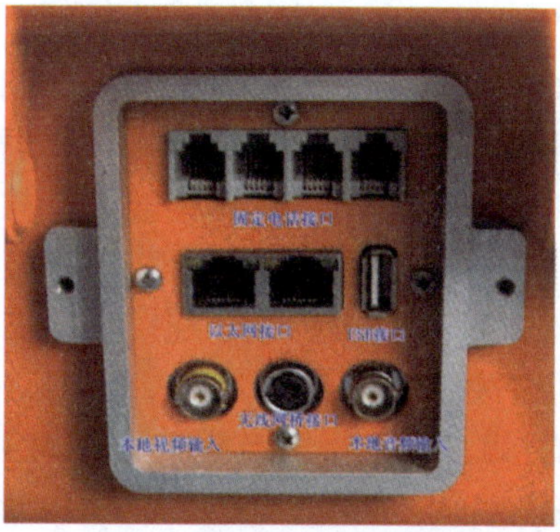

图 6-6　前接口面板图

前接口面板有以下接口：

(1)4 个 RJ11 电话接口：序号为从左到右 1、2、3、4，可以接 4 部便携式固定电话机。

(2)2 个 RJ45 以太网接口:可以接入笔记本电脑或其他带有以太网接口的设备。

(3)USB 接口:可以插入数码相机读卡器,把数码相片通过电脑传输到指挥中心服务器。

(4)本地音频/视频输入接口:用于在综合平台上直接输入 1 路音视频信号,使用时注意区别颜色,有黄色标记的是视频输入,没有标记的是音频输入。通过控制面板的开关切换,选择是由单兵输入还是本地输入。

(5)无线网桥接口:用于插入 5.8 G 无线网桥设备,当 5.8 G 无线网桥状态正常后,控制面板上指示灯亮。

4. 综合接入平台箱体后接口面板上有哪些接口和插座?

答:后接口面板如图 6-7 所示。

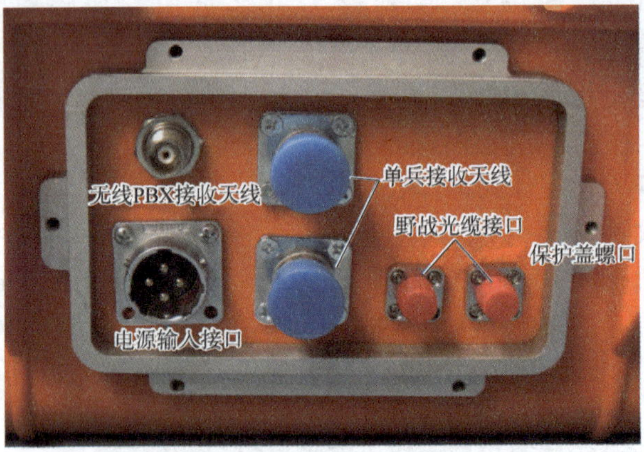

图 6-7 后接口面板图

后接口面板有以下接口和插座:

(1)无线 PBX 接收天线插座:用于接入无线 PBX 天线。

(2)单兵接收天线:用于接入 2 根单兵接收天线。

(3)野战光缆接口:用于接入野战光缆。

(4)电源输入接口:用于将电源箱的电源输入到综合平台,为综合平台供电。

(5)通话柱接口:用于连接通话柱的外线的接口(若定制没有通话柱接入功能的设备,那么接口板中无此接口)。

5. 综合接入平台与相关部件如何连接?

答:启用 YJ-1000 现场设备时,综合接入平台需要与电源、天线及用户终端相连接。

(1)与电源线的连接:用如图 6-8 所示的专用电缆,一端接电源箱的[直流输出]接口,另一端接综合接入平台的[电源输入]接口。

(2)与天线的连接:将无线 PBX 天线插入综合接入平台后接口板的[PBX 天线]插座,两根单兵天线分别插入[单兵天线]插座。

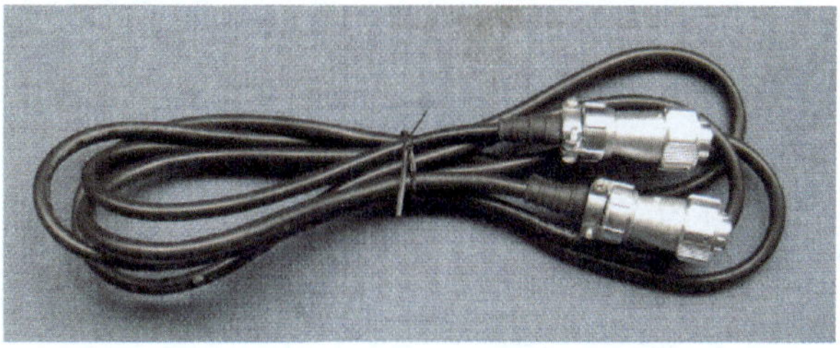

图 6-8　综合接入平台电源专用电缆

(3)与电话线的连接：用电话线将固定电话机插入综合接入平台的电话机插座。

6. 操作面板上有哪些开关和指示灯？并说明其含义。

答：操作面板外观如图 6-9 所示。

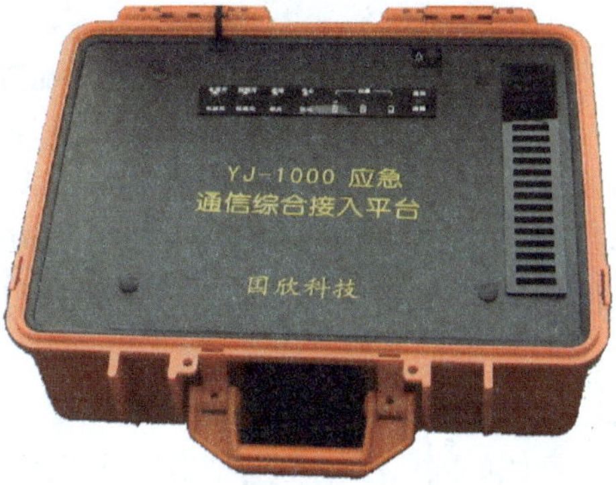

图 6-9　操作面板外观图

操作面板右边是一条散热孔，内部安装有排风扇，工作时产生的热量从散热孔散出，注意使用期间任何情况都不要遮盖散热孔，以免设备过热。

操作面板上有 4 种开关和 2 种指示灯：

(1)电源开关：控制整机电源的接通与断开，手柄向上为开机，手柄向下为关机。为了避免误操作，开关设有自锁装置，操作时需用力提起，然后向上(或向下)扳动。

(2)视频开关：当不需要使用视频功能的时候，可以将视频开关关闭，这样可以使编解码器和无线数字图像接收板断电，使用电池供电时能够节约部分电能。开关同样设置了自锁装置，和电源开关一样需要用力提起，然后向上(或向下)扳动。

(3)本地/单兵切换开关：用于切换控制液晶显示屏显示的图像，当开关向上，液晶显示屏显示的是从单兵无线数字图像发射机送来的图像，当开关向下时，液晶显示屏显示的是前接口面板上送来的音频视频信号。

(4)中心/现场切换开关：通过该切换开关，切换在液晶显示屏显示的图像，当开关向上时，显示应急指挥中心送来的图像，本设备可以兼作视频会议用；当开关向下时，显示上传的图像。

(5)电量指示灯:用蓝、黄、红 3 个指示灯,蓝色表示电量满、黄色表示电量减半、红色表示电量少。

(6)通信/连接指示灯:当绿灯闪烁时,表示通信模块正在和远端车站接入设备进行通信握手,握手成功时绿灯常亮。

7. YJ-1000 现场接入设备有哪几种接入方式?

答:有以下几种接入方式接入应急通信系统:

(1)最常用的采用电缆接入方式,基于铁路沿线区间通话柱接入,如果在非电缆区段,沿线没有区间通话柱,可在 GSM-R 基站直接用被覆线接入,在接入点配置一个车站接入箱;

(2)如果采用宽带卫星接入方式,应急中心需要配置卫星接入设备,在现场也需配置一个相应的卫星箱;

(3)如果采用宽带无线接入方式,在接入点和现场需要配置 5.8 G 无线网桥;

(4)如果采用光缆接入方式,需要增加光缆放线车,本设备默认光缆接入,只要将光缆的一端接入综合接入平台的光缆接口,另一端接入车站接入箱的光缆接口。

8. 采用 0.9 mm 芯线电缆接入或被覆线接入时,传输距离可达到多少千米?

答:采用非加感电缆芯线接入时,传输距离可达 10 km;采用被覆线接入时,传输距离大于 3 km。

9. 能提供多少台固定电话和移动电话?如何运用?

答:(1)标准配置 4 台固定电话、4 台移动电话。需要更多数量电话可根据用户需要定制。

(2)电话的运用可根据用户实际需要灵活运用,推荐 4 台固定电话的运用,与应急指挥台热线电话一台,其余 3 台可接入自动电话或调度电话。4 台移动电话用于与应急指挥台联系的单兵电话一台,其余 3 台可绑定调度(自动)电话,或以用户中继方式接入调度(自动)电话。

10. 移动电话通信距离半径在不加中继的条件下能达到多少米?

答:移动电话通信在较为开阔的范围内不加中继器通信距离可达 1 000 m。手机和无线 PBX 之间必须无高大屏蔽物遮挡。

11. 综合接入平台的使用步骤如何操作?

答:按以下步骤操作:

(1)将综合接入平台平稳地放置在地面或桌面上,注意印有设备名称和贴有铭牌的一面朝上,防止倾覆和掉落。将前接口面板和后接口面板的铝合金盖板取下,露出接口。

(2)打开天线箱和附件箱,取出天线、连接线、电话机、数据终端等。将 1 对通话柱引出线扭到后接口面板的 G. HDSL 接线柱上并拧紧螺丝。将 1 根无线 PBX 天线接入到后接口面板的PBX天线母座。将2根单兵天线接入到后接口面板的单兵天线母座。

(3)将电源插头插入到后接口面板的电源插座中。将固定电话机水晶头插入到前接口面板的RJ11电话插座内。将数据终端水晶头插入到前接口面板的RJ45以太网插座内。

(4)打开主箱盖,打开电源开关,检查电量指示灯,检查液晶屏(如果没有显示按POWER键将液晶屏打开),检查通信指示灯,常亮时表示设备正常。

(5)打开电源开关,此开关为总电源的开关(LED照明灯除外),是带自锁定的装置,操作时用力向上提起,然后掰向开、关方向。

(6)打开计算机开关,这是用于控制计算机电源,启动计算机时请用力向上提起,掰向开机方向。关机时,先要在系统中执行关机操作,在系统关机后,通过该开关断开电源。此开关为带自锁定装置。

(7)打开视频开关,这是用于控制视频编码器和单兵接收机、视频分配器等用于视频功能模块的电源开关,当不需视频功能是,可以关闭这部分模块,以节约电能,语音电话功能依旧可以使用。

(8)把本地/单兵切换开关切换到单兵功能上,此开关用于控制视频切换器选择从本地AV口输入还是从单兵接收机视频输入,编码器和液晶屏将同步显示此切换开关的选择。

12. 在无中心设备的情况下,如何建立现场内部通信?

答:综合接入平台内部具有电话交换功能,在无中心设备的情况下,不需要做任何设置,使用内部小号可进行互拨电话,可在手机和手机之间、手机和座机之间、座机和座机之间互相拨打。只需使用内部小号互拨即可。

13. 如何与中心设备注册登记和添加IP地址?

答:现场设备根据指挥中心分配的系统识别号码和IP地址进行配置,配置完成后保存在设备中,断电不丢失。现场设备开机后,将自动向指挥中心服务器注册登记,无需人工干预。

14. 简述音视频编解码格式。

答:音视频编解码格式符合TB/T 3204—2008第8.2.7要求,音频编解码支持ITU-T G.711标准;视频编解码支持MPEG-4或H.264标准建议。

15. 简述能同时传送的话路数和视频路数。

答:话路数和视频路数受限于传输带宽,在2 M带宽下,可传输16路话路和1路视频。

16. 天线的类型是什么?如何架设?有哪些注意事项?

答:综合接入平台根据用途包含3种天线:(1)无线PBX天线,鞭状全向天线1根;(2)无线图像接收机,鞭状全向天线2根;(3)无线网桥天线,平板天线1根。天线安装在三脚架,通过三脚架进行固定并且加高,改善天线接收条件。天线带吸盘,吸盘通过强磁直接吸在三脚架铁制托盘上。

(三)移动影音采集设备

1. 移动影音采集设备包括哪些部件?

答:移动影音采集设备(单兵)包括无线发射机、数码摄像机、数码照相机三大部件。

2. 移动影音采集设备各部件间如何连接?

答:无线发射机插入天线,插入电池,用 AV 线将摄像机连接到无线发射机的音视频输入接口,连接后的实物如图 6-10 所示。

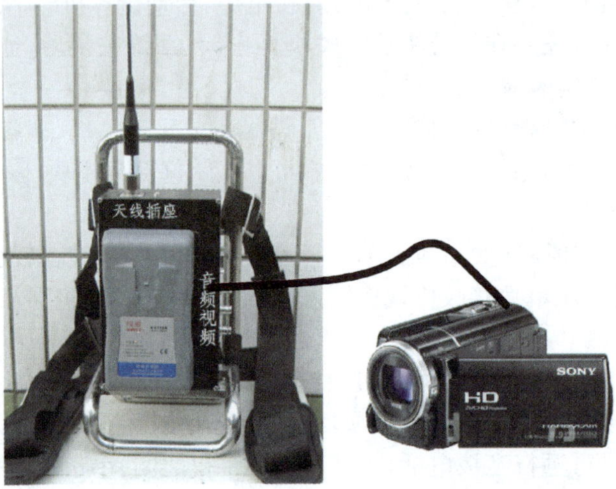

图 6-10 移动影音采集设备连接实物图

3. 移动摄像箱的结构是什么? 箱内存放哪些部件?

答:移动摄像箱采用工业仪表箱,防震防水,耐挤压。对设备具有良好的保护性能,并且配置有把手和背带,便于搬运,其外观如图 6-11 所示。打开箱盖便可看到各部件存放情况,如图 6-12 所示。

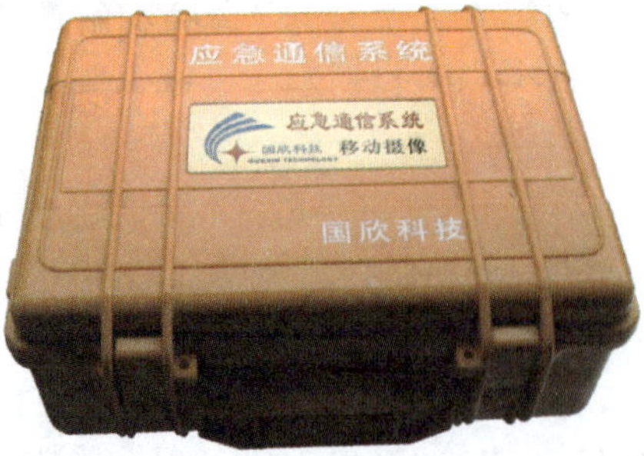

图 6-11 移动摄像箱外观图

图 6-12 开盖后实物图

移动摄像箱供拍摄人员专用，与综合接入平台箱采用无线连接方式，不需要连接线相连接，因此它是一个相对独立的设备箱。

箱内存放了无线发射机、数码摄像机、数码照相机三大部件，另外还附带了相配套的备用电池、连接线缆、发射机天线等。

使用前，将设备从箱体中取出连接好信号线，安装好电池，将电源开关打开，开机便可使用。

4. 单兵无线发射机的箱包采用什么样的结构？有多少千克？并附实物照片。

答：单兵无线发射机是移动影音采集设备的核心部件，在事发现场进行拍摄时，使得拍摄人员可以摆脱线缆的束缚。

单兵无线发射机外观如图 6-13 所示。

无线发射机固定在一个不锈钢背架上，背架上有背带，可以背在拍摄人员背上，解放拍摄人员双手。背架上有隔离板，使得发射机和拍摄人员不直接接触。另外，背架上还设有挂钩，可以悬挂手机和摄像机。额外配置了防水包，用于雨天防水使用。

单兵无线发射机带背架重 3 kg，加上摄像机、无线手机、防水包总重量在 4.5 kg。

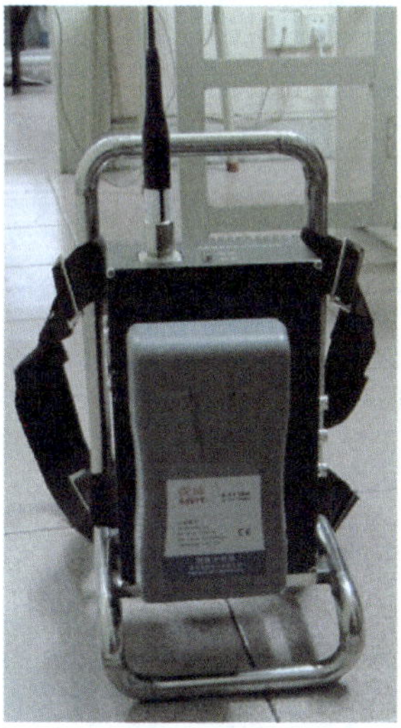

图 6-13　单兵无线发射机实物图

5. 移动影音采集设备采取哪些防护措施？防护等级是否能达到 IP54？

答：无线发射机采用防水接插件，接口位置全部安放在设备侧面，可有效防止积水。外围可增加防雨罩，完全可以抵御中小雨。设备的防护等级完全能达到 IP54 级别。

6. 单兵无线发射机的面板上有哪些开关和插座？

答：无线发射机的顶部和侧面都有一块面板，顶部面板安装的构件有天线插座、电源开关和电源指示灯，如图 6-14 所示。

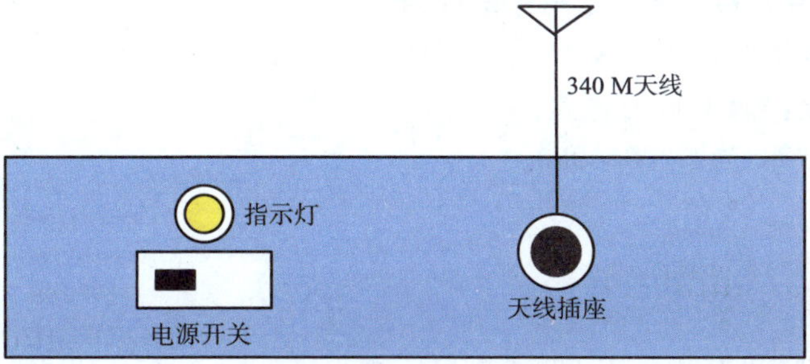

图 6-14　顶部面板示意图

侧面面板安装的构件有音频插座(BNC 母座)和视频插座(BNC 母座),如图 6-15 所示。

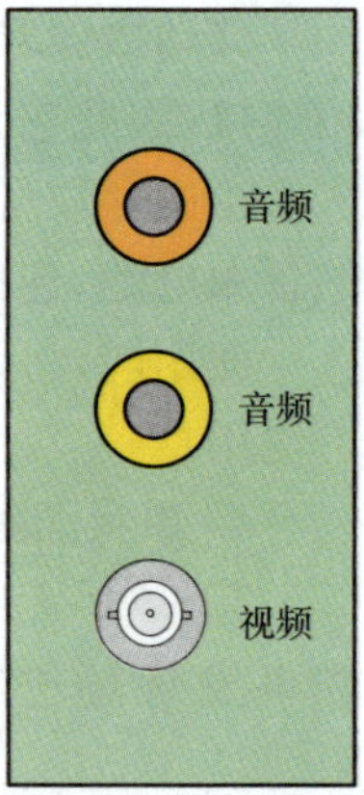

图 6-15 侧面面板示意图

7. 无线发射机的发射频率是多少? 非视距传输距离可达到多少 km?

答:无线发射机的发射频率是 340 MHz。传输距离与工作环境影响很大,一般条件下单兵非视距传输距离可达 2 km,主要的影响因素有:

(1)离地面的高度,由于大地对于高频无线电波有强烈的衰减作用,所以收发信机离地面高度对传输距离有强烈的影响,放置越高传输距离越远。

(2)周围有无高大建筑物和发射机离高大建筑的距离,由于高大建筑对电磁波有反射、叠加、衰减、屏蔽等强烈的影响,周边地势越开阔传输距离越远。

(3)电磁环境影响,天空中电磁干扰越少,传输距离越远,特别是频率靠近 340 MHz 的发射源影响最大。

8. 无线发射机采用什么电源? 连续工作时间可达到多少小时?

答:无线发射机采用 14 V 锂电池供电,每块锂电池可连续工作 3 h,每套设备配备了 2 块锂电池,累计工作可达 6 h。

9. 如何操作移动影音采集设备?

答:按以下步骤操作:

(1)将无线发射机从无线摄像箱中取出,AV 线连接到无线发射机的音频、视频输入口,另外一端插入摄像机 AV 输出接口。

(2)将两根发射天线插入无线发射机顶部天线母座,顺时针拧紧,直到完全拧入座内。在天线未安装的时候,禁止开机,以免过载烧毁发射机。

(3)将已充满电的 12 V 锂电池插入单兵电池母座,听到咔嗒一声完成安装锁定。

(4)打开单兵电源开关、摄像机电源开关和镜头盖,开始拍摄。

10. 数码照相机的主要技术指标是什么?

答:主要技术指标如下:

(1)有效像素:≥1 000 万像素。

(2)图像分辨率:≥1 280×980。

(3)光学变焦:≥3 倍。

(4)具有自动对焦功能。

(5)存储介质:单条(片)容量≥1 G。

(6)数据接口:USB 2.0 或 1 394 接口。

(7)具有内置闪光灯。

(8)支持 JPEG 图像格式。

11. 数码摄像机的主要技术指标是什么?

答:主要技术指标如下:

(1)具有 12 倍以上光学变焦功能。

(2)具有红外夜摄功能。

(3)照度不大于 0.1 Lx(F1.2)

(4)图像水平解析度≥450 线。

(5)具有电子或光学防抖功能。

(6)具有内置麦克风。

(7)具有模拟音视频输入/输出接口(A/V 接口)。

(8)可进行本地录像。

12. 静止图像传送的格式和分辨率是什么?

答:静止图像采用 FTP 文件传输协议,对图像格式和分辨率符合 TB/T 3204—2008 第 9.1 的要求。

13. 动态图像传送的格式和分辨率是什么?

答:动态图像传送采用 H.264,帧率和分辨率可调,可支持 CIF、2CIF、4CIF,分辨率不小于 352×288 像素,符合 TB/T 3204—2008 第 9.2 的要求。

14. 当网络性能下降时采用什么方式上传?

答:当网络性能下降时,自动降帧、降速处理。

(四)接入点设备

1. 当采用有线接入方式时,接入点设备是否支持电缆、光缆和被覆线的接入?

答:接入点设备是安装在具有 2 M 应急通信传输网络的地点,一般在车站或 GSM-R 基站。接入点设备完全支持电缆、光缆和被覆线的接入。

2. 当采用有线接入方式时,接入点设备的功能是什么?

答:将接入点的 2 M 应急通信网络,用电缆实回线延伸到事件现场,如果电缆芯线直径为 0.9 mm,传输距离可达 10 km;电缆芯线直径为 0.5 mm,传输距离可达 4.5 km,降低带宽还可延长传输距离。

3. 当采用有线接入方式时,面板上有哪些接口和指示灯? 如何显示运行状态?

答:车站接入箱面板上的接口有:

(1)两线接口:用于连接区间电缆实回线。

(2)E1 接口:采用 BNC 接头,用于连接应急通信传输网络。

(3)RJ11 电话接口:用于连接电话机,该工作电话可以和事件现场通话,还可以作为检验车站和现场设备线路连接的辅助手段。

(4)面板上有状态指示灯用来显示设备工作状态。E1 连接状态指示灯:绿灯时表示 E1 连线正常，灯灭时表示 E1 状态不正确。光纤连接指示灯：当采用光纤连接时，光纤连接指示灯点亮是表示光纤连接状态正常。

4. 当采用无线接入方式时，接入点设备的功能是什么？

答：当采用无线接入方式时，接入点设备具有 E1 接口，无线网桥设备。它的功能是将无线网桥数据转发到接入点的 2 M 应急通信网络。

5. 当采用无线接入方式时，面板上有哪些接口和指示灯？如何显示运行状态？

答：车站接入箱面板上的接口有：

(1)E1 接口：采用 BNC 接头，用于连接应急通信传输网络。

(2)RJ11 电话接口：用于连接电话机，该工作电话可以和事件现场通话，还可以作为检验车站和现场设备线路连接的辅助手段。

(3)无线网桥接口，航空插头。

(4)面板上有状态指示灯用来显示设备工作状态，E1 连接状态指示灯：绿灯时表示 E1 连线正常，灯灭时表示 E1 状态不正确。光纤连接指示灯：当采用光纤连接时，光纤连接指示灯点亮是表示光纤连接状态正常。

6. 在没有电缆的区段，接入点设备如何组成？

答：在没有电缆的区段，例如高速铁路采用光缆传输，没有区间通话柱，可利用 GSM-R 基站作为接入点，如果事件现场正好在两个基站之间，便有"最后 2 km"的接入问题。接入点设备的组成有三种方式：

(1)电缆接入方式：直接利用本设备的"车站接入箱"，用 2 km 被覆线连接现场设备。

(2)光缆接入方式：直接利用本设备的"车站接入箱"，用 2 km 光缆连接，布放光缆比布放被覆线难度大，使用不方便，不适合采用。

(3)无线接入方式：在车站接入箱和综合接入平台分别配置一对 5.8 G 无线网桥，便可实现无线接入，但是采用无线接入方式，受地形条件限制，调试不方便，不宜采用。

(五)设备供电及其他

1. 接入点设备采用什么供电方式？

答：接入点设备采用 220 V 交流或 48 V 直流方式供电。

2. 现场设备采用什么供电方式？

答：现场设备采用电池供电，或采用发电机 220 V 交流，边使用边充电。

3. 当采用电池供电时，可连续工作多少小时？

答：(1)突发事件现场设备一般采用直流供电方式，由本身自带的电源箱供电，如果事件现场有 220 V 交流电源，也可以采用交流供电方式，通过电源箱变压整流，过压过流保护后再向现场设备供电。

(2)电源箱内提供 2 组 160 WH 锂电池，每组电池约能对设备供电 3 h 左右，2 组电池可供电大约 6～7 h。电源箱可输入 48 V 直流和 220 V 交流，当有外接电源输入时，电源箱可自动对电池充电。

4. 设备架设完毕后，如何检验自身设备是否正常？

答：设备展开后，自检步骤如下：

(1)打开设备电源，检测电源箱供电是否正常，白色指示灯亮表示电量充足。

(2)查看综合接入平台的状态指示灯，蓝色电量指示灯亮表示电量充足；通信/连接指示灯(绿灯)闪烁，表示通信模块正在和远端车站接入设备进行通信握手，握手成功后绿灯常亮。

(3)话音功能自检，现场电话用内部小号相互拨打，通话正常，再用内部小号拨打车站接入设备的电话机，通话正常，说明现场设备的话音单元正常。

(4)图像功能自检，用数码照相机拍摄一张照片，将相机的 SD 卡用播放器插入综合接入平台的 USB 接口，打开[视频开关]，将本地/单兵切换开关掰向本地侧，液晶显示屏显示拍摄的照片，说明静图系统正常。

单兵拍摄一组视频，将本地/单兵切换开关掰向单兵侧，液晶显示屏显示单兵传送的视频，说明动图系统正常，根据情况可以在车站接入箱的以太网口用电脑笔记本 ping 图检测图像是否正常传送。

5. 设备自身检测正常，但与中心设备联不上如何处理？

答：按自检步骤检查自身设备是否正常。用内部小号能拨打车站接入点的工作电话，用电脑笔记本在车站接入箱的以太网口 ping 图能收到传送的图像，说明现场设备到车站设备链路畅通，故障位置可能在车站 2 M 链路到指挥中心之间，检查车站接入箱 2 M 同轴线的收端和发端是否接反。

6. 设备工作时声音小、杂音大、图像有干扰如何处理？

答：检查设备连线是否有松动，接插件是否有氧化现象，如果有金属氧化现象可以用酒精擦拭，刮刀刮净氧化物。如果线缆和接插件有松动现象，那么需要重新压接、焊接牢固。

7. YJ-1000 现场接入设备及车站接入箱有哪些维护项目？

答：YJ-1000 现场接入设备及车站接入箱的维护项目与周期见表 6-1。

表 6-1　YJ-1000 现场接入设备及车站接入箱的维护测试项目与周期

类　别	项目与内容	周　期	备　注
日常维护	1. 连接线、插件、端口检查	月	雨季适当增加巡检次数
	2. 直流电源端电压测试		
	3. 便携终端、数码摄(照)相机(含备用)电池、存储卡检查		

续上表

类　别	项目与内容	周　期	备　注
日常维护	4. 联机进行内部通话试验	月	雨季适当增加巡检次数
	5. 联机进行图像传送试验		
	6. 与接入点联机进行通话和图像传送试验	季	
集中检修	1. 室外全程电路实地试验	季	
	2. 系统各部分的性能整治、提高、不良配件更换	根据需要	

第七章 WXTY-05 应急通信系统现场接入设备

(一)概 述

1. WXTY-05 应急通信接入设备有哪些特点?

答:WXTY-05 铁路应急通信接入设备有以下特点:

(1)技术先进、适用性强

采用 IP 软交换、H.264 视频压缩编解码技术、卫星通信、COFDM 无线调制技术、5.8 G 无线宽带技术、光纤接入技术、SHDSL 铜缆调制技术。

系统适应复杂多变的应急现场应用,现场通信既可以采用有线方式,保证高质量的通话效果,也可以采用无线方式,实现现场救援的可移动性。在现场接入条件不具备时也可以利用卫星通道,现场接入方式灵活多变。

(2)集成度高,方便携带

现场接入设备集话音交换、视频压缩编码、解码、语音压缩编码、以太网交换、光纤收发、COFDM 无线调制、动图和静图转发等功能于一体,使得现场设备数量大大减少,方便救援人员携带。

(3)操作简单、使用便捷

现场接入设备结构简单,接口指示清晰,操作简便,通道具备后全部设备开通时间在 30 min 内,符合铁路应急抢险的要求。

(4)结构坚固、稳定可靠

设备外壳采用了工程塑料,具有高机械强度、防尘、防雨、防晒、防寒、防震的特点,能够适应各种复杂恶劣的现场环境。

系统设计采用模块化、嵌入式设计,具有很强的可靠性和稳定性,能够最大限度地满足应急抢险的图像、语音和数据运用。

2. WXTY-05 应急通信接入设备有哪些功能?

答:WXTY-05 应急通信接入设备有以下主要功能:

(1)现场内部话音通信

现场接入设备在事故现场至少能提供 4 部固定电话和 4 部无线专用手机,可以实现现场内固定电话之间、固定电话与无线专用手机之间、无线专用手机间的任意呼叫,可以设置为热线直通、自动拨号等呼叫方式。

事故现场内部的话音通信能够保证现场各部门工作人员的密切沟通与协作，为快速准确地完成抢险任务，降低事故损失提供了技术保障。

(2)现场与外部通信系统间话音通信

借助野战光缆、被覆线、5.8 G宽带无线或卫星接入方式，可提供事故现场与应急救援指挥中心、铁路调度通信网、铁路自动电话网以及铁路“117”立接制人工话务台之间的双向话音通信功能。

事故现场与外部通信系统间话音通信为各级领导机关对事故现场的直接领导和指挥提供了便利条件，使事故现场救援工作能够做到决策及时、指挥得当。

(3)现场动图上传

采用先进的H.264图像压缩技术，可将事故现场采集的动态图像实时上传到应急救援指挥中心，并可在中心设置的图像服务器上进行存储，图像服务器为现场动图和静图的存储和访问提供服务。

现场动图上传到应急救援指挥中心，使应急救援指挥中心领导能够准确、快捷、直观地掌握现场的第一手资料，为现场救援工作提供决策支持。

(4)现场静图上传

现场救援人员可通过数码相机对现场事故进行拍摄，并通过现场接入设备，将现场拍摄的静图直接传送到应急救援指挥中心图像服务器。

3. WXTY-05应急通信接入设备由哪几部分组成？并画出组成示意图。

答：WXTY-05应急通信接入设备一般由突发事件现场设备和接入点的应急接入设备两部分组成。如图7-1所示。

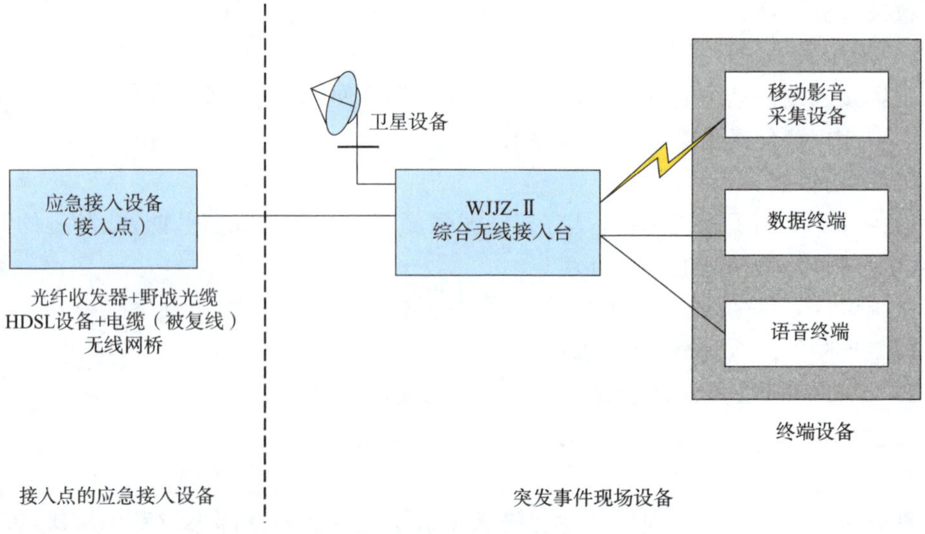

图7-1 WXTY-05应急通信接入设备组成示意图

4. 突发事件现场设备由哪几个单元组成？并画出总体结构示意图。

答：突发事件现场设备由综合无线接入台（WJJZ-Ⅱ）和终端设备两部分组成。终端设备包括移动影音采集设备（应急通信包、数码相机、摄像机）、数据终端（笔记本电脑）和话音终端（有线电话、无线 PBX 手机）。如图 7-2 所示。

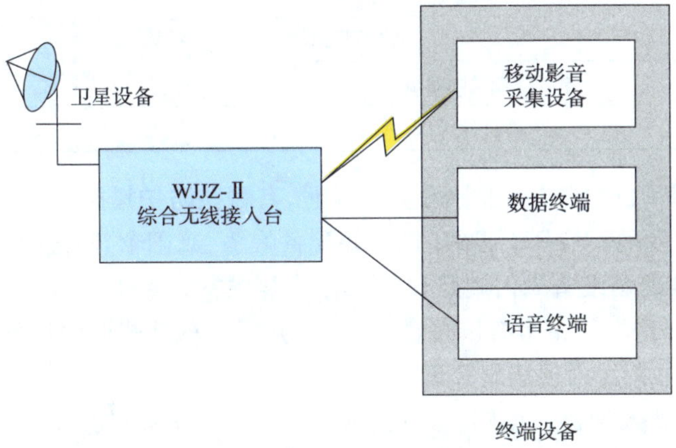

图 7-2　突发事件现场设备总体结构示意图

5. WJJZ-Ⅱ综合无线接入台有哪些作用？

答：综合无线接入台的作用是将现场语音、数据和图像信息利用有线（光缆、电缆）、无线等不同的应急接入方式通过传输网络上传到中心。在事故现场至少能提供 4 部固定电话和 4 部无线 PBX 手机，可以实现现场内固定电话之间、固定电话与无线手机之间、无线手机间的任意呼叫，可以设置为热线直通、自动拨号等呼叫方式。

6. 突发事件现场的终端设备有哪些作用？

答：突发事件现场终端设备的作用：

(1)应急通信包实现将采集动态图像、语音等业务信息传达至现场的接入设备。

(2)摄像机可实现现场动态图像的采集。

(3)数码照相机可实现现场静止图像的采集。

(4)数据终端可实现文件的发送、接收等功能。

(5)话音终端主要实现现场之间或现场与中心之间的语音通信。

7. 突发事件现场设备是如何包装的？一共有多少件箱包？每件有多少千克？

答：突发事件现场设备采用便携式背包和应急专用设备箱包装。一共 3 件箱包，每件质量不大于 10 kg。见表 7-1。

表 7-1 突发事件现场设备重量

<table>
<tr><th>序号</th><th colspan="2">项目</th><th>包装</th><th>重量</th><th>备注</th></tr>
<tr><td>1</td><td colspan="2">综合无线接入台</td><td rowspan="2">应急设备箱</td><td>9.7 kg</td><td></td></tr>
<tr><td rowspan="4">2</td><td rowspan="3">移动影音设备</td><td>应急通信包</td><td rowspan="4">9.5 kg</td><td></td></tr>
<tr><td>摄像机</td><td rowspan="3">纸箱</td><td></td></tr>
<tr><td>数码照相机</td><td></td></tr>
<tr><td colspan="2">语音终端及附属设备</td><td></td></tr>
<tr><td>3</td><td colspan="2">升降杆及天线</td><td>纸箱</td><td>9.4 kg</td><td></td></tr>
</table>

8. 在遇到暴雨、台风或大雪等恶劣气候时，有哪些防护措施？

答：设备具有不低于 IP54 级的防护，并配备帐篷、遮阳伞、防潮垫等措施辅助。

9. 突发事件现场设备如何满足夜间工作的要求？

答：突发事件现场设备带有屏幕显示功能，并配备移动式照明设备。

10. 如何安排人员到现场展开设备？

答：安排 1～2 人到接入点侧，负责接入点应急接入设备的连接和接入传输网。

安排 1～2 人到突发事件现场侧，负责事件现场设备的连接和终端设备的开机。

(二)WJJZ-Ⅱ综合无线接入台

1. WJJZ-Ⅱ综合无线接入台由哪几部分组成？

答：WJJZ-Ⅱ综合无线接入台由电源模块、语音模块、无线模块、光/电接入点模块等组成。

2. WJJZ-Ⅱ综合无线接入台的箱体采用什么样的结构？

答：WJJZ-Ⅱ综合无线接入台的箱体采用密封、手提式结构。

3. WJJZ-Ⅱ综合无线接入台箱体上有哪些接口和插座？

答：WJJZ-Ⅱ综合无线接入台箱体上有直/交流供电接口、PBX/传输天线接口、网络接口(RJ45)、LINE 接口、电话接口(RJ11)、光纤接入接口、配置接口。如图 7-3 所示。

4. WJJZ-Ⅱ综合无线接入台与相关部件有哪些连接接口？

答：有以下对外连接的接口：

(1)直/交流供电接口：通过专用电源线缆连接电源；

(2)PBX/传输天线接口：通过馈线连接天线；

(3)网络接口：通过网线连接接入设备或笔记本电脑；

(4)LINE 接口：通过电缆连接 HDSL 设备(外端)；

(5)电话接口：通过电话线连接有线电话；

(6)光纤接入接口：通过野战光缆连接光纤收发器(外端)；

(7)配置接口：通过 5 芯专用线缆连接调制器(出厂前用作无线参数设置)。

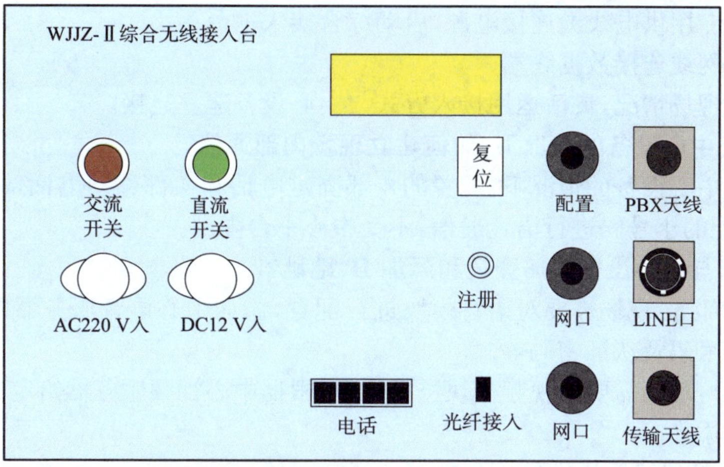

图 7-3 WJJZ-Ⅱ综合无线接入台面板图

5. 操作面板上有哪些开关和指示灯？并说明其含义。

答：有以下指示灯和开关：

(1)操作面板上有交流电源开关和直流电源开关；

(2)操作面板上的指示灯有交流电源和直流电源指示灯，采用交流电源供电时亮红灯；采用直流电源供电时亮绿灯。

(3)无线信号显示屏幕，显示当前无线信号强弱。

6. WJJZ-Ⅱ综合无线接入台支持哪几种接入方式？

答：常用的有以下接入方式：

(1)野战光缆接入方式：需要配置野战光缆加光纤收发器；

(2)电缆接入方式：需要配置被覆线加 HDSL 设备；

(3)宽带无线接入方式：需要配置 5.8 G 网桥；

(4)卫星接入方式：需要配置卫星天线加卫星调制解调器。

7. 采用 0.9 mm 芯线电缆接入时，从现场到接入点的传输距离可达到多少千米？

答：可达到 10 km。

8. WJJZ-Ⅱ综合无线接入台能提供多少台固定电话和移动电话？如何运用？

答：至少能提供 4 台固定电话和 4 台移动电话。4 台固定电话和 4 台移动电话通过预先配置的电话号码，相互拨打电话，实现语音互通。

9. 移动电话通信距离半径在不加中继的条件下能达到多少米？

答：移动电话通信距离半径在不加中继的条件下至少能达到 500 m。

10. 简述 WJJZ-Ⅱ综合接入台的使用步骤。

答：使用步骤如下：

(1)通过馈线连接传输/PBX 天线；

(2)通过电话线连接固定电话；

(3)利用专用供电线缆连接电源,启动综合接入平台;

(4)通过网线连接数据终端;

(5)根据现场情况,灵活运用接入方式与中心设备建立连接。

11. 在无中心设备的情况下,如何建立现场内部通信?

答:在无中心设备的情况下,配置的4部固定电话和4部移动电话,相互之间可以通过内部分配的小号码进行语音通信,不受中心平台限制。

12. 如何与中心设备注册登记和添加IP地址?

答:语音部分:现场需要对语音模块进行配置,添加中心语音服务器的IP地址、服务端口、用户号码及认证密码等。

视频部分:现场需要对视频模块进行配置,根据中心视频服务器给定的IP地址、端口,进行节点添加。

13. 音视频编解码格式是什么?

答:音视频编解码格式是H.264。

14. 能同时传送的话路数和视频路数是多少?

答:至少能同时传送8路话音和1路视频。

15. 天线的类型是什么?如何架设?有哪些注意事项?

答:应急通信包1根340 M天线;综合无线接入台2根天线,分别为视频用的340 M天线和语音用的900 M天线;这3根天线均为全向天线。

综合无线接入台天线需通过天线馈线连接,并配合升降杆架设。天线架设应尽量选择空旷遮挡物较少的环境。

(三)移动影音采集设备

1. 移动影音采集设备包括哪些部件?

答:移动影音采集设备包括应急通信包、数码照相机、摄像机。

2. 移动影音采集设备各部件间如何连接?并画出简图。

答:数码摄像机通过线缆和应急通信包连接。如图7-4所示。

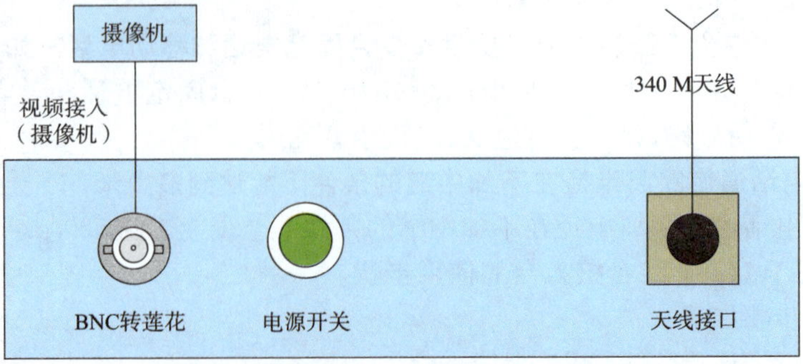

图7-4 移动影音采集设备连接示意图

3. 移动影音采集设备的箱体采用什么样的结构？并附实物照片。

答：移动影音采集设备包括应急通信包、数码照相机、摄像机。其中应急通信包采用便携式背包和综合无线接入台装在应急设备箱内，应急通信包的实物照片如图 7-5 所示。数码照相机、摄像机和语音终端、各种接入设备等装在纸箱内。

背包内配置单兵无线发射机（采用铝质合金）和两块电池，总重量 4.8 kg。

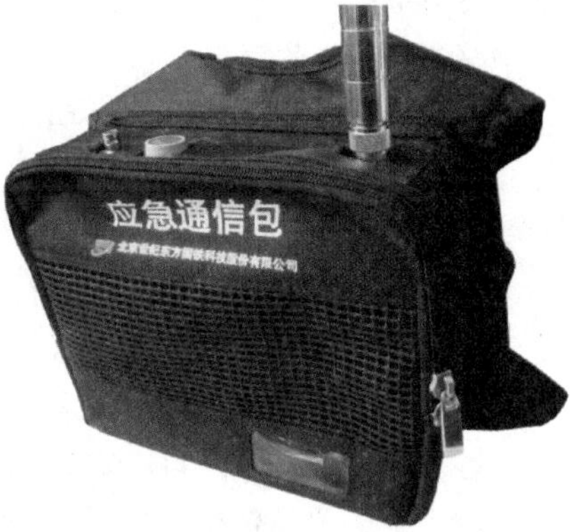

图 7-5　应急通信包实物图

4. 单兵无线发射机有哪些防护措施？防护等级是什么？

答：防水雨罩，便携式背包。防护等级 IP54。

5. 单兵无线发射机的面板上有哪些开关和插座？

答：电源开关、视频接口、天线接口。

6. 单兵无线发射机的发射频率是多少？非视距传输距离可达到多少千米？

答：单兵无线发射机的发射频率 340 MHz，非视距传输距离不小于 1 km。

7. 单兵无线发射机采用什么电源？连续工作时间可达到多少小时？

答：单兵无线发射机采用电池供电。连续工作时间至少可达 2 h。

8. 如何操作移动影音采集设备？

答：操作步骤如下：

(1)安装应急通信包电池，同时将应急通信包装入便携式背包；

(2)安装应急通信包传输天线，启动电源开关；

(3)通过视频线缆连接摄像机到应急通信包（黄色莲花头）；

(4)操作人员手持摄像机，背负应急通信包移动采集动态图像。

9. 数码照相机的主要技术指标是什么？

答：(1)有效像素：1 400 万像素；

(2)图像分辨率：不小于 1 280×980 像素；

(3)光学变焦：5 倍；

(4)具有自动对焦功能；

(5)存储介质：单条（片）容量 4 GB；

(6)数据接口：USB2.0 或 1394 接口；

(7)具有内置闪光灯；

(8)支持 JPEG 图像格式。

10. 数码摄像机的主要技术指标是什么？

答：(1)具有 12 倍光学变焦功能；

(2)具有红外夜视功能；

(3)照度不大于 0.1 Lx(F1.2)；

(4)图像水平解析度：不小于 450 线；

(5)具有电子或光学防抖功能；

(6)具有内置麦克风；

(7)具有模拟音视频输入/输出接口(A/V 接口)；

(8)可进行本地录像，录像时间不小于 2 h；

(9)数据接口：USB2.0 或 1 394 接口。

11. 静止图像传送的格式和分辨率是什么？

答：静止图像传送的格式为 JPEG 格式，分辨率为 640×480 像素。

12. 动态图像传送的格式和分辨率是什么？

答：动态图像传送的格式是 AVI，分辨率为 1 920×1 080 像素。

13. 当网络性能下降时采用什么方式上传？

答：采用冻结或动态减帧方式上传。

(四)接入点设备

1. 当采用有线接入方式时，接入点设备是否支持电缆、光缆和被覆线的接入？

答：支持。

2. 当采用有线接入方式时，接入点设备的功能是什么？

答：网络信号转换成模拟信号通过电话线传输。

3. 当采用有线接入方式时，面板上有哪些接口？如何显示运行状态？

答：电缆接入：面板上的“LINE 接口”；光缆接入：面板上的“光纤接入接口”。

通过远端设备的指示灯显示。

4. 当采用无线接入方式时，接入点设备的功能是什么？

答：网络信号到无线信号的转换功能。

5. 当采用无线接入方式时，面板上有哪些接口和指示灯？如何显示运行状态？

答：无线接入：面板上的“网口”。

通过远端设备的指示灯显示连接状态和信号强度。

6. 在没有电缆的区段，接入点设备有哪些？

答：光缆接入方式：野战光缆和光纤收发器；

无线接入方式：无线网桥(5.8 G 设备)。

(五)设备供电及其他

1. 接入点设备采用什么供电方式？

答：便携式发电机交流供电。

2. 现场设备采用什么供电方式?

答:直流:电池;交流:便携式发电机。

3. 当采用电池供电时,可连续工作多少小时?

答:可连续工作 4 h。

4. 设备架设完毕后,如何检验自身设备是否正常?

答:检验步骤如下:

(1)查看各设备工作状态灯。

(2)通过数据终端逐一检验各设备是否正常启动。

(3)现场通过数据终端分别验证现场语音、动图、静图等功能完整性。

5. 设备自身检测正常,但与中心设备联不上如何处理?

答:处理步骤如下:

(1)检测现场接口转换器设备与传输 2 M 机柜连接线缆及接头完好;

(2)检测现场至应急中心的应急传输通道是否联通,确保通道透明、无断开;

(3)检查应急中心设备是否正常,主要是接入板卡、线缆、接头及网管配置。

6. 设备工作时声音小、杂音大、图像有干扰如何处理?

答:处理过程如下:

(1)通过天线馈缆、升降杆,将传输天线架高尽量远离通信设备;

(2)检测现场连接线缆、接头是否连接牢固,终端设备是否故障;

(3)检查现场环境是否有其他无线电信号干扰。

7. 现场设备和车站接入点设备有哪些维护项目?

答:现场设备和车站接入点设备的维护测试项目与周期见表 7-2。

表 7-2　现场设备和车站接入点设备的维护测试项目与周期

<table>
<tr><th>类　别</th><th>项目与内容</th><th>周　期</th><th>备　注</th></tr>
<tr><td rowspan="6">日常维护</td><td>1. 连接线、插件、端口检查</td><td rowspan="5">月</td><td rowspan="6">雨季适当增加巡检次数</td></tr>
<tr><td>2. 直流电源端电压测试</td></tr>
<tr><td>3. 便携终端、数码摄(照)相机(含备用)电池、存储卡检查</td></tr>
<tr><td>4. 联机进行内部通话试验</td></tr>
<tr><td>5. 联机进行图像传送试验</td></tr>
<tr><td>6. 与接入点联机进行通话和图像传送试验</td><td>季</td></tr>
<tr><td rowspan="2">集中检修</td><td>1. 室外全程电路实地试验</td><td>季</td><td></td></tr>
<tr><td>2. 系统各部分的性能整治、提高、不良配件更换</td><td>根据需要</td><td></td></tr>
</table>

8. 现场设备有哪些常见故障? 如何处理?

答:常见故障和处理办法见表 7-3。

表 7-3 常见故障和处理办法

类别	故障现象	处理办法
语音问题	专线话机无声音	1. 检查电话线是否正确连接、有无破损。 2. 检查专线话机设备是否工作正常。 3. 检查综合无线接入台内语音模块工作是否正常
	专线话机有杂音	1. 将传输天线通过馈线架高，远离专线话机，避免干扰。 2. 更换专线话机与综合无线接入台之间的电话线。 3. 更换专线话机
动图问题	动图显示黑屏	1. 检查摄像机连接线是否正确、牢固。 2. 检查摄像机电源、摄像机镜头是否打开。 3. 检测、更换视频编码模块
	动图显示蓝屏	1. 检查发射端电源是否打开，供电是否正常。 2. 检查前端天线连接是否正确、牢固
	动图显示突然卡断	1. 应急通信包超出通信范围，缩小应急通信包的活动范围。 2. 检查应急通信包电池电量，及时充电。 3. 提升综合无线接入台端传输天线高度。 4. 选择地势较空旷的场地测试
	动图显示模糊	1. 检查镜头是否模糊。 2. 检查摄像机聚焦功能是否正常
其他问题	无线网桥无法连通	1. 检查网线质量和 POE 供电是否正常。 2. 调整两无线网桥天线角度，确保两天线对准。 3. 检查无线网桥间是否有遮挡，确保可视。 4. 通信距离是否在有效范围内，提升无线网桥架设高度
	野战光缆无法连通	1. 检查光缆收发连接是否准确，接头或线缆有无明显破损。 2. 检查光收发器工作灯闪烁状态，清理光纤接头
	卫星电话无法拨打	1. 拨打号码规则是否正确。 2. 查询卫星电话费用，是否有可用余额。 3. 观察信号强度，避免快速移动

第八章　FH-V088 应急通信系统现场接入设备

(一)概　　述

1. 佳讯飞鸿应急通信设备型号有哪些？区别是什么？

答:佳讯飞鸿应急通信设备型号主要有 FH-V088R7.0 和 FH-V088R7.1 两个版本。

(1)FH-V088R7.0 不完全符合 TB/T 3204—2008《铁路应急通信接入技术条件》标准要求，是 2008 年以前的产品，只能与佳讯自己的旧版本应急中心组网应用，不能接入其他厂家的应急通信中心设备，目前已经停产，但在路内部分地方还有沿用，建议尽快进行换代升级改造。

(2)FH-V088R7.1 符合 TB/T 3204—2008《铁路应急通信接入技术条件》标准要求，可以接入符合铁标的应急中心通信设备，目前在高速铁路使用的是该产品。

本章介绍的内容是 FH-V088R7.1 应急通信接入设备。

2. FH-V088 应急通信接入设备有哪些特点？

答:FH-V088 应急通信接入设备有以下特点：

(1)集成度高。各类应急现场必需的设备已充分集成，现场便于携带。

(2)开通快捷。出厂前已完成基本的配置，现场开通时只要将应急中心相关的注册信息补充完毕即可轻松开通。

(3)防护等级高。现场的应急通信设备采用自然散热设计，除了个别电话终端设备外，主设备都采用了紧密的结构设计，可以达到较高的防雨、防尘等防护等级，在恶劣的气候条件下亦可以使用。

(4)语音清晰。

(5)图像清晰稳定。

(6)带宽占用低。语音、视频都采用先进的编解码、压缩技术，符合现场带宽有限的使用条件。

(7)具备多种接入方式。可以采用有线、无线、光纤、宽带卫星、海事卫星等多种接入方案搭建现场临时应急通信网络，网络环境适应性强。

(8)防误插设计。设备之间的不同接口采用不同的物理连接方式，避免不同接口之间的误插操作。

3. FH-V088 应急通信接入设备有哪些功能?

答:完成现场有线电话、无线手机、有无线以太网数据、无线图像的接入,提供G. SHDSL、野战光缆、无线宽带等传输接口,并支持通过以太网口接入海事卫星、宽带卫星、3G 网络。与车站 SA 设备和中心设备一起构成完整的应急通信接入系统。提供语音接入、数据接入和图像接入功能。

4. FH-V088 应急通信接入设备由哪几部分组成?并画出组成示意图。

答:FH-V088 应急通信接入设备由接入点设备、突发事件现场设备和接入网络三部分组成。组成示意图如图 8-1 所示。

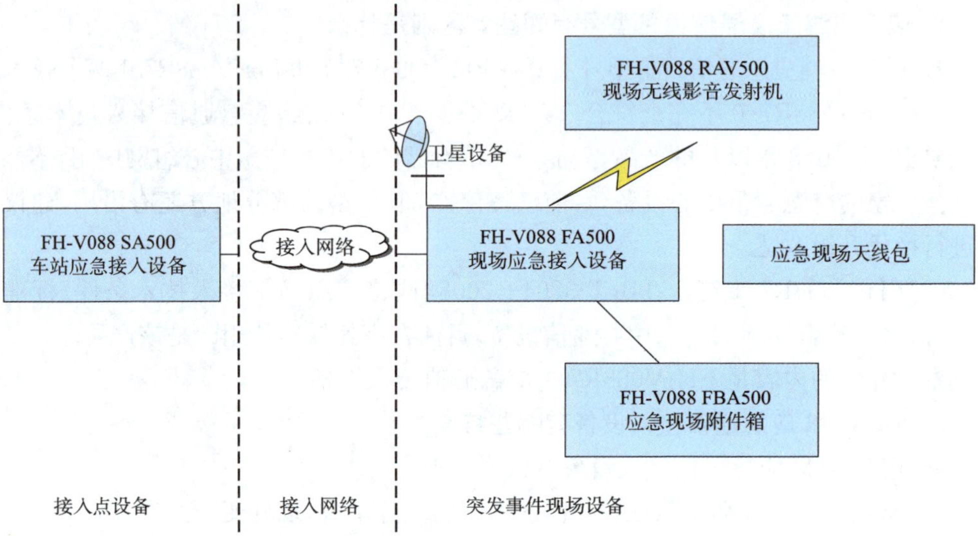

图 8-1　FH-V088 应急通信接入设备组成示意图

5. 突发事件现场有哪些设备?

答:突发事件现场设备有:

(1)突发事件现场主要设备:FA500 现场应急接入设备,FBA500 应急现场附件箱,RAV500 无线发射机,应急现场天线包。

(2)突发事件现场选配设备:当采用无线接入方式时,需要配置 FR500 现场无线宽带接入设备;当采用光缆接入时,需要配置野战光缆;当采用卫星接入时,需配置BAGA便携式卫星终端和卫星电话;当需要长时间使用时,可选配 FH-V088 PWR 现场电源设备。

6. 突发事件现场设备如何包装?一共有多少件箱包?每件有多少千克?

答:突发事件现场设备的包装采用的是迷彩包和便携箱的方式,连同车站接入设备共有 5 个箱包,分别是:

(1)RAV500 单兵设备,重 9.5 kg;

(2)FA500 现场应急接入设备,重 5 kg;

(3)FB500 应急现场附件箱，重 8.7 kg;

(4)应急现场天线包,重 3.8 kg;

(5)SA500 车站接入设备,重 7.3 kg。

7. 在遇到暴雨、台风或大雪等恶劣气候时,有哪些防护措施?

答:在暴雨情况下使用,需主要防雷、防浸水。尤其注意应急人员不要背负单兵设备,避免引雷。设备本身虽然具备一般性的防雨性能,但无法防护水浸,所以要避免放在低洼地带,造成浸水后的设备损坏。

在台风条件下使用,需注意设备的固定,设备天线不能高架,避免被风吹折。

在大雪条件下设备可以正常使用,需注意设备线缆接头不要被泥水堵塞和损坏。

8. 突发事件现场接入设备如何满足夜间工作的要求?

答:现场接入设备可选择性配备现场便携应急灯具,满足夜间工作操作的需求。

9. 如何安排人员到现场展开设备?

答:正常情况下需要两人进行设备的搬运和设备展开,极端情况下一人也可以进行设备的操作,现场设备在初次开通时已进行完整的设备配置,以后的使用过程中只要根据现场配置的快速安装手册进行简单的连接、上电操作就可以快速展开设备。

(二)FA500 现场应急接入设备与天线

1. FA500 现场应急接入设备有哪些功能?

答:完成现场有线电话、无线手机、有无线以太网数据、无线图像的接入,提供 G. SHDSL、野战光缆、无线宽带等传输接口,并支持通过以太网口接入海事卫星、宽带卫星、3G 网络。与车站 SA 设备和中心设备一起构成完整的应急通信接入系统。提供语音接入、数据接入和图像接入功能。

2. FA500 现场应急接入设备由哪些单元组成?

答:FA500 现场应急接入设备由 HDSL、WLAN、光收发器、以太网交换机、语音网关、无线视频接收机、视频编码器、USB 模块、无线 PBX 等单元组成。

3. FA500 现场应急接入设备有哪些接口?

答:提供调试口、野战光缆接口、视频天线口、PBX 天线口、附件箱接口、通话柱接口、WLAN 天线口。如图 8-2 所示。

4. FA500 现场应急接入设备的箱体采用什么样的结构?

答:采用专为应急通信设计的密闭性铝合金箱体,防护等级可以达到 IP65,内部各部件进行了加固并进行防振动设计。

5. FA500 现场应急接入设备与相关部件如何连接?

答:FA500 主要与 FB500 附件箱进行连接,使用一根专用的防误插的连接电缆。FA500 现场还要连接无线视频、无线手机的天线。

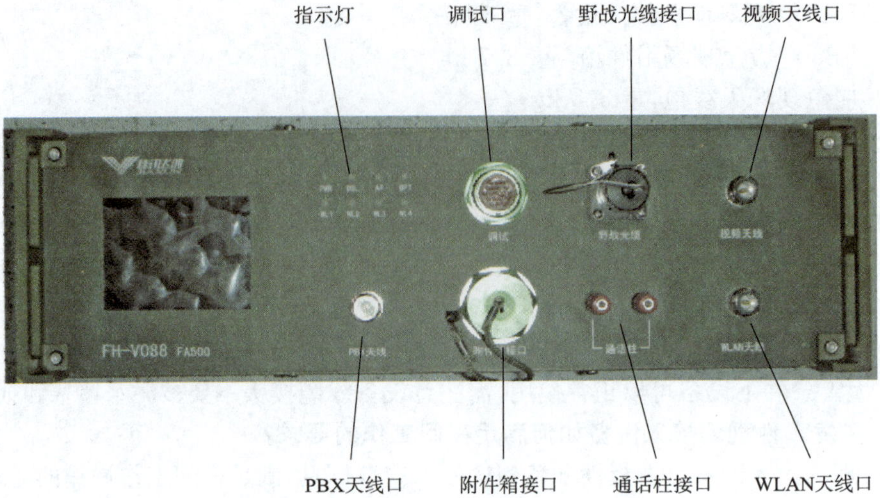

图 8-2 FA500 现场应急接入设备面板

6. FA500 现场应急接入设备操作面板上有哪些指示灯？并说明其含义。

答：FA500 现场应急接入设备操作面板上的指示灯及含义如下：

(1)1 个电源工作指示灯"PWR"：12 V 工作指示灯，绿色常亮表示正常；

(2)1 个 SHDSL 的指示灯"DSL"：绿灯常亮，表示握手成功，闪烁表示正在握手；

(3)1 个 AP 指示灯：WIFI 绿色，亮表示工作在 AP 模式；

(4)4 个 PBX 电路指示灯：WL1～WL4，显示手机注册时的状态；

(5)1 个光纤收发器指示灯"OPT"：绿灯，亮表示有光信号输入，灭表示无光信号输入。

7. FA500 现场应急接入设备车站面板上有哪些外部接口？

答：FA500 现场应急接入设备车站面板上有以下外部接口：

(1)野战光缆车壁连接器：1 个；

(2)32 芯防水航空插座：1 个，用于信号转接；

(3)19 芯防水航空插座：1 个，用于调试；

(4)接线柱：2 个，用于双绞线的接入；

(5)N 型接口：2 个，1 个是接收机使用，另 1 个 PBX 使用；

(6)TNC 型接口：1 个 AP 天线接口。

8. FA500 现场应急接入设备支持哪几种接入方式？

答：支持电缆、光缆、无线、卫星等多种接入方式。

9. 采用 0.9 mm 芯线电缆接入时，从现场到接入点的传输距离可达到多少千米？

答：一般在 10 km 左右，具体还要看电缆当前的使用状况。

10. FA500 现场应急接入设备能提供多少台固定电话和移动电话？

答：能提供 4 台固定电话和 4～8 部手机。

11. 移动电话通信距离半径在不加中继的条件下能达到多少千米？

答：一般在 1 km 左右，具体还要看现场的地形条件。

12. 在无中心设备的情况下，如何建立现场内部通信？

答：现场内部有线电话与无线手机之间可以进行基于内部小号的话音通信。

13. 如何与中心设备注册登记和添加 IP 地址？

答：根据中心提供的注册信息和 IP 地址修改现场设备的信息。

14. 音视频编解码格式是什么？

答：视频编码 H. 264。

15. FA500 现场应急接入设备能同时传送的话路数和视频路数？

答：8 路话音，1 路视频。

16. 应急现场天线包的组成是什么？

答：应急现场天线包的组成包括天线三脚架、摄像三脚架、340 M 天线、900 M 天线、天线背包、天线馈线、天线转接件等。如图 8-3 所示。

图 8-3　应急现场天线包实物

(三)FB500 应急现场附件箱

1. FB500 应急现场附件箱配备哪些部件？

答：附件箱内配备电话机 4 部、电池 2 块、充电器、适配器、照相机、转接线、网线、电池线、USB 串口线。

FB500 附件箱如图 8-4 所示。

2. FB500 应急现场附件箱有哪些特点？

答：附件箱的特点：平时内部线缆可以处于连接状态，需要时外部电缆连接后加电即可工作，增强可用性。

箱子在半合盖情况下具备一定的防雨性。

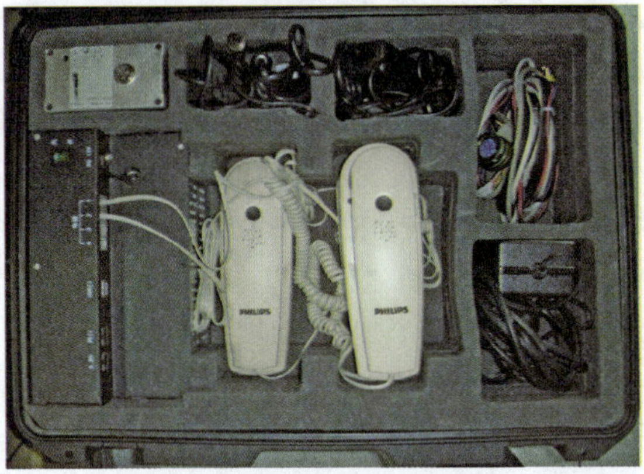

图 8-4 FB500 附件箱实物

3. FB500 应急现场附件箱有哪些接口?

答:能提供的接口为电话口、网口、USB 口、电源接口、5.8 G 接口。如图 8-5 所示。

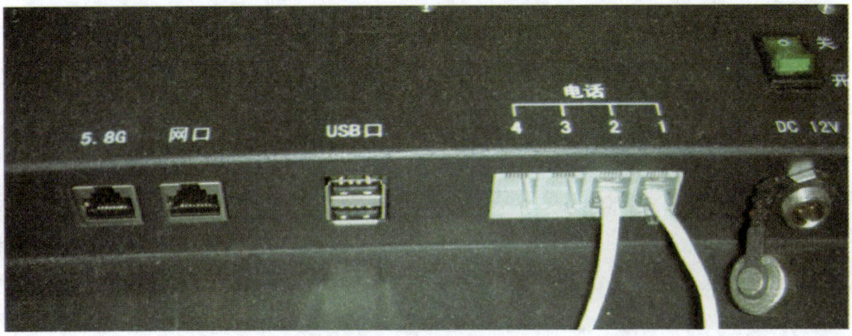

图 8-5 FB500 应急现场附件箱接口

(四)RAV500 现场无线影音发射机

1. RAV500 现场无线影音发射机包括哪些部件?

答:RAV500 现场无线影音发射机由发射机、天馈线、摄像机等组成。

2. RAV500 现场无线影音发射机采用什么样的结构?有多少 kg?

答:RAV500 无线影音发射机箱体采用铝质合金,总重量不大于 9 kg。实物如图 8-6 所示。

3. RAV500 现场无线影音发射机有哪些防护措施?防护等级是否能达到 IP54?

答:无线影音发射机采用密封的铝合金箱体制造,防护等

图 8-6 RAV500 现场无线影音发射机实物

级可以达到 IP54。

4. RAV500 现场无线影音发射机的面板上有哪些开关和插座？

答：有 1 个 AV 输入接口、1 个电源接口、1 个天线接口和 1 个调试口。

5. RAV500X 现场无线影音发射机的发射频率是多少？非视距传输距离可达到多少千米？

答：采用 340 M 的发射频率，非视距传输距离可达到 1.5 km。

6. RAV500 现场无线影音发射机采用什么电源？连续工作时间可达到多少小时？

答：采用电池供电，可连续工作 3 h。

7. 使用无线影音发射机时有哪些注意事项？

答：单兵发射机连续背负使用时间尽量不要超过 1 h，确须超时使用时，建议穿戴微波防护衣、帽，或者换人使用。如果感到身体不适，立即停止工作。

雷雨天气单兵发射机天线容易引雷，但由于移动设备无法接地防雷，所以为了人身安全，不要在雷雨天气使用单兵系统。

8. 如何操作 RAV500 现场无线影音发射机？

答：启动发射机步骤如下：

(1)连接鞭状天线与转换头；

(2)连接鞭状天线与发射机；

(3)连接电池连接线；

(4)连接音视频线；

(5)开启电源按钮，发射机安装结束。

关闭发射机步骤如下：

(1)关闭发射机电源按钮；

(2)拆除各个连接线(不分前后)、整理装箱。

9. 数码照相机的主要技术指标是什么？

答：数码照相机的主要技术指标如下：

(1)有效像素：≥ 300 万像素；

(2)图像分辨率：≥ 1 280×980；

(3)光学变焦：≥ 3 倍；

(4)具有红外自动对焦功能；

(5)存储介质：单条(片)容量 ≥1 Gbit/s；

(6)数据接口：USB 2.0 或 1394 接口；

(7)具有内置闪光灯；

(8)支持 JPEG 图像格式。

10. 数码摄像机的主要技术指标是什么？

答：数码摄像机的主要技术指标如下：

(1)具有 12 倍以上光学变焦功能；

(2)具有红外夜摄功能；

(3)照度不大于 0.1 Lx(F1.2)；

(4)图像水平解析度≥450 线；

(5)具有电子或光学防抖功能；

(6)具有内置麦克风；

(7)具有模拟音视频输入/输出接口(A/V 接口)；

(8)可进行本地录像，录像时间不小于 2 h；

(9)应配备摄像灯；

(10)数据接口：USB2.0 或 1394 接口。

11. 静止图像传送的格式和分辨率是什么？

答：格式为 JPEG，分辨率视照相机配置而定，因采用以太网方式传送，可以传递大容量文件。

12. 动态图像传送的格式和分辨率是什么？

答：动态图像采用 H.264 的压缩编码方式，分辨率可以根据现场带宽情况进行设置，可以选择 CIF、4CIF 或者 D1 的方式。

13. 当网络性能下降时采用什么方式上传？

答：网络性能下降时，可以采用降速的方式上传。

(五)应急接入设备

1. SA500 车站接入设备的功能是什么？

答：SA500 车站接入设备放置在邻近事故现场的具备传输条件的场所，用于和现场 FA500 现场应急接入设备配合使用，解决区间有线、无线、光缆接入问题。适用于铁路环境中 2 M 已接至邻近小站的地区，以及其他行业中有类似接入条件的环境中。

2. SA500 车站接入设备的组成是什么？

答：SA500 车站接入设备由高性能 HDSL 1 只、便携手提包 1 个、电源线 1 根、E1 同轴线 1 对组成。其实物如图 8-7 所示。

3. SA500 车站接入设备面板上有哪些接口？

答：接口有 HDSL 通话柱接口、E1 接口、野战光缆接口、以太网口、电源接口、调试串口、电话接口、中继接口。接口如图 8-8 所示。

4. FR500 现场无线宽带接入设备的功能是什么？

答：提供有线/无线转换功能。

5. FR500 现场无线宽带接入设备面板上有哪些接口？

答：有 5.8 G 无线接口和 PoE 以太网接口。

图 8-7 SA500 车站接入设备实物

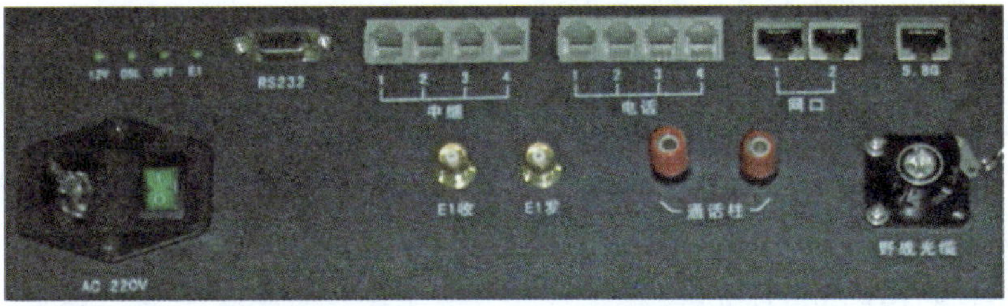

图 8-8 SA500 车站接入设备面板接口实物

6. 野战光缆的构成是什么？

答:野战光缆由单根或多根尼龙(或同等性能材料)紧套光纤外加高模量芳纶和聚氨酯(或同等材料)护套构成。

其实物如图 8-9 所示。

图 8-9 野战光缆实物

7. 野战光缆有哪些特点？

答：野战光缆有以下特点：

(1)采用高强度耐疲劳光纤，确保野战光缆在各种恶劣使用条件件的可靠性和寿命。特殊的涂覆层和二次被覆的复合结构，可吸收机械和环境应力，光缆的附加损耗小。

(2)小节距的光纤 SZ 绞合和芳纶增强纤维单螺旋绞合，保证野战光缆有较大的拉伸应变窗口。

(3)强度极高，重量轻，强重比高。

(4)圆形护套结构紧凑，特别适用于反复收放的场合。

(5)高强度、高韧性聚氨酯(PU)弹性体护套，耐油和化学腐蚀，抗撕裂，低温柔韧性好，弹性强，应力缓冲性好，耐磨耐压。

(6)阻燃型高强度、高韧性聚氨酯(PU)弹性体护套，氧指数高，阻燃性好，耐油和化学腐蚀，抗撕裂，低温柔韧性好，弹性强，应力缓冲性好，耐磨耐压护套。三种温度使用范围，适合全国的所有地区。

(7)子缆护套或紧套被覆层按照 TIA-598-A 标准色谱，容易进行光缆的路径分配和端连。光缆护套颜色推荐使用黑色。

8. 野战光缆的特性是什么？

答：有以下特性：

(1)光纤特性：G. 657B 光纤。

(2)工作波长：1 310 nm/1 550 nm。

(3)光缆外径：ϕ2. 5 mm±0. 2 mm。

(4)组件插入损耗(含重复性和互换性)：

500 m：≤0. 60/0. 55 dB(1 310 nm/1 550 nm)；

1 km：≤0. 80/0. 70 dB(1 310 nm/1 550 nm)。

(5)光缆组件重量：500 m：≤6. 5 kg；1 km：≤10. 5 kg。

(6)组件体积：

500 m：ϕ220(±3)mm×256(±2)mm；

1 000 m：ϕ280(±3)mm×256(±2)mm。

(7)抗拉强度：≥1 000 N。

(六)接入方式及运用

1. 佳讯飞鸿应急现场设备有哪些接入方式？

答：佳讯飞鸿应急现场设备可提供通话柱、野战光缆、无线宽带、窄带卫星、宽带卫星等接入方式，具体的架构如图 8-10 所示。

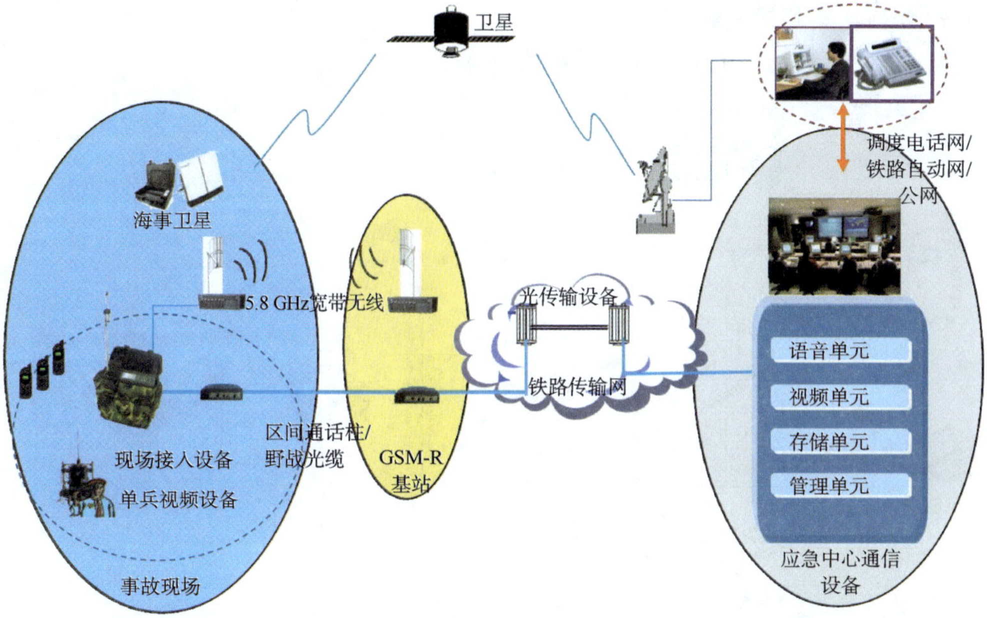

图 8-10　应急通信系统总体架构

2. 如何实现通话柱接入？

答:通话柱接入方式组网如图 8-11 所示。

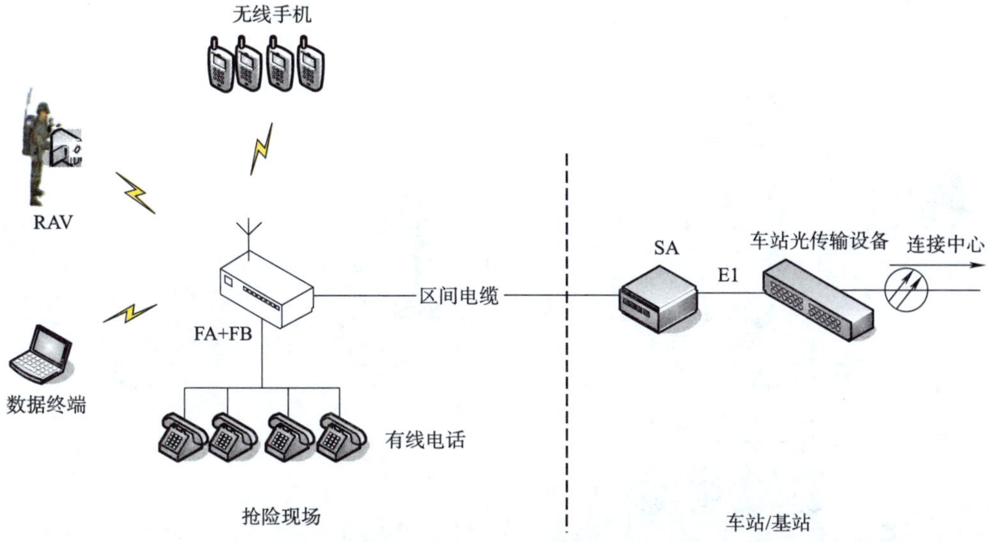

图 8-11　通话柱接入方式组网示意图

3. 如何实现野战光缆接入?

答:野战光缆接入方式组网如图 8-12 所示。

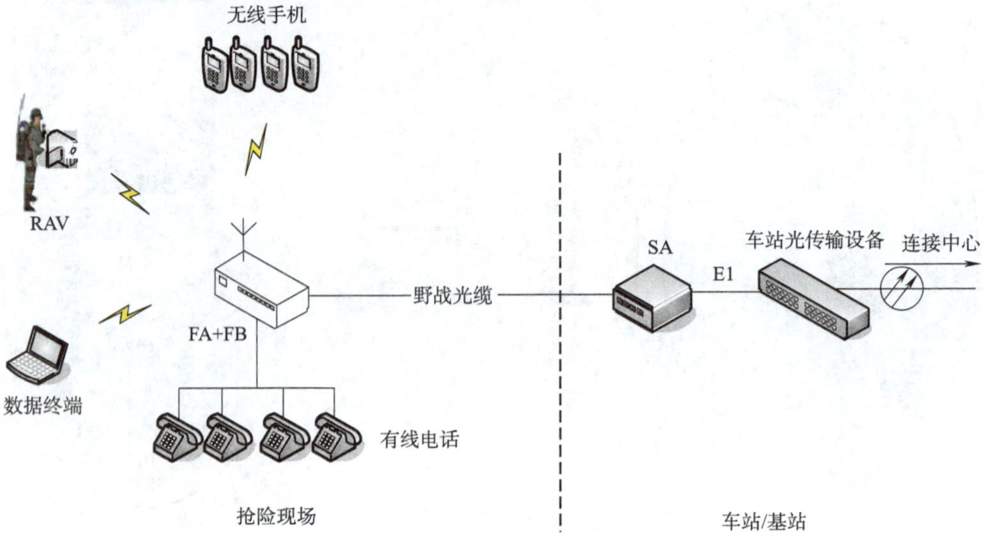

图 8-12 野战光缆接入方式组网示意图

4. 如何实现宽带无线接入?

答:宽带无线接入方式组网如图 8-13 所示。

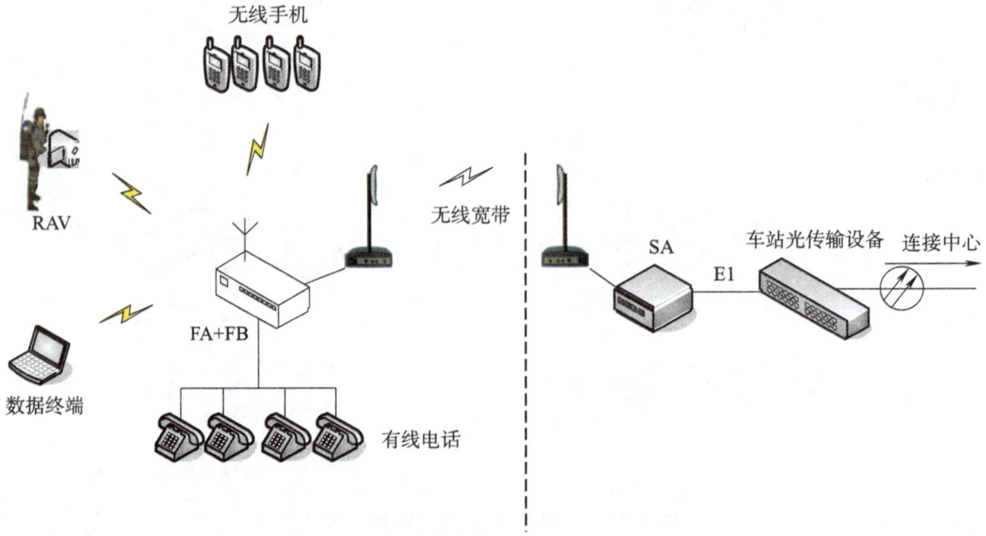

图 8-13 宽带无线接入方式组网示意图

5. 如何实现宽带卫星接入？

答：宽带卫星接入方式组网如图 8-14 所示。

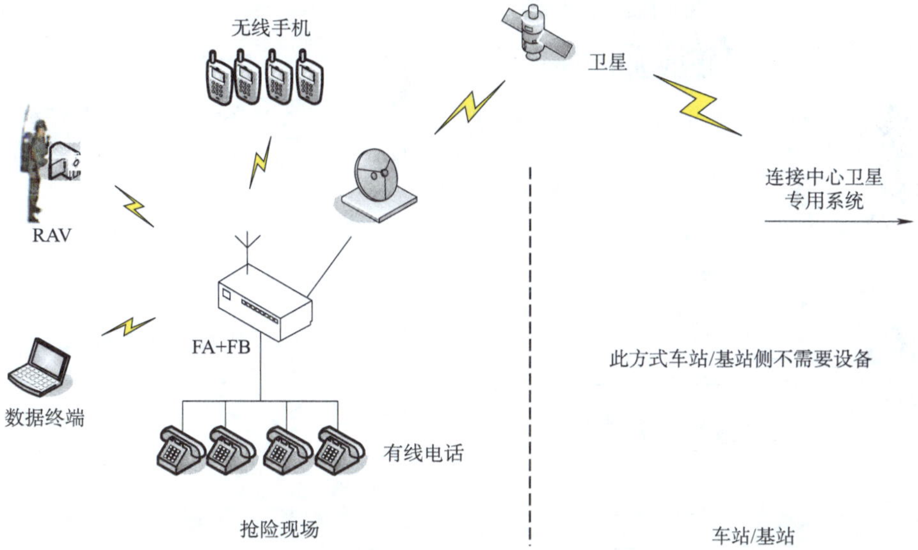

图 8-14 宽带卫星接入方式组网示意图

6. 如何实现窄带卫星接入？

答：窄带卫星接入方式组网如图 8-15 所示。

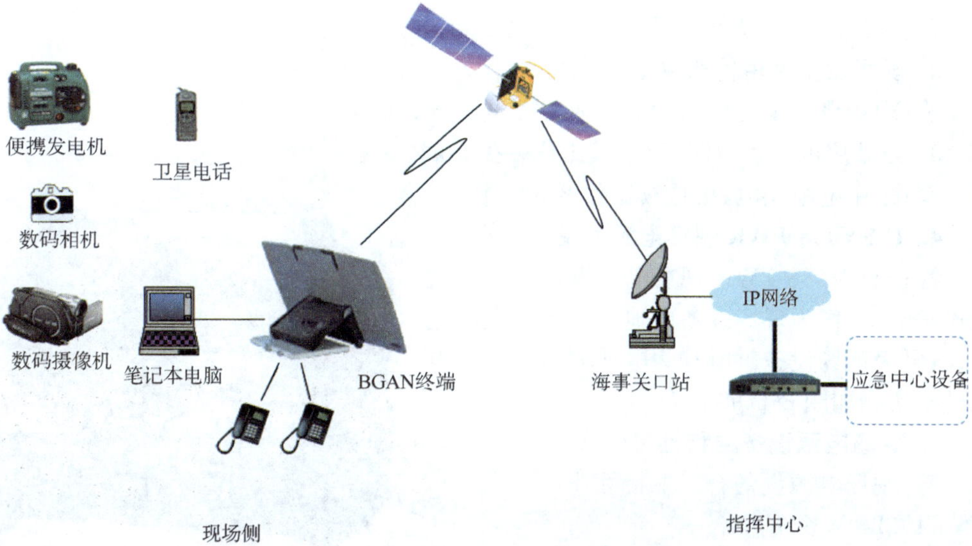

图 8-15 窄带卫星接入方式组网示意图

7. 如何实现公共移动网接入?

答:公共移动网接入方式组网如图 8-16 所示。

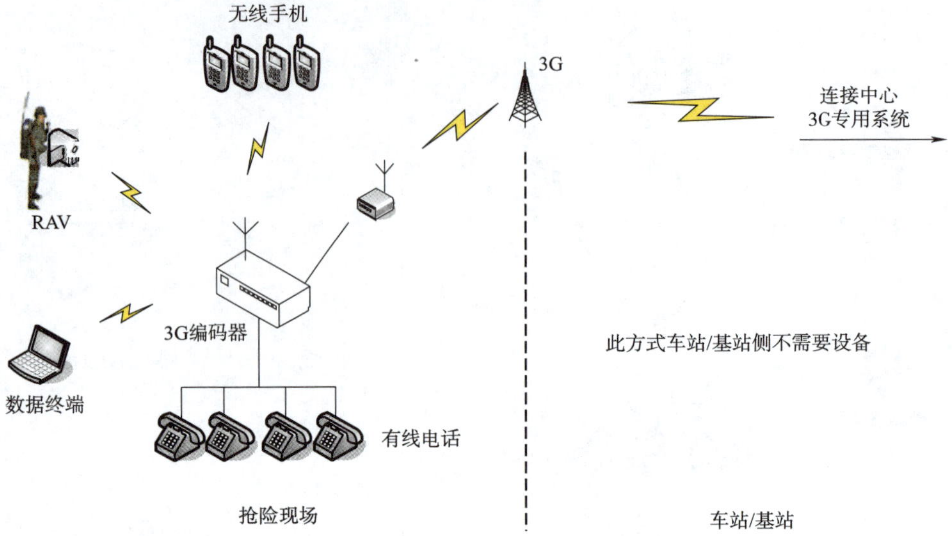

图 8-16　公共移动网接入方式组网示意图

(七)设备供电及其他

1. 接入点设备采用什么供电方式?

答:车站接入点设备采用 AC220 V 方式供电。

2. 现场设备采用什么供电方式?

答:现场设备采用现场发电机或者锂电池方式供电。

3. 当采用电池供电时,可连续工作多少小时?

答:采用电池供电,可连续工作 8 h 以上。

4. FH-V088 PWR 现场电源设备是什么?

答;FH-V088 PWR 现场电源设备为一台便携式发电机,作为现场设备电池供电的补充供电方式,可为现场设备供电和为电池充电。现场电源设备实物如图 8-17 所示。

图 8-17　现场电源设备实物图

5. 现场电源设备的特性是什么?

答:现场电源设备有以下特性:

(1)220 V 交流输出;

(2)12 V-8.3 A 直流输出;

(3)900 W 额定功率;

(4)后备功率:1.0 kW;

(5)重量 13.6 kg;

(6)油箱容量:3.8 L;

(7)连续工作时间:5.5 h。

6. 设备架设完毕后,如何检验自身设备是否正常?

答:设备架设完毕后,在设备的 IE 界面查看是否注册成功,如果注册成功,设备就正常工作。

7. 设备自身检测正常,但与中心设备联不上如何处理?

答:所有的呼叫都是由中心控制,只能通过抓包分析。

8. 设备工作时声音小、杂音大、图像有干扰如何处理?

答:首先关闭单兵设备,判断是否是由于单兵设备干扰。如果是单兵设备干扰,通过更改单兵设备的发射频率解决。

9. 现场设备和车站接入点设备有哪些维护项目?

答:现场设备和车站接入点设备的维护项目与周期见表 8-1。

表 8-1　现场设备和车站接入点设备的维护项目与周期

<table>
<tr><th>类　别</th><th>项目与内容</th><th>周　期</th><th>备　注</th></tr>
<tr><td rowspan="6">日常维护</td><td>1. 连接线、插件、端口检查</td><td rowspan="5">月</td><td rowspan="6">雨季适当增加巡检次数</td></tr>
<tr><td>2. 直流电源端电压测试</td></tr>
<tr><td>3. 便携终端、数码摄(照)相机(含备用)电池、存储卡检查</td></tr>
<tr><td>4. 联机进行内部通话试验</td></tr>
<tr><td>5. 联机进行图像传送试验</td></tr>
<tr><td>6. 与接入点联机进行通话和图像传送试验</td><td>季</td></tr>
<tr><td rowspan="2">集中检修</td><td>1. 室外全程电路实地试验</td><td>季</td><td></td></tr>
<tr><td>2. 系统各部分的性能整治、提高、不良配件更换</td><td>根据需要</td><td></td></tr>
</table>

10. 有哪些常见故障?如何处理?

答:常见故障及解决办法见表 8-2。

表 8-2　常见故障及解决办法

故障现象	解决办法
接收机无图像或无声音	1. 检查接收机交流电源线是否接电
	2. 检查所有的电缆连接,检查天线是否对准,天线接头是否进水或松脱
	3. 检查滤波放大器连接是否正常
	4. 发射机的位置是否在覆盖范围内

续上表

故障现象	解决办法
接收机无图像或无声音	5. 检查发射机工作是否正常
	6. 检查功率放大器是否正常
	7. 检查附近是否有同频信号干扰
接收机无图像,但声音正常	检查与电视或录像机连接的视频电缆线
接收机无声音或噪声但图像正常	1. 检查音频电缆线的连接
	2. 检查发射机是否连接音频输出
	3. 检查发射前端有无拾音设备(麦克风)
图像连续,后出现停顿、黑屏,然后正常	1. 信号不好,属正常情况
	2. 检查附近有无对讲机或电台干扰
图像发黑,有时有闪动的横纹	1. 检查发射机和摄像机的视频线和接口接触是否正常
	2. 检查摄像机视频接头和连线
图像出现绿色的或花色的色块	发射机视频接头松脱,固定好视频接头
覆盖范围突然变小	1. 检查发射模块是否正常工作
	2. 检查发射天线是否连好
	3. 检查发射天线极化方向是否和接收机一致
	4. 检查发射模块供电的电瓶或开关电源电压是否正常
	5. 检查功率放大器是否工作正常
	6. 检查周边环境是否有同频信号的电磁干扰
定点传输时,图像在一定时间段出现反复黑屏现象	此为某型号接收机特殊情况,主要是使用环境发生环境条件变化引起的,属正常现象
覆盖范围小,传输距离不够远	检查接收天线安装位置,增高接收天线的高度
有图像和声音,但图像模糊	检查发射前端的摄像机聚焦是否准确

11. RAV500 现场无线影音发射机的技术指标是什么?

答:RAV500 现场无线影音发射机的技术指标见表 8-3。

表 8-3 RAV500 现场无线影音发射机的技术指标

参数项	技术指标
输出频率范围(MHz)	320~400 MHz 或 560~760 MHz(隔离器范围内 40 MHz)
射频带宽(MHz)	6/7/8 MHz 或 1.25/2.5 MHz
输出功率(dBm)	≥32 dBm
载噪比(*C*/*N*)	≥25 dB @ 32 dBm
调制方式	OFDM

续上表

参数项	技术指标
星座调制	QPSK/16QAM @ 1.25/2.5 MHz,QPSK/16QAM/64QAM @ 6/7/8 MHz
前向纠错码率	1/3,2/3 @ 1.25/2.5 MHz,1/2,2/3,3/4,5/6,7/8 @ 6/7/8 MHz
载波模式	2 K
保护间隔	1/8,1/16 @ 1.25/2.5 MHz,1/4,1/8,1/16,1/32 @ 6/7/8 MHz
现场 RAV 图像传送距离	开阔环境下不低于 1 km
现场接入设备 FA 防护等级	IP54
供电电压	DC 12 V
供电电流	≤3 A
单电池供电时间	不小于 2 h
设备尺寸(mm)	500×410×230
设备重量	不大于 6 kg

12. FA500 现场应急接入设备和附件箱语音部分的技术指标是什么？

答：FA500 现场应急接入设备和附件箱语音部分的技术指标见表 8-4。

表 8-4　FA500 现场应急接入设备和附件箱语音部分的技术指标

参数项	技术指标
用户电路振铃器等效数	短距离环路(300 m)为 5 个,长距离环路(1 500 m)为 3 个
用户线环路电流	不小于 21 mA
用户线环路电阻	允许用户环路电阻达 1 800 Ω
用户线最大线路长度	1 500 m
用户线摘机检测	环路启动
用户线拨号方式	双音多频
用户线挂机状态下馈电电压	−56 V
用户线摘机状态下馈电电压	−24 V
用户线振铃电压	60 V(有效值)
语音编码器可支持的协议及采用的先进技术	支持 MGCP、SIP、RTP、TFTP、HTTP、SNMP、DHCP、STUN 等协议
语音编解码技术	采用 G.711、G.729A、G.723.1、iLBC、GSM
语音回音消除技术	G.165、G.168
用户线 DTMF 消息传递	RFC2833
用户线 IP 传真中继	T.30、T.38

13. FA500 现场应急接入设备和附件箱视频部分的技术指标是什么？

答：FA500 现场应急接入设备和附件箱视频部分的技术指标见表 8-5。

表 8-5 FA500 现场应急接入设备和附件箱视频部分的技术指标

参数项	技术指标
视频压缩标准	H. 264
视频编码分辨率	4CIF/DCIF/2CIF/CIF/QCIF
视频帧率	PAL：16～25 帧/s
视频码率	32 kbit/s～2 Mbit/s，可自定义
码流类型	复合流/视频流

14. FA500 现场应急接入设备和附件箱 G. SHDSL 的技术指标是什么？

答：FA500 现场应急接入设备和附件箱 G. SHDSL 的技术指标见表 8-6。

表 8-6 FA500 现场应急接入设备和附件箱 G. SHDSL 的技术指标

参数项	技术指标
遵循标准	ITU-T G. 991. 2 2004（ANNEX A/B/F/G）
编码	16-TCPAM，32-TCPAM
速率	$N\times 64$ kbit/s（$N=3\sim 89$）
阻抗	135ohms
桥接功能	IEEE 802. 1D 透明桥 IEEE 802. 1Q VLAN PORT-BASED VLAN

15. FA500 现场应急接入设备和附件箱光模块的技术指标是什么？

答：FA500 现场应急接入设备和附件箱光模块的技术指标见表 8-7。

表 8-7 FA500 现场应急接入设备和附件箱光模块的技术指标

参数项	技术指标
协议标准	符合 IEEE 802. 3 10Base-T，802. 3u 100Base-TX、802. 3x 流控协议以及 100Base-FX
光纤传输距离	单模 0～60 km（注：光纤实际传输距离由线路质量和使用环境决定）
光纤接口	9/125 μm 单模光纤，1 310 nm 波长，全双工/半双工自适应

16. FA500 现场应急接入设备和附件箱 WLAN 的技术指标是什么？

答：FA500 现场应急接入设备和附件箱 WLAN 的技术指标见表 8-8。

表 8-8　FA500 现场应急接入设备和附件箱 WLAN 的技术指标

参数项	技术指标
WLAN 数据速率	对于 802.11 g:108,54,48,36,24,18,12,9 或 6 Mbit/s 对于 802.11 b:11,5.5,2 或 1 Mbit/s
WLAN 频率范围	2.4～2.483 5 GHz
WLAN RF 输出功率	对于 802.11 g: • 63 mW(18 dBm)@36,24,18,12,9 或 6 Mbit/s 对于 802.11b: • 63 mW(18 dBm)@ 11,5.5,2 或 1 Mbit/s
WLAN 接收灵敏度	对于 802.11 g: • 1 Mbit/s:−94 dBm • 2 Mbit/s:−91 dBm • 6 Mbit/s:−91 dBm • 9 Mbit/s:−90 dBm • 54 Mbit/s:−73 dBm 对于 802.11 b: • 1 Mbit/s:−94 dBm • 2 Mbit/s:−90 dBm • 5.5 Mbit/s:−88 dBm • 11 Mbit/s:−85 dBm

17. FA500 现场应急接入设备和附件箱的物理特性是什么?

答:FA500 现场应急接入设备和附件箱的物理特性如下:

(1)现场接入设备 FA 防护等级 IP54;

(2)单件净重不大于 10 kg;

(3)工作温度−30 ℃～+70 ℃;

(4)工作电压 DC +12 V;

(5)最大工作电流 7 A;

(6)单电池工作时间 2 h;

(7)FA500 尺寸 440 mm×360 mm×132 mm。

18. SA500 车站应急接入设备语音部分的技术指标是什么?

答:SA500 车站应急接入设备语音部分的技术指标见表 8-9。

表 8-9　SA500 车站应急接入设备语音部分的技术指标

参数项	技术指标
用户电路振铃器等效数	短距离环路(300 m)为 5 个,长距离环路(1 500 m)为 3 个
用户线环路电流	不小于 21 mA
用户线环路电阻	允许用户环路电阻达 1 800 Ω
用户线最大线路长度	1 500 m

续上表

参数项	技术指标
用户线摘机检测	环路启动
用户线拨号方式	双音多频
用户线挂机状态下馈电电压	−56 V
用户线摘机状态下馈电电压	−24 V
用户线振铃电压	60 V(有效值)
语音编码器可支持的协议及采用的先进技术	支持 MGCP、SIP、RTP、TFTP、HTTP、SNMP、DHCP、STUN 等协议
语音编解码技术	采用 G. 711、G. 729A、G. 723. 1、iLBC、GSM
语音回音消除技术	G. 165、G. 168
用户线 DTMF 消息传递	RFC2833
用户线 IP 传真中继	T. 30、T. 38

19. SA500 车站应急接入设备 G. SHDSL 的技术指标是什么?

答:SA500 车站应急接入设备 G. SHDSL 的技术指标见表 8-10。

表 8-10 SA500 车站应急接入设备 G. SHDSL 的技术指标

参数项	技术指标
遵循标准	ITU-T G. 991. 2 2004(ANNEX A/B/F/G)
编码	16-TCPAM,32-TCPAM
速率	$N\times64$ kbit/s(N=3~89)
阻抗	135ohms
桥接功能	IEEE 802. 1D 透明桥 IEEE 802. 1Q VLAN PORT-BASED VLAN

20. SA600 车站应急接入设备光模块的技术指标是什么?

答:SA600 车站应急接入设备光模块的技术指标见表 8-11。

表 8-11 SA600 车站应急接入设备光模块的技术指标

参数项	技术指标
协议标准	符合 IEEE 802. 3 10Base-T、802. 3u 100Base-TX、802. 3x 流控协议以及 100Base-FX
光纤传输距离	单模 0~60 km(注:光纤实际传输距离由线路质量和使用环境决定)
光纤接口	9/125 μm 单模光纤,1 310 nm 波长,全双工/半双工自适应

21. SA600 车站应急接入设备的物理特性是什么？

答：SA600 车站应急接入设备的物理特性如下：

(1)单件净重不大于 10 kg；

(2)工作温度−10 ℃～+50 ℃；

(3)工作电压 AC220 V；

(4)最大工作电流 0.3 A；

(5)尺寸 487 mm×386 mm×185 mm。

第九章 HT601 应急通信系统现场接入设备

(一)概 述

1. HT601 应急通信接入设备有哪些特点?

答:HT601 应急通信接入设备是一个集静图、动图、“117”铁路事故救援电话和应急语音系统于一体的新型应急通信现场设备,与应急中心通信设备配套组成铁路应急通信系统。

HT601 应急通信接入设备由北京华拓恒业通信技术有限公司按照 TB/T 3204—2008《铁路应急通信接入技术条件》自主研制开发,具有以下特点:

(1)支持多种最后一公里解决方案:电缆方式、光缆方式、宽带无线方式、卫星方式等。

(2)现场设备和车站设备间采用电缆方式时,采用 SHDSL 技术,传输速率高、距离远、抗干扰能力强、可靠性高,可在远离车站 20 km(0.9 线径)的区间正常工作,同时实现车站接入设备对现场接入设备的远程供电。

(3)现场设备集成度高、体积小、重量轻,一个人即可携带至现场,轻便实用;单台设备即可提供全部话音、动图、静图和数据业务的接入和传送。无需现场提供电源即可长时间工作,开通方便。

(4)现场接入设备支持直接接入数码相机或 SD 卡,无需携带计算机即可实现现场静图到应急中心静图服务器的高速传送。

(5)采用智能远端供电技术,现场设备自备电池,只有当 SHDSL 通信正常以后车站设备才给现场设备供电,外线短路即自动断电,确保现场施工和操作人员的安全。现场设备耗电小时,可利用远供电源对电池充电,保证系统长时间不间断稳定工作。

(6)数字传输通道适应能力强,组网灵活。支持通过 SDH、IP 网络等设备提供的多种接口和不同带宽的通道进行组网。

(7)采用电缆方式时,可自动适应 $N\times64$ kbit/s～2 Mbit/s 的带宽。

(8)接口形式多样;可根据需要组织点对点、环型、树型等通道组网形式;在环型网络结构下,支持环网通道保护功能,支持在一个环网内同时接入两处以上的抢险现场。

2. HT601 应急通信接入设备有哪些功能?

答:HT601 应急通信接入设备有以下功能:

(1)提供8路双向语音业务：现场8部电话可灵活配置成热线电话、自动电话或铁路调度电话。

(2)提供现场内部通信业务：在事故现场提供至少8部内部联络电话，保证事故现场工作人员的内部通信。配备无线PBX的情况下，支持现场内部无线通信。

(3)提供现场静图上传业务：现场接入设备支持直接接入数码相机或SD卡，无需携带计算机即可实现高速传送。

(4)提供现场动图上传业务：现场摄像配备无线传输设备，采用MPEG4图像压缩技术，将事故现场的动态图像实时上传到应急指挥中心。

(5)提供数据传输业务：现场接入设备、车站接入设备和中心接入设备均设计有10 M/100 M以太网接口，实现事故现场、邻近车站和应急中心间的数据、图片等信息的传送。

3. HT601应急通信接入设备由哪几部分组成？

答：HT601应急通信接入设备由车站/基站接入设备、接入网络和突发事件现场设备3部分组成。组成示意图如图9-1所示。

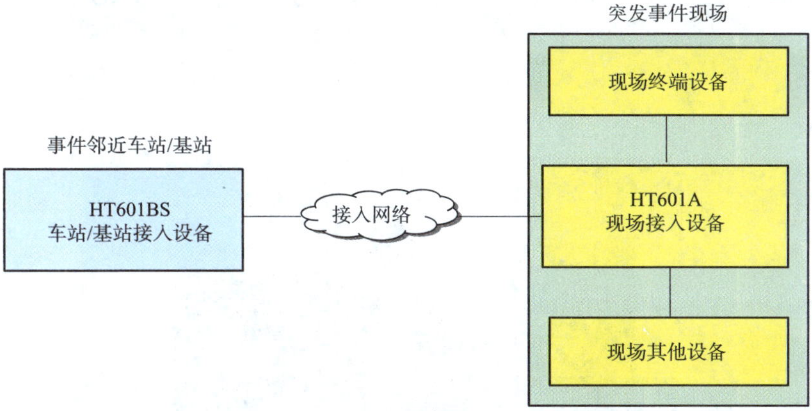

图9-1　HT601应急通信接入设备组成示意图

4. 突发事件现场设备由哪些部件组成？

答：突发事件现场设备由以下部件组成：

(1)突发事件现场设备的基本配置，包括：HT601A现场接入设备、语音终端设备(自动电话等)和图像采集设备(摄像机或数码照相机)。

(2)突发事件现场设备的选配设备，包括：无线影音传输设备、数据终端设备(便携式计算机)、现场无线PBX交换机及移动终端、现场扩音广播设备等。

突发事件现场设备组成示意图如图9-2所示。

5. 突发事件现场设备是如何包装的？每件箱包有多少千克？

答：基本配置采用便携式的应急包，重量为7 kg；

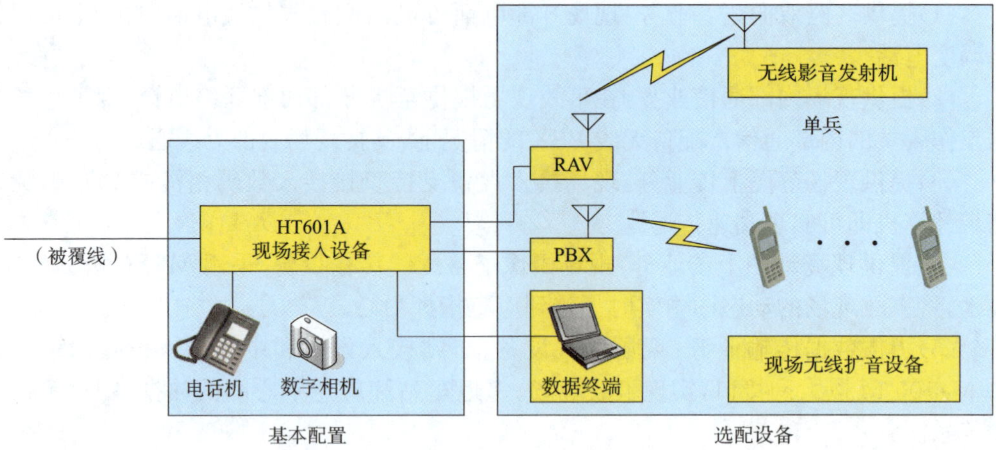

图 9-2 突发事件现场设备组成示意图

无线影音采集设备、无线 PBX 和移动终端采用便携式背包，重量为 5.8 kg。现场设备可以一人背负和操作，一人背负时的场景图如图 9-3 所示。

图 9-3 现场设备一人背负时的场景图

图像采集设备一人操作时的场景图如图 9-4 所示。

图 9-4　图像采集设备一人操作时的场景图

HT601 应急通信接入设备的全部设备实物图如图 9-5 所示。

图 9-5　HT601 应急通信接入设备的全部设备实物图

6. 在遇到暴雨、台风或大雪等恶劣气候时,有哪些防护措施?

答:现场配备防风防雨保温帐篷,可应对非极端气候条件下的野外作业。

7. 突发事件现场接入设备如何满足夜间工作的要求?

答:现场配备 LED 充电式高亮度探照灯和充电式 LED 户外头灯。

8. 如何安排人员到现场展开设备?

答:安排一人携带 TH601BS 车站/基站接入设备到事件邻近车站/基站,加电开通车站接入设备;

安排一人临时敷设从接入点到事件现场的被覆线;

安排一人携带现场设备到突发事件现场,建立临时的抢险救援指挥部,做好人员和设备防护后,将抢险现场设备展开利用临时敷设的被覆线建立现场与中心间的应急通信。

(二)HT601A 现场接入设备

1. HT601A 现场接入设备的作用是什么?

答:HT601A 现场接入设备是突发事件现场设备的核心部件,有以下作用:

(1)实现与车站接入设备的连接:支持电缆、光缆、宽带无线、海事卫星、宽带卫星等多种接入方式;采用电缆接入方式时,支持 HT601B 远端供电。

(2)系统内及系统外的双向语音通信:利用即插型电话接口可接入 8 个现场语音终端(普通双音频电话机);利用无线 PBX 可提供现场无线语音通信业务。

(3)实现静图传输:利用 SD 卡插槽,无需携带计算机即可实现现场静图到救援中心静图服务器的高速传送。

(4)实现视频传输:接入图像采集设备,采用视频压缩技术将压缩后的视频上传至救援中心视频服务器。

(5)实现数据传输:接入现场数据终端(笔记本计算机),实现现场与救援中心间的数据传输。

2. HT601A 现场接入设备的箱体采用什么样的结构?

答:采用铝质合金一体化结构,能满足防尘、防雨、防晒、防寒、防震的要求,外形尺寸:440 mm×260 mm ×70 mm,重量不大于 5 kg。

3. HT601A 现场接入设备箱体上有哪些接口?并说明其用途。

答:箱体前侧面接口的实物如图 9-6 所示。

箱体前侧面的接口有:

(1)8 个用户接口:

[用户 1]到[用户 7]的用户接口,对应的语音终端为普通自动电话;[用户 8]可通过[自动/磁石]开关根据现场需要在用户与磁石间进行选择,选择磁石时,对应的语音终端为磁石话机。用户接入端子为咬合式,分别按压压杆将 a、b 线插入到标示为[用户×]端子中,无须专用的接插件。

图 9-6 HT601A 现场接入设备前侧面实物图

(2)E1T/DSL 端子：

连接区间电缆，连接方式为咬合式，无需任何专用的接插件。通过区间电缆与车站(基站)接入设备 HT601BS 相连。

(3)[E1R]、[E1T/DSL]端子：

连接 2 M 线的收、发线，连接方式为咬合式，无需任何专用的接插件。通过 2 M 线或利用传输设备提供的 2 M 通道与车站(基站)接入设备 HT601BS 相连。

箱体后侧面接口的实物如图 9-7 所示。

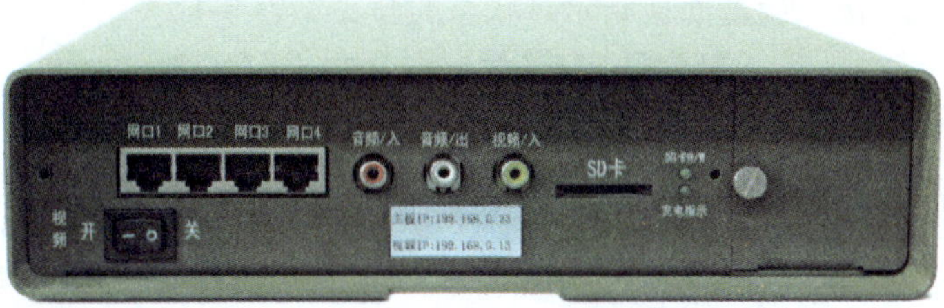

图 9-7 HT601A 现场接入设备后侧面实物图

箱体后侧面的接口有：

(1)4 个网口：用于连接卫星设备、宽带无线设备或数据终端等。

(2)[视频/入]、[音频/出]、[音频/入]的音视频口：

与外部音视频源相连。实际应用时，现场接入设备 HT601A 通过音视频口与无线影音接收机相连，接收移动摄像人员拍摄的视频。

(3)[SD 插槽]：

将数码相机中的 SD 取出后，插入到[SD 插槽]中，救援指挥中心即可访问并根据需要调取图片。

4. HT601A 现场接入设备接口指标是什么？

答：各种接口指标如下：

(1)用户接口:符合 YD/T 1070 接入网远端设备 Z 接口技术要求。

(2)磁石接口:外线阻抗:600 Ω;二线相对电平:输入 0 dBr,输出 −3.5 dBr;铃流:频率(25±3)Hz,电压(75±15)V;发送信号时长:(3±0.3)s;接收灵敏度:频率(25±10)Hz,电压 Vac≥30 V,持续时间 0.5 s 时保证接收。

(3)SHDSL 接口:符合 YD/T 1185 接入网技术要求-单线对高比特率数字用户线(SHDSL)。

(4)网络接口:符合 ITU-T 关于 10 M/100 M 以太网接口相关技术规范。

(5)2 Mbit/s 数字接口:符合 YD/T 061 接入网技术体制(暂行规定)的相关要求。

(6)SD 卡接口、USB 接口、视频接口等符合相关国际标准。

5. HT601A 现场接入设备面板上有哪些开关和指示灯?并说明其含义。

答:面板开关有:

(1)[电源]开关:内置锂电池的输出开关。可以开启或关闭现场接入设备 HT601A。

(2)[视频]开关:视频编码器的控制开关。传送视频时应将开关打开;不传视频时最好关闭视频编码器,以节省电池电量(采用电池供电时)。

(3)[自动/磁石]开关:[用户 8]的接口类型控制开关。

HT601A 现场接入设备面板指示灯状态的含义见表 9-1。

表 9-1 HT601A 现场接入设备面板指示灯状态的含义

名称	指示灯状态	含 义	故障分析
电源	绿灯亮	设备已开电,采用内置锂电池供电	
	绿灯灭	设备未开电或电池电量不足或采用车站设备远端供电	
运行	绿灯闪烁	设备已正常运行	
	绿灯常亮或常灭	死机	重启现场设备
网络 1	绿灯常亮	收到以太网信号,但没有发送或接收数据	
	绿灯闪烁	正在发送或接收数据	
	绿灯灭	未收到以太网信号	网线不通或插头未插紧
网络 2	绿灯常亮	收到以太网信号,但没有发送或接收数据	
	绿灯闪烁	正在发送或接收数据	
	绿灯灭	未收到以太网信号	网线不通或插头未插紧
网络 3	绿灯常亮	收到以太网信号,但没有发送或接收数据	
	绿灯闪烁	正在发送或接收数据	
	绿灯灭	未收到以太网信号	网线不通或插头未插紧

续上表

名称	指示灯状态	含　义	故障分析
网络 4	绿灯常亮	收到以太网信号，但没有发送或接收数据	
	绿灯闪烁	正在发送或接收数据	
	绿灯灭	未收到以太网信号	网线不通或插头未插紧
远供	绿灯常亮	正在接受车站设备的远端供电	
	绿灯灭	采用内置锂电池供电	
	绿灯闪烁	SHDSL 链路不正常	
SD 卡 R/W	绿灯常亮	已插入 SD 卡	
	绿灯闪烁	正在读写 SD 卡	
	绿灯灭	未插入 SD 卡	
充电(欠压)指示	绿灯常亮	电池工作正常；当采用远端供电时，电池处于浮冲状态	
	绿灯灭	电池欠压；当采用远端供电时，电池处于充电状态	

6. HT601A 现场接入设备面板上的 LED 显示器有什么作用？

答：在现场接入设备 HT601A 的侧面板上有一个 LED 显示器，当采用区间电缆接入方式时，显示 SHDSL 链路的通道数。通过 LED 显示的通道数，可以计算出当前的带宽。

计算公式：带宽(bandwidth)＝通道数×64 kbit/s。

7. 现场接入设备支持哪几种接入方式？

答：支持电缆(被覆线)接入方式、光缆接入方式、宽带无线接入方式、卫星方式等。

采用电缆(被覆线)接入方式时，支持车站接入设备对现场接入设备的远程供电。

8. 采用 0.9 mm 芯线电缆或被覆线接入时，从现场到接入点的传输距离可达到多少千米？

答：采用 0.9 mm 芯线电缆接入时，传输距离可达 20 km；采用被覆线接入时，传输距离可达 3 km。

9. 现场接入设备能提供多少台固定电话和移动电话？如何运用？

答：能提供不少于 8 台固定电话，[用户 1]到[用户 7]接普通自动电话机，可任意设置为热线电话、自动电话、铁路调度电话，[用户 8]通过[自动/磁石]开关设置为磁石电话机，直接连接“117”人工抢险台。

选配现场无线 PBX 交换机，可根据用户需求配置移动电话机。

10. 移动电话通信距离半径在不加中继的条件下能达到多少千米？

答：空旷地带可达 5 km。

11. 现场接入设备的开通步骤及注意事项是什么？

答：开通步骤如下：

(1)设备展开:开通人员到达现场后,首先从应急通信包中取出相关设备,平稳放置于干燥的地方或专用工作台上。

(2)设备加电:因现场接入设备 HT601A 启动需要一段时间,故设备展开后可先将现场接入设备 HT601A 的电源打开,观察相关指示灯状态是否正常。

(3)根据不同的接入方式,接入到车站接入设备/中心接入设备:

①有线接入方式

将接入车站设备的区间电缆线对或临时布放的被覆线接入到现场接入设备的 E1T/DSL 端子,连接方式为咬合式。

②宽带无线接入方式(Canopy)

采用此种接入方式,需先根据现场环境架设天线,通过网线相连。

③卫星方式

采用此种方式需先开通卫星便携站。便携站设备采用一键式展开、自动对星技术,开通方便、快捷。卫星终端与现场接入设备通过网线相连。

(4)终端设备接入,分别连接语音终端和无线影音接收机 RAV:

①语音终端的连接:话机接入端子为咬合式,分别按压压杆将 a、b 线插入到标示为"用户×"端子中;

②无线影音接收机的连接:通过音视频线接入到现场接入设备的 AV 口,分别为[视频/入]、[音频/出]、[音频/入]。RAV 的天线固定到吸盘上,吸盘通过同轴电缆连接到 RAV。

③数码摄像机通过音视频线与单兵的 AV 接口相连。

注意事项:未接天线前,单兵绝对禁止开电。

12. 在无中心设备的情况下,如何建立现场内部通信?

答:现场接入设备 HT601A 是一个独立的交换系统,不依赖中心设备即可实现现场固定电话/无线手机间相互呼叫,该功能能保证事故现场工作人员(如公安、工务等部门)的内部通信。

13. 如何到中心设备注册登记和添加 IP 地址?

答:现场设备语音网关自动完成注册登记;语音网关 IP 地址、视频编码器 IP 地址、现场设备管理 IP 地址、数据终端 IP 地址采用的都是固定 IP 地址,由电务主管部门统一分配和管理。

14. 音视频编解码格式是什么?

答:音频编解码支持 ITU-T G. 711 标准,视频编解码支持 MPEG-4 或 H. 264 标准建议。

15. 能同时传送多少话路数和视频路数?

答:能同时传送 8 路语音信息和 1 路视频信息。

16. 天线的类型是什么？如何架设？有哪些注意事项？

答：接收机和发射机均采用 340 MHz 定向天线，发射机使用无馈线直插的鞭状天线，接收机使用吸盘天线，通过馈线与接收机相连。

无线 PBX 采用 900 MHz 伸缩天线。

发射机在使用前应先接天线再接电源，在使用完毕时应先断电源，如果是使用前先接电源或拆除设备前不把电源断开，可能会对设备造成损害。

(三)移动影音采集设备

1. 移动影音采集设备包括哪些部件？

答：移动影音采集设备由无线影音传输设备和图像采集设备两部分组成。

(1)无线影音传输设备包括无线影音接收机 RAV 和无线影音发射机(单兵)，其实物外观如图 9-8 所示。

图 9-8　无线影音传输设备实物外观图

无线影音传输设备实现摄像机和现场接入设备 HT601A 间的无线影音传送，免受绳线羁绊；同时提供移动摄像人员与救援中心的一路话音通信，方便救援中心指挥人员指导现场摄像操作。

(2)图像采集设备包括数码照相机和数码摄像机，其实物外观如图 9-9 所示。

图 9-9　图像采集设备实物外观图

2. 移动影音采集设备各部件间如何连接？

答：各部件的连接方法如下：

(1)无线影音接收机与 HT601A 现场接入设备的连接：用音视频线接入到 HT601A 现场接入设备的 AV 口，分别为[视频/入]、[音频/出]、[音频/入]。

(2)无线影音接收机与 340 M 定向天线的连接：340 M 定向天线固定到吸盘上，吸盘通过同轴电缆连接到无线影音接收机(RAV)。

(3)数码摄像机与无线影音发射机(单兵)的连接：用音视频线接入到单兵的 AV 接口。

移动影音采集设备各部件连接示意图如图 9-10 所示。

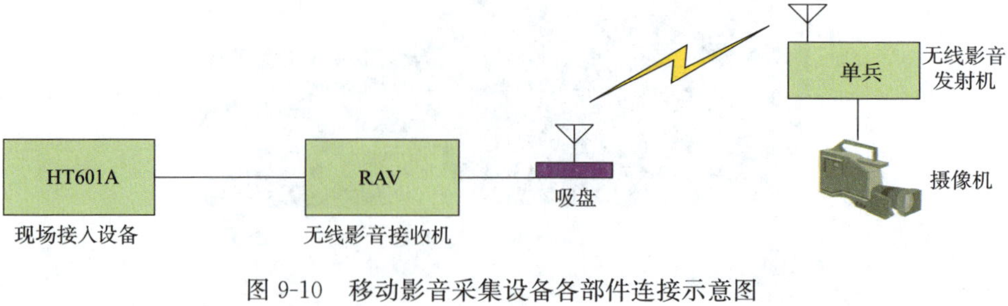

图 9-10　移动影音采集设备各部件连接示意图

3. 单兵无线发射机的箱包采用什么样的结构？有多少千克？

答:单兵无线发射机的箱体采用铝质合金一体化结构，连背架总重量为 6 kg。

4. 单兵无线发射机有哪些防护措施？防护等级是否能达到 IP54？

答:采用铝合金材质机壳，防水、防尘、抗冲击性好，防护等级能达到 IP54 的要求。

5. 单兵无线发射机的面板上有哪些开关和插座？

答:单兵无线发射机顶部有一个 340 M 天线插座，侧面有一个电源开关和连接数码摄像机的 AV 接口。

6. 单兵无线发射机的发射频率是多少？非视距传输距离可达到多少千米？

答:单兵无线发射机的发射频率是 340 M，非视距传输距离可达到 1.5 km。

7. 单兵无线发射机采用什么电源？连续工作时间可达到多少小时？

答:单兵采用铅酸电池供电，连续工作时间可达到 4 h。

8. 数码照相机的主要技术指标是什么？

答:数码照相机的主要技术指标如下：

(1)有效像素：不小于 300 万像素；

(2)图像分辨率：不小于 1 280×980 像素；

(3)光学变焦：不小于 3 倍；

(4)具有自动对焦功能；

(5)存储介质：单条(片)容量不小于 1 Gbit/s；

(6)数据接口：USB 2.0 或 1 394 接口；

(7)具有内置闪光灯；

(8)支持 JPEG 图像格式。

9. 数码摄像机的主要技术指标是什么？

答:数码摄像机的主要技术指标如下：

(1)具有 12 倍以上光学变焦功能；

(2)具有红外夜视功能；

(3)照度不低于 0.1 Lx(F1.2)；

(4)图像水平解析度：不小于 450 线；

(5)具有电子或光学防抖功能；

(6)具有内置麦克风；

(7)具有模拟音视频输入/输出接口(A/V 接口)；

(8)可进行本地录像，录像时间不小于 2 h；

(9)数据接口：USB 2.0 或 1 394 接口。

10. 静止图像传送的格式和分辨率是什么？

答:静止图像格式：JPEG(彩色)；分辨率：不小于 640×480 像素。

11. 动态图像传送的格式和分辨率是什么？

答：采用 MPEG4 图像压缩技术，支持以下图像格式：CIF(352×288)；D1(704×576)；HDI(704×288)。

视频速率支持 64 kbit/s～2 Mbit/s 动态调整。

12. 当网络性能下降时采用什么方式上传？

答：当网络性能下降时，可采用冻结或动态减帧方式上传。

(四)车站接入点设备

1. 车站接入点设备有哪几种类型？

答：车站接入点设备有机架式 HT601B 和便携式 HT601BS 两种类型。

HT601B 机架式车站接入点设备适用于每个接入点固定安装，支持多种组网方式。这种应用方式可以平战结合提供更多的扩展功能，目前在渝怀线和西延线使用该接入方式。

2. HT601BS 车站接入设备的机架结构是什么？

答：采用一体化结构；外形尺寸：395 mm×280 mm×1 U。

HT601BS 为便携式接入设备，无需固定安装。使用时，将 HT601BS 放置于干燥平稳的地面或专用工作台上。

3. HT601BS 车站接入点设备是否支持电缆、光缆和被覆线的接入？

答：HT601BS 车站接入点设备支持电缆、光缆和被覆线等多种接入方式，采用电缆或被覆线接入时支持为现场设备远程供电。

4. HT601BS 车站接入点设备的功能是什么？

答：车站接入点设备具有以下功能：

(1)通过区间电缆实回线/被覆线/光缆/宽带无线等方式接入现场设备。

(2)通过 2 M 接口或 100 M 网口与中心接入设备相连，将现场接入的信息高速传送至应急中心通信设备。

(3)具有传输电路带宽自适应特性，可根据线路条件调整电路带宽，确保区间传输距离。

(4)通过区间电缆实回线/被覆线向区间现场设备远程供电；采用智能远端供电方式，现场设备自备电池，只有当 SHDSL 通信正常以后车站设备才给现场设备供电，外线短路即自动断电，确保现场施工和操作人员的安全。现场设备耗电小时，可利用远供电源对电池充电，保证系统长时间不间断稳定工作。

(5)本地数据终端连接及信息传输。

5. HT601BS 车站接入设备面板上有哪些接口？

答：HT601BS 具有多种类型的接口：2 M、SHDSL、FE、RS232 等，具体接口类型和数量见表 9-2。

表 9-2　接口类型和数量

接口类型	接口描述	接口数量
2 M 接口	数字中继接口	1
SHDSL 接口	单线对高比特率数字用户线接口	1
FE 接口	以太网接口	1
RS232 接口	串口	1

6. HT601BS 车站接入点设备的接口指标是什么？

答：接口指标如下：

(1)2 Mbit/s 数字中继接口：符合 YD/T 061 接入网技术体制（暂行规定）的相关要求。

(2)SHDSL 接口：符合 YD/T 1185 接入网技术要求-单线对高比特率数字用户线（SHDSL）。

(3)网络接口：符合 ITU-T 关于 10 M/100 M 以太网接口相关技术规范。

7. HT601BS 车站接入设备如何与外线连接？

答：HT601BS 车站接入设备连接的线缆有电源线、2 M 线和区间电缆实回线/被覆线，连接方法如下：

(1)电源线

外部 220 V 交流电源输入，采用 5 芯航空插头（公头），针脚分配如图 9-11 所示。

(2)2 M 线

HT601BS 提供 1 个 2 M 接口，标示为“2 M”，75 Ω 非平衡接入左侧，120 Ω 平衡接入右侧。如图 9-12 所示。

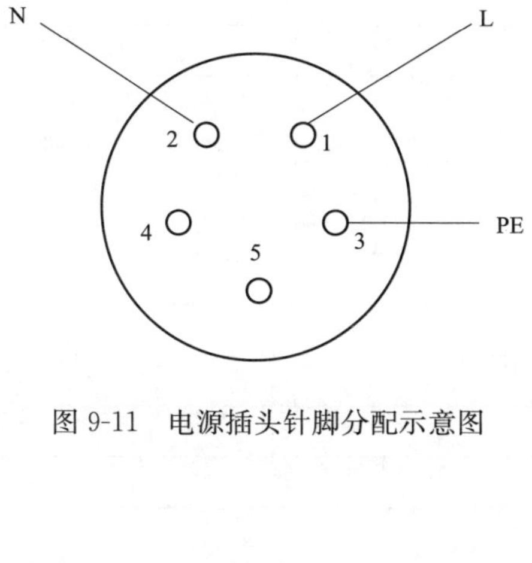

图 9-11　电源插头针脚分配示意图

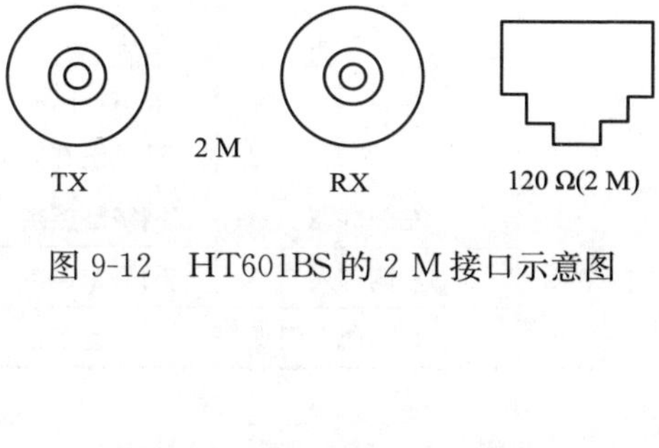

图 9-12　HT601BS 的 2 M 接口示意图

(3)区间电缆回线

HT601BS 能接入 1 对区间电缆回线，区间电缆通过 4 芯航空插头接入，线路接口如图 9-13 所示。

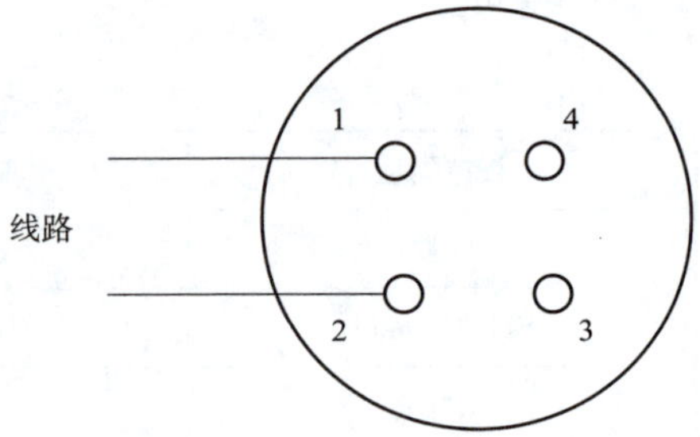

图 9-13 线路接口示意图

8. HT601BS 车站接入设备有哪些开关？

答：HT601BS 后面板有 2 个控制开关，分别为电源、远供的开关。在区间电缆绝缘较好的区段，可在车站与现场 SHDSL 链路起来后将远供开关打开，为现场设备提供工作电源。还配有 1 个 2 A 的熔断器，具有过流保护功能。外部输入电压正常，设备无法正常上电，应检查熔断器是否烧毁。

9. HT601BS 面板有哪些指示灯？指示灯状态的含义是什么？

答：HT601BS 面板的指示灯，如图 9-14 所示，通过这些指示灯可以判断设备当前的工作状态。

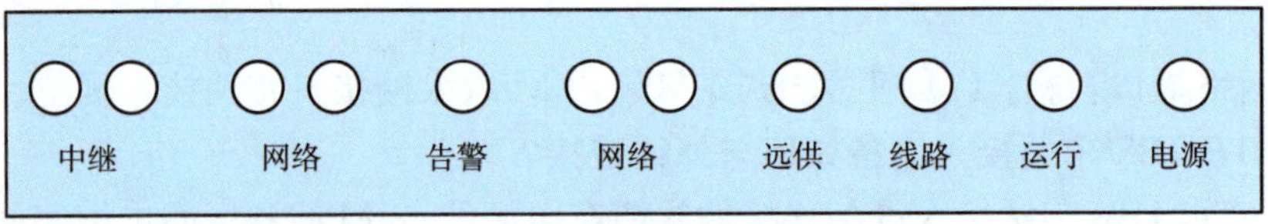

图 9-14 HT601BS 面板指示灯示意图

指示灯状态的含义见表 9-3。

表 9-3 HT601BS 面板指示灯状态含义

名称	指示灯状态	含 义	故障分析
电源	绿灯亮	电源已打开	
	绿灯灭	电源未打开	
运行	绿灯闪烁	设备正常运行	
	绿灯常亮或常灭	死机	
线路	绿灯闪烁	SHDSL 链路未建立	车站接入设备与现场接入设备间线缆不通或线缆绝缘不好
	绿灯常亮	SHDSL 链路正常	
远供	绿灯亮	表示远供输出	
	绿灯灭	远供没有输出	
网络	左侧灯亮	网络已连接	
	左侧灯灭	网络未连接	
	右侧灯亮伴有闪烁	工作速率指示	

续上表

名称	指示灯状态	含　　义	故障分析
告警	绿灯亮	内置以太网桥告警	
网络	左侧灯亮	内置以太网桥与主板网络连接正常	
	左侧灯灭	内置以太网桥与主板网络连接异常	
	右侧灯亮伴有闪烁	工作速率指示	
中继	左侧灯亮	E1 告警	
	左侧灯灭	无告警	
	右侧灯亮	收到码流	
	右侧灯灭	未收到码流	

10. 在没有区间电缆的铁路沿线接入点设备采取何种接入方式?

答:在没有电缆的铁路沿线,只要突发事件现场与邻近接入点的距离不超过 3 km,就可以用 HT601BS 车站接入设备。采用被覆线接入,还可以通过被覆线为现场设备提供工作电源。如果采用光缆接入方式,需要配置光接入设备。

11. 如何实现宽带无线接入方式?

答:采用宽带无线接入方式,是以无线电波作为传输介质,可省去布放线缆的烦扰,但因无线电波的传播特性,只能应用在开阔平坦的线路区段,两端天线间不能有任何阻挡。

本方案采用 Canopy 回传模块,在车站接入点和突发事件现场分别配置 HT601BR 和 HT601AR,宽带无线接入方式的组成示意图如图 9-15 所示。

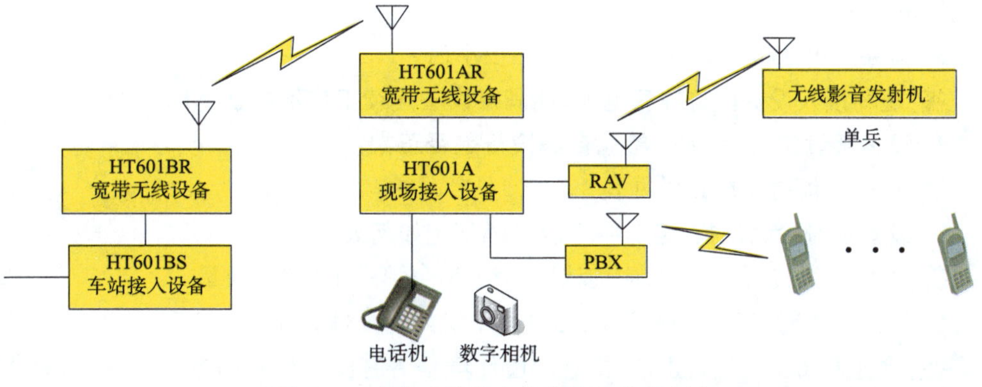

图 9-15　宽带无线接入方式的组成示意图

将现场的话音、图像和数据通过宽带无线方式高速传送至车站/基站接入设备 HT601BS。采用 Canopy 回传模块,双向传输带宽峰值 10 Mbit/s、有效 7 Mbit/s。连接两端都使用内部平板天线，传输距离可达 3.2 km；连接一端使用 Canopy 无源反射器，传输距离可达 16 km；连接两端都使用 Canopy 无源反射器，传输距离可达 32 km。

（五）设备供电及其他

1. 车站接入点设备采用什么供电方式？

答：采用交流电源供电，供电电压：AC(220±44)V，50 Hz。

具有过压过流保护：不加一级保护条件下，将交流 220 V(50 Hz 有效值)火线，分别经过短线(≤10 Ω电阻)和长线(600 Ω电阻)加到用户设备接口的 a 线、b 线和同时加到 ab 线上，通电 15 min 不应产生明火现象。

系统设备能经受住通信导线上的纵向电动势 650 V，0.5 s 以内的过压，而不降低任何部件的性能。

具有防雷保护：不加一级保护条件下，系统设备经受用户线路上 1 000 V 瞬时感应电压冲击后，用户电路接口不损坏。

2. 现场设备采用什么供电方式？

答：现场接入设备 HT601A 最大功耗为 20 W，有两种供电方式：

远端供电方式：当接入方式为电缆或被复线接入时，可采用车站接入设备远端供电方式；

本地供电方式：当接入方式为光缆、卫星、无线等接入时，可以采用本地的交流(发电机)或外接电池供电方式。

发射机采用双锂电池盒设计，连续工作时间不小于 4 h；接收机 RAV 采用 12 V 锂电池供电。

3. 当采用电池供电时，可连续工作多少小时？

答：现场接入设备内置锂蓄电池，能满足设备连续工作不小于 2 h。

4. 设备架设完毕后，如何检验自身设备是否正常？

答：观察面板指示灯。详见表 9-1。

5. 设备自身检测正常，但与中心设备联不上如何处理？

答：采用有线接入方式时，应确认通信线路的通断和线路的质量。

6. 设备工作时声音小、杂音大、图像有干扰如何处理？

答：检查天线连接是否正常；检查周边环境是否有同频信号的电磁干扰；检查供电电压是否正常。

7. 现场设备和车站接入点设备有哪些维护项目？

答：现场设备和车站接入点设备的维护测试项目与周期见表 9-4。

表 9-4　现场设备和车站接入点设备的维护测试项目与周期

类　　别	项目与内容	周　　期	备　　注
日常维护	1. 连接线、插件、端口检查	月	雨季适当增加巡检次数
	2. 直流电源端电压测试		
	3. 便携终端、数码摄(照)相机(含备用)电池、存储卡检查		
	4. 联机进行内部通话试验		
	5. 联机进行图像传送试验		
	6. 与接入点联机进行通话和图像传送试验	季	
集中检修	1. 室外全程电路实地试验	季	
	2. 系统各部分的性能整治、提高、不良配件更换	根据需要	

8. 设备供电有哪些常见故障？如何处理？

答:常见故障和解决办法见表 9-5。

表 9-5　常见故障和解决办法

故障现象	解决办法
现场与中心间通信正常,但现场无法拨打外网电话	语音网关没有注册成功,重启现场接入设备
应急中心无法调取静图	SD 卡容量过大,或 SD 卡未完全插入 SD 卡插槽
应急中心无法听到图像伴音	检查接收机或发射机侧音频线连接是否正常
现场与中心间通信正常,但车站设备无法馈电	HT601B 远供模块有问题或内部电源线松动或现场接入设备电池电压过低
远供输出后,链路频繁中断	线间绝缘或对地绝缘不好
接收机无图像或无声音	1. 检查接收机电源是否连接,电源开关是否打开 2. 检查所有的电缆连接,检查天线架设是否正确,天线接头是否进水、松动或脱落 3. 发射机的位置是否在射频有效覆盖范围内 4. 检查发射机工作是否正常 5. 检查附近是否有同频信号干扰 6. 检查接收机频率是否与发射机频率一致
接收机无图像,但声音正常	检查与电视或录像机连接的视频电缆
接收机无声音或噪声,但图像正常	1. 检查音频电缆的连接 2. 检查发射机是否连接至音频输出 3. 检查发射前端有无拾音设备(麦克风)
图像连续,后出现停顿、黑屏,然后正常	1. 信号不好,属正常情况 2. 检查附近有无对讲机或电台干扰
图像发黑,有时出现闪动的横纹	1. 检查发射机和摄像机的视频线和接口接触是否正常 2. 检查接收机输出视频线屏蔽线是否正常

续上表

故障现象	解决办法
图像出现绿色的或花色的色块	发射机视频接头松脱，固定好视频接头
覆盖范围突然变小	1. 检查发射模块是否正常工作 2. 检查发射机、接收机天线是否正常连接 3. 检查发射模块供电的电瓶或开关电源电压是否正常 4. 检查功率放大器是否正常工作 5. 检查周边环境是否有同频信号的电磁干扰
定点传输时，图像在一定时间段出现反复黑屏现象	此为某型号接收机特殊情况，主要是使用环境发生环境条件变化引起的，属正常现象
覆盖范围小，传输距离不够远	检查接收天线安装位置，增加接收天线的高度
有图像和声音，但图像模糊	检查发射前端的摄像机聚焦是否准确

第十章　CEC100 应急通信现场接入设备

(一)概　　述

1. CEC100 铁路应急通信现场接入设备有哪些特点?

答:CEC100 铁路应急通信现场接入设备(以下简称 CEC100 现场设备)有以下特点:

(1)应用广泛:可在既有铁路线路(具备通话柱条件)和新建高速铁路(GSM-R)区段各种地理环境应用。

(2)先进可靠:应急现场固定中心站和背负移动站之间采用 340 M 无线 COFDM 技术。外置锂离子聚合物电池可靠支持 3 h 工作时间/单体电池。

(3)携带轻便:不需要专门的运输工具,人工背负设备背包便能徒步到达任何苛刻铁路区段业务地点。

(4)一键开机:现场设备连接简单、状态指示明晰,无须现场数据调试,一键开机便可完成通信任务。

(5)防护到位:现场应急接入设备(含终端)采取 IP65 防护措施,满足防尘、防水、防寒的要求。

(6)接入手段丰富:与骨干通信节点站间的信息交互,将依据现场不同的地理环境(山区、平原等)和通信线路条件,采用适合的接入方式,有以下五种:

①野战光缆;

②5.8 G 无线通信;

③卫星通信;

④长途对称电缆通信;

⑤3 G 公网通信。

2. CEC100 现场设备有哪些功能?

答:CEC100 现场设备有以下功能:

(1)动态图像传输:将应急现场的动态图像实时上传至指挥中心。

(2)摄像控制:指挥中心通过语音对现场工作人员的拍摄工作进行控制。

(3)语音通信:可通过铁路调度通信网、自动电话网、GSM-R 网及铁路“117”立接制人工话务台与现场通话,并可实现现场内部的话音通信。

(4)数据通信:可实现文件发送、接收及传真功能。

3. CEC100 现场设备由哪几部分组成？并画出组成示意图。

答：CEC100 现场设备由接入点设备、接入网络和突发事件现场设备三部分组成。

(1)接入点设备采用 CEC100C 移动汇接站；

(2)接入网络采用有线或无线网络，可以有 3G、电缆、光缆和无线网桥等多种接入方式；

(3)突发事件现场设备采用 CEC100A 移动中心站、CEC100D 移动电话箱和 CEC100B 移动单兵站。移动中心站和电话箱相对固定，与接入网络相连接，移动单兵站可根据需要随时移动，拍摄图像和提供移动电话。

CEC100 应急通信现场设备组成示意图如图 10-1 所示。

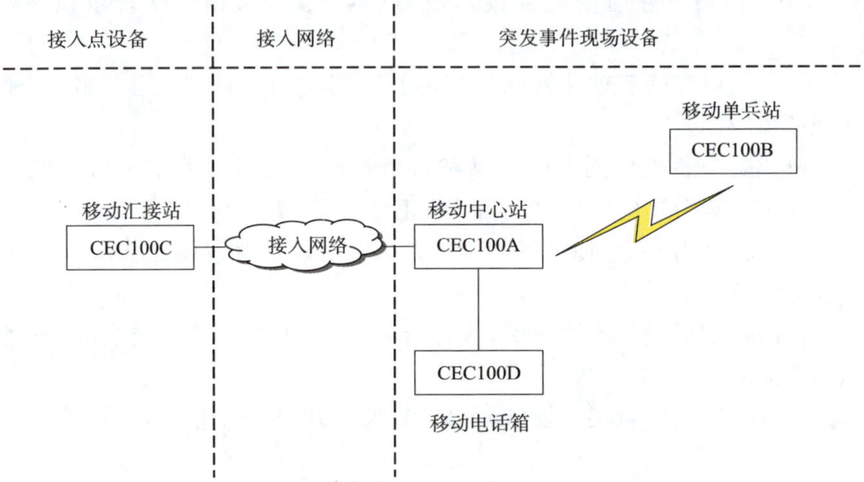

图 10-1 CEC100 现场设备组成示意图

4. 突发事件现场设备如何包装？一共有多少件箱包？每件有多少千克？

答：设备采用纸箱包装，一共 3 箱。运输过程中采用纸包装加打木架的方式运输。每件设备的重量：CEC100A 移动中心站重量为 5.7 kg；CEC100B 移动单兵站重量为 3.8 kg；CEC100D 电话箱重量为 7.6 kg。

设备实物如图 10-2 所示。

5. 在遇到暴雨、台风或大雪等恶劣气候时，有哪些防护措施？

答：设备工作中采用 IP65 防护级别。保证设备不受恶劣天气影响，无需特别防护手段和材料。

6. 突发事件现场设备如何满足夜间工作的要求？

答：CEC100 现场设备配有应急照明灯等设备。在电话箱面板上安装有夜间照明灯，满足夜间现场设备的使用。

图10-2　突发事件现场设备实物图

7. 如何安排人员到现场展开设备？

答：现场人员安排两名，当有突发事件时，一名人员带上现场设备赶赴事发现场，对现场设备搭建，过程大约10 min左右。同时另一名人员携带移动汇接站赶赴离事发现场最近的基站传输节点，对汇接站进行安装调试，过程大约10 min。最后现场与传输节点机房进行联调。完成安装。

(二)突发事件现场设备

1. 突发事件现场设备由哪几个单元组成？并画出总体结构示意图。

答：突发事件现场设备由移动中心站、移动电话箱和移动单兵站三个单元组成。

突发事件现场设备的总体结构如图10-3所示。

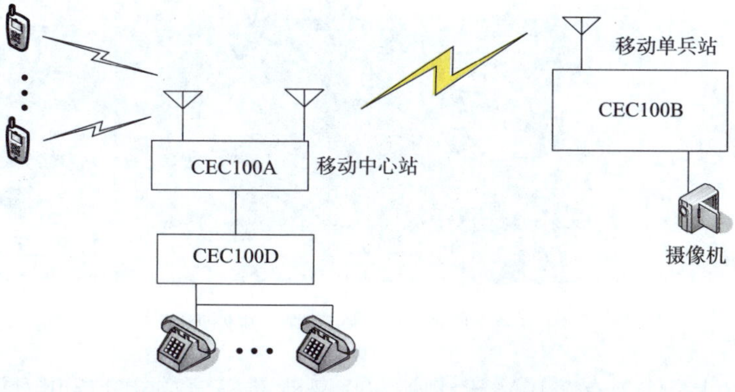

图10-3　突发事件现场设备总体结构示意图

2. 突发事件现场设备的每个单元有哪些作用?

答:(1)CEC100A 移动中心站

CEC100A 移动中心站电台是无线宽带应急网络的核心设备。作为无线射频基站的角色是无线网络与固定网络相连接转换的关键设备,放置于现场指挥中心,利用野战光缆、5.8 G 无线传输、专用长途电缆线链路传输方式中的任一方式,便可完成与通信机房中的 CEC100C 设备进行高速率、稳定区间接入通信。

(2)CEC100D 电话箱

CEC100D 电话箱是无线宽带应急网络的电话语音设备。作为现场语音通话设备,内含有 4 部集群电话。本系统配备 4 部自动电话和 4 部移动集群手机。CEC100D 与 CEC100A 配套连接使用,是现场语音通信的关键接入设备。

(3)CEC100B 移动单兵站

CEC100B 移动单兵站是无线宽带应急网络的用户终端接入设备,作为移动视频数据单向传输、音频双向交互的角色,是无线网络用户业务接入及移动集群手机接入的关键设备,可以使人在 CEC100A 移动中心站设置地点 0~3 km 半径实现移动宽带无线通信网络多媒体应用接入。

现场工作人员背负该设备,在指挥中心的语音通信指挥下,用于拍摄现场图像。

3. CEC100A 移动中心站箱体采用什么样的结构?有哪些接口和插座?

答:CEC100A 移动中心站箱体采用密闭式铝壳结构,实物照片如图 10-4 和图 10-5 所示。

图 10-4 CEC100A 移动中心站外观图

移动中心站箱体上有 340 M 天线座、900 M 天线座、数据接口和电源口。

4. 移动电话箱采用什么样的结构?有哪些接口和插座?

答:CEC100D 移动电话箱采用塑料壳体结构,实物照片如图 10-6 所示。

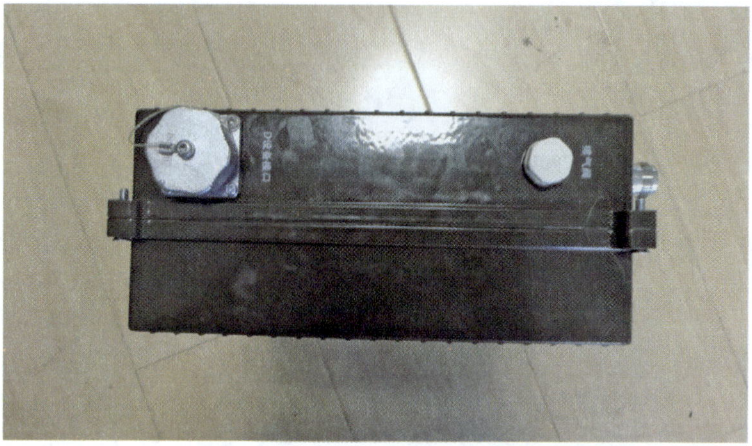

图 10-5　CEC100A 移动中心站侧面接口图

图 10-6　移动电话箱外观图

CEC100D 电话箱上有 1 个电源口、3 个数据接口，分别连接移动中心站和传输及备用接口。

5. 突发事件现场设备与相关部件如何连接?

答:CEC100A 移动中心站上安装有两根天线，分别为 900 M 语音天线和 340 M 视频天线，有 1 个数据接口与移动电话箱连接。

CEC100D 移动电话箱与移动中心站及接入网络用数据线连接。

突发事件现场设备与相关部件连接示意图如图 10-7 所示。

6. CEC100D 电话箱上有哪些指示灯? 并说明其含义。

答:CEC100D 电话箱上有 6 个指示灯，显示状态和功能见表 10-1。

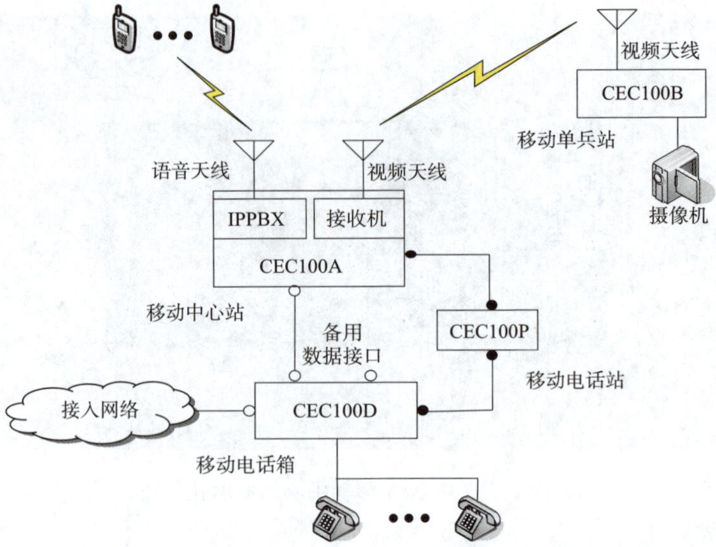

图 10-7 突发事件现场设备与相关部件连接示意图

表 10-1 CEC100D 电话箱上指示灯状态和功能

指示灯序号	显示状态	功能说明
1	绿灯常亮	电源供电正常
2	绿灯常亮	语音网关工作正常
3	绿灯常亮	CEC100 A 移动中心站工作正常
4	绿灯常亮	接入网络接入正常
5		备用
6		备用

7. 突发事件现场设备支持哪几种接入方式?

答:支持 5 种接入方式:(1)野战光缆接入方式;(2)5.8 G 无线接入方式;(3)海事卫星接入方式;(4)通话柱普通长途对称电缆接入方式;(5)3 G 公网接入方式。

8. 采用 0.9 mm 芯线电缆接入时,从现场到接入点的传输距离可达到多少千米?

答:从现场到局端接入点的传输距离可达 6 km。

9. 突发事件现场设备能提供多少台固定电话和移动电话?如何运用?

答:CEC100D 电话箱是无线宽带应急网络的电话语音设备。作为现场语音通话设备,内含有 4 部自动电话。4～99 部移动集群手机,仅能接受中心分配的 8 个自动电话号码,其余手机仅为现场内部通信使用,或者由指挥中心进行数据配置使用。

10. 移动电话通信距离半径在不加中继的条件下能达到多少米?

答:能达到非视距 3 000 m。

11. 突发事件现场设备的使用步骤如何操作?

答:突发事件现场设备的操作步骤如下:

(1)安装 CEC100A 移动中心站的语音和视频天线。

(2)安装 CEC100A 移动中心站的数据线。

(3)安装 CEC100A 移动中心站电源。

(4)安装 CEC100D 电话箱与 CEC100A 移动中心站的数据线。

(5)安装 CEC100D 电话箱接入网络数据线。

(6)安装 CEC100D 电话箱电源线。

(7)安装完成,给设备加电。

12. 在无中心设备的情况下,如何建立现场内部通信?

答:在无中心设备的情况下,单独的 4 部自动电话和 4~99 部移动集群电话之间可以通过内部分配小号码进行语音通信,不受中心平台限制。

13. 如何与中心设备注册登记和添加 IP 地址?

答:整套设备只有两个 IP 地址。一个编码器 IP 地址,另一个语音网关 IP 地址。编码器 IP 地址在传输端口登录编码器修改 IP 地址重启完成修改工作。语音网关 IP 地址登录语音网关,按中心给分配的 IP 地址进行修改。

14. 音视频编解码格式是什么?

答:编解码格式 G. 711、G. 729A、G. 723. 1/GSM、iLBC。

15. 突发事件现场设备能同时传送的话路数和视频路数?

答:系统在 2 Mbit/s 带宽下,可同时传送 8 路语音话路和 1 路实时视频。

16. 天线的类型是什么? 如何架设? 有哪些注意事项?

答:天线采用 340 MHz 制式视频通信天线和 900 MHz 制式语音天线。

天线方式采用无馈线直插安装到 CEC100A 设备上,注意不得在未可靠连接天线时开启设备。

(三)移动影音采集设备

1. 移动影音采集设备包由哪些部件构成?

答:由 CEC100B 移动单兵站、摄像机、340 M 天线、电池模块构成。

2. 移动影音采集设备各部件间如何连接? 并画出简图。

答:连接步骤如下:

(1)安装 CEC100B 移动单兵站的天线。

(2)安装 CEC100B 移动单兵站的视频线。

(3)安装 CEC100B 移动单兵站的电源线。

(4)安装摄像机端的视频线。

(5)安装电池端的电源线。

(6)打开电池、CEC100B单兵站和摄像机的电源开关。

移动影音采集设备连接示意图如图10-8所示。

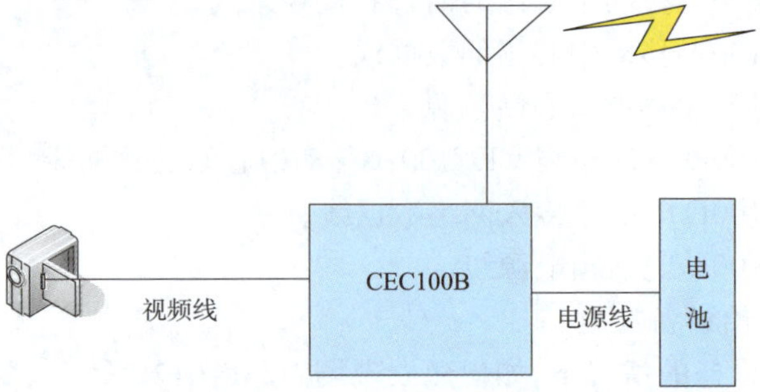

图10-8 移动影音采集设备连接示意图

3. CEC100B移动单兵站采用什么样的结构？有多少千克？

答：CEC100B移动单兵站采用铝合金结构，箱体尺寸为19 cm×17 cm×7 cm，为便于操作，用双肩背包携带，设备净重3.8 kg。

CEC100B移动单兵站设备外观如图10-9所示。

图10-9 CEC100B移动单兵站设备外观图

4. CEC100B移动单兵站有哪些防护措施？防护等级是否能达到IP54？

答：移动单兵站本身具有IP65的防护功能，还具有遮阳伞的防护措施，防护等级可以达到并超过IP54。

5. CEC100B移动单兵站的面板上有哪些开关和插座？

答：CEC100B移动单兵站箱体顶部有一个视频天线插座，如图10-10所示。

CEC100B移动底部站箱体底部有一个电源开关、音视频口、配置串口和电源接口，如图10-11所示。

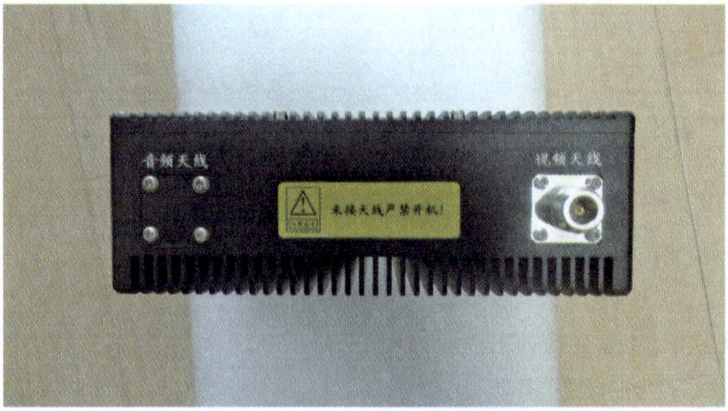

图 10-10 移动单兵站箱体顶部面板图

图 10-11 移动单兵站箱体底部面板图

6. 单兵无线发射机的发射频率是多少？非视距传输距离可达到多少千米？

答:发射频率 340 MHz,非视距传输距离可达到 3 km。

7. 单兵无线发射机采用什么电源？连续工作时间可达到多少小时？

答:采用与设备配套的 AC12 V 电池,可以连续工作 6 h。

8. 如何操作移动影音采集设备？

答:操作步骤如下:

(1)连接 340 M 天线;

(2)将电源线连接到 CEC100B 的底座两针口,将视频线连接到 CEC100B 的五针口;

(3)将摄像机的视频线(黄色)与 CEC100B 的视频线(红色)连接到一起;

(4)打开摄像机,对准目标。

9. 数码照相机的主要技术指标是什么？

答:(1)有效像素:1 400 万像素;

(2)图像分辨率:1 280×980 像素;

(3)光学变焦:21 倍;

(4)具有自动对焦功能;

(5)存储介质:单条(片)容量 1 Gbit/s;

(6)数据接口:USB 2.0;

(7)具有内置闪光灯;

(8)支持 JPEG 图像格式。

10. 数码摄像机的主要技术指标是什么?

答:(1)具有 25 倍光学变焦功能;

(2)具有红外夜视功能;

(3)照度不大于 0.1 Lx(F1.2);

(4)图像水平解析度:720 线;

(5)具有电子或光学防抖功能;

(6)具有内置麦克风;

(7)具有模拟音视频输入/输出接口(A/V 接口);

(8)可进行本地录像,录像时间 3 h;

(9)数据接口:USB 2.0。

11. 静止图像传送的格式和分辨率是什么?

答:静止图像格式:JPEG(彩色);图像分辨率:不小于 640×480 像素。

12. 动态图像传送的格式和分辨率是什么?

答:图像的传送格式可以是 ASF、AVI、MOV 等常用格式。图像分辨率:不小于 352×288 像素。

13. 当网络性能下降时采用什么方式上传?

答:采用 COFDEM 无线技术,工作频点在 340 MHz,网络性能下降时主动降低编码码率和帧率,尽可能保持画面流畅为主的方式上传。

(四)接入点设备

1. 接入点采用什么设备?有哪些作用?

答:接入点需配置与突发事件现场设备配套的 CEC100C 移动汇接站。该设备是现场应急设备与铁路干线传输网络实现汇接的关键设备,是现场到邻近的车站或者通信机房之间通过专用实回线链路、5.8 G 无线链路、野战光缆等传输方式进行传输的应急通信接入设备。

2. 当采用有线接入方式时,接入点设备是否支持电缆、光缆和被覆线的接入?

答:当采用有线接入方式时,接入点设备支持电缆、光缆和被覆线的接入。

3. 当采用有线接入方式时，接入点设备的功能是什么？

答：CEC100C 移动汇接站是连接中心和现场的汇接设备，带宽可达 10 M（4 个 E1 接口共享）或 100 M。

支持广播风暴抑制、全双工流量控制或半双工背压流量控制、自动 MDI/MDIX 交叉识别、IEEE 802.1Q priority tagging、RFC2516 PPPoE LLCSNAP/VCMUX；RFC2364 PPPoA LLCSNAP/VCMUX；RFC1483 1483 桥接/路由 LLCSNAP/VCMUX；RFC1577 Classical IP over ATM；ATM AAL5 UBR & CBR；8PVCs complies with ATM Forum UNI 3.1/4.0；OAM F4/F5 complies with I.610；ITU G.992.1/ITU G.992.2，TCP/IP、DHCP、ICMP、NAT、PPPoE、SNTF 各种类型和帧长的以太网数据包。

4. 当采用有线接入方式时，面板上指示灯如何显示运行状态？

答：接入点设备有线接入时面板上指示灯的运行状态见表 10-2。

表 10-2　接入点设备有线接入时面板指示灯运行状态

指示灯	运行状态	功能说明
1	绿灯常亮	电源接通
2	绿灯常亮	E1 设备正常启动
3	绿灯常亮	光电转换器设备工作正常
4	绿灯常亮	连接电脑成功
5		备用
6	绿灯常亮	2 M 协转接通
7	黄灯闪烁	2 M 协转有误码

5. 当采用无线接入方式时，接入点设备的功能是什么？

答：CEC100C 移动汇接站无线接入方式功能为 5.8 GHz 无线 P2P 通信转接单元。

6. 当采用无线接入方式时，面板上有哪些接口和指示灯？如何显示运行状态？

答：面板指示灯见表 10-3。

表 10-3　接入点设备无线接入时面板指示灯运行状态

指示灯	状态	功能说明
1	绿灯常亮	电源接通
2	绿灯常亮	E1 设备正常启动
3	绿灯常亮	5.8 G 无线设备正常工作
4	绿灯常亮	连接电脑成功
5		备用
6	绿灯常亮	2 M 协转接通
7	黄灯闪烁	2 M 协转有误码

7. 在没有电缆的区段,接入点设备采用何种传输方式?

答:在没有电缆的区段,采用 3 G 公网传输方式、5.8 GHz 无线传输方式、海事卫星或野战光缆有线方式。

(五)设备供电及其他

1. 接入点设备采用什么供电方式?

答:采用机房 220 V 供电方式。

2. 现场设备采用什么供电方式?

答:采用外接 12 V 锂电池的方式供电。

3. 当采用电池供电时,可连续工作多少小时?

答:CEC100P 移动电池站是给 CEC100A 和 CEC100D 提供电源的设备,里面配备高性能锂聚合物电池,在满电状态下,可连续供电 3 h。

4. 设备架设完毕后,如何检验自身设备是否正常?

答:(1)查看线缆、天线是否连接正确,匹配同线色相连接口才能连接。(2)查看指示灯是否正常。

5. 设备自身检测正常,但与中心设备联不上如何处理?

答:设备自身检测正常,但与中心设备连接不上可以在汇接站处连接一台笔记本电脑分别 ping 现场设备和中心设备,如果现场设备能够 ping 通而中心 ping 不通,则说明中心到现场机房的 2 M 通道没有做好或是 2 M 线缆接反造成的。调换 2 M 线缆可以解决,若不能解决则联系通信人员检查通道。

6. 设备工作时声音小、杂音大、图像有干扰如何处理?

答:若设备工作声音小、杂音大、图像有干扰等情况,在排除设备电磁防护完整无破损的情况下,分析周围是否有同频段的无线电波对设备的无线通信进行的干扰。找出干扰源,关闭就能解决干扰的问题。

7. 现场设备和车站接入点设备有哪些维护项目?

答:现场设备和车站接入点设备的维护测试项目与周期见表 10-4。

表 10-4　现场设备和车站接入点设备的维护测试项目与周期

类　别	项目与内容	周　期	备　注
日常维护	1. 连接线、插件、端口检查	月	雨季适当增加巡检次数
	2. 直流电源端电压测试		
	3. 便携终端、数码摄(照)相机(含备用)电池、存储卡检查		
	4. 联机进行内部通话试验		
	5 联机进行图像传送试验		
	6. 与接入点联机进行通话和图像传送试验	季	

续上表

类　　别	项目与内容	周　　期	备　　注
集中检修	1. 室外全程电路实地试验	季	
	2. 系统各部分的性能整治、提高、不良配件更换	根据需要	

8. 视频信号中断如何处理?

答:处理方法如下:

(1)无线有线链路是否中断;

(2)用视频软件扫描视频编解码单元,扫描不到的单元重新启动,软件找到该单元后,然后复位重新配置即可。

9. 通话不能实现或噪音比较大如何处理?

答:处理方法如下:

(1)检测视频编解码单元的音量、语音输入等配置是否正常;

(2)编解码单元建立连接时是否把音频选项选上,同时该选项是否设置为 FULL DUPLEX。

10. 无线传输距离远低于设计目标如何处理?

答:处理方法如下:

(1)检测天馈线接口是否连接好;

(2)检测无链路中间是否有阻挡;

(3)检测无线信号是否有同频干扰;

(4)通过 IE 浏览器复位无线单元,然后重新配置。

11. 无线手机不能拨打电话如何处理?

答:处理方法如下:

(1)无线手机接收的无线信号是否正常;

(2)检测 900 M 主机工作是否正常;

(3)检测无线手机号码是否写入主机;

(4)检测现场手机交换设备是否已注册到中心 IPPBX 服务器上。

第十一章 GSM-R 网络应急通信系统

(一)概　　述

1. 在车载应急系统中,如何实现移动 GSM-R 基站接入方式?

答:在车载应急系统中,设置移动 GSM-R 基站设备,车载 BTS 设备可通过野战光缆、光电转换设备或数据电缆与接入点中的传输设备相连,实现应急中心/应急分中心与现场的话音通信。其接入方式如图 11-1 所示。

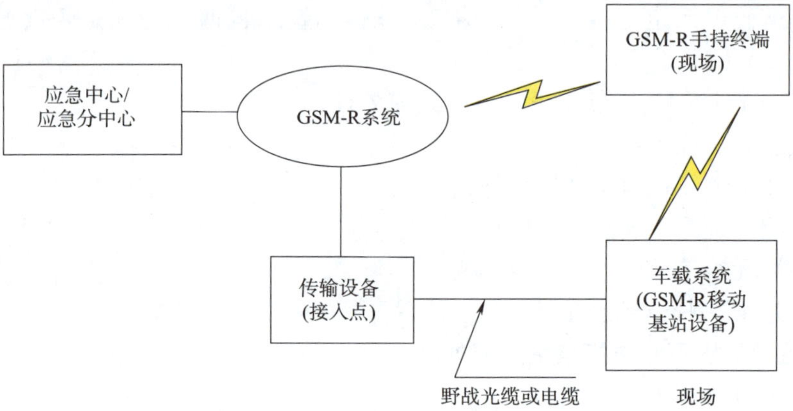

图 11-1　移动 GSM-R 基站接入方式示意图

2. 移动 GSM-R 基站接入方式的应用条件是什么?

答:此方式适用于发生较大的突发事件时,现场对 GSM-R 基站通道需求较大,且接入点或 GSM-R 基站具有传输条件的情况。

3. 基于 GSM-R 基站接入方式的应急通信系统由哪些设备组成?

答:基于 GSM-R 基站接入方式的应急通信系统(以下简称 GSM-R 网络应急通信系统)的设备,由远端移动应急通信平台(又称为现场设备)和接口网关控制管理平台(又称为接入平台)组成。GSM-R 网络应急通信系统的设备组成示意图如图 11-2 所示。

4. GSM-R 网络应急通信系统有哪些主要功能?

答:GSM-R 网络应急通信系统具有独立建网的功能,即系统自身具备交换功能、话

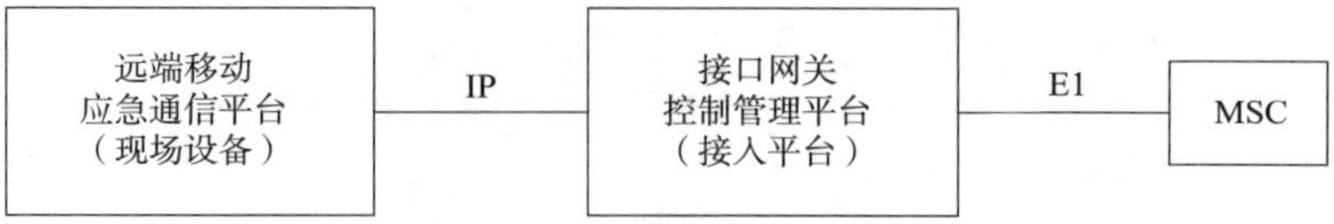

图 11-2　GSM-R 网络应急通信系统的设备组成示意图

务处理能力，包含语音通信功能、短信功能、数据业务功能、特定号码优先权、完善的独立操作维护和网管功能。

GSM-R 网络应急通信系统还可在既有 GSM-R 网络中作为无线网络覆盖的延伸或临时应急替代故障基站入网使用，接入既有 GSM-R 网络使用功能包含语音通信功能、短信功能、数据业务功能、特定号码优先权、GSM-R 网络功能号。

5. GSM-R 网络应急通信系统有哪些特点？

答：GSM-R 网络应急通信系统有以下特点：

（1）采用分布式移动通信架构（DMA）技术，传统的无线子系统（BSS）由一个基站控制器（BSC）和若干个基站收发信机（BTS）组成，而 GSM-R 网络应急通信系统由接入平台和现场设备组成，并通过 IP 虚拟专网（VPN）或者内部局域网以内部协议实现协同工作，机动灵活，组网便捷。

（2）接入平台与现场设备之间采用成熟的 VoIP 技术和内部协议。语音压缩比例 8∶1 每路语音只需 8 k 带宽，节省 Node1 的接入带宽；支持各种有线、无线甚至是卫星传输的 IP 接入。

（3）用软件技术实现各种控制和业务功能，易于业务升级，便于功能增加，易于操作维护。

（4）具有独立组网，并具有小型化、方便携带、快速投入、使用方便的特点，多个现场设备与一个接入平台通过 IP 网络的分布组合，实现了基站和基站控制器的一体化，可以在不同厂家基站设备无线覆盖区域内利用该一体化系统提供统一的应急移动通信服务，亦可以车载构成应急移动小型通信车。

6. 如何构建现场设备与接入平台之间的 IP 网络？

答：可以用 2 M、卫星、可视距微波等构建。

（二）远端移动应急通信平台（现场设备）

1. 现场设备由哪几个单元设备组成？并画出总体结构示意图。

答：现场设备由分布式小型基站（含天馈系统）、分布式基站控制器、供电设备和车载平台组成。其总体结构如图 11-3 所示。

2. 每个单元设备都实现什么功能？

答：分布式小型基站主要实现对信令消息的接收与发送；分布式基站控制器主要实

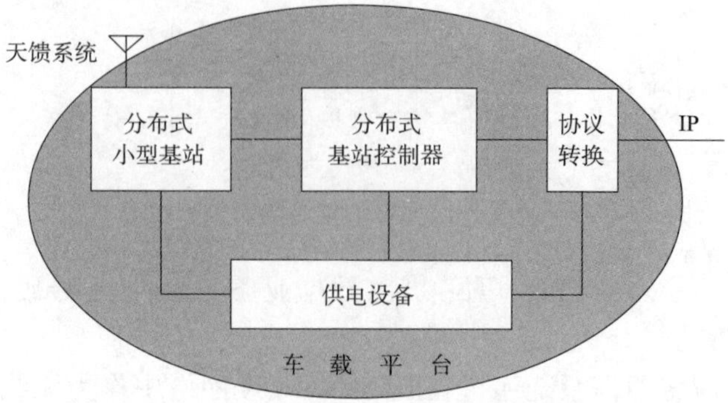

图 11-3 远端移动应急通信平台总体结构示意图

现对信令消息的编码处理以及转发功能;供电设备为所有用电设备提供 220 V 的交流电;车载设备作为载体实现设备的运输。

3. 各单元设备间如何连接?

答:若为车载模式,则所有设备位于车体内。位于车顶的天馈系统,通过射频线缆与分布式小型基站相连接,分布式小型基站通过 Abis 接口与分布式基站控制器相连接,分布式基站控制器通过协议转换器与传输链路相连,供电设备与每个设备相连接。

4. 远端移动应急通信平台采用什么供电方式?

答:采用市电供电或自带油机发电机供电。设备具有交直流转换模块,也可采用直流供电。

5. 远端移动应急通信平台能提供多少台移动电话?

答:双载频时可提供 14 台移动电话。

6. 如何编制移动用户终端的电话号码?

答:由于设备具有独立 MSC 功能,可自行编号,也可以依据当地编号规则进行统一编号。

7. 现场移动电话的通信过程是什么?

答:现场移动电话与分布式基站及分布式基站控制器通信,然后通过 IP 接入接口网关控制管理平台,通过 E1 连接到 GSM-R 的 MSC,从而实现现场移动电话与 GSM-R 网络间的通信过程。

8. 移动用户通信距离半径在不加中继的条件下能达到多少千米?

答:不小于 3 km。

9. 如何在现场再增加电话?

答:进行扩频处理。

10. 在恶劣气候下(暴雨、大雪、山地)**工作时,采取了哪些防护措施?**

答:设备各单元的电气安全要求、电磁兼容性要求、机械环境适应性要求、电源适应性要求均符合国家行业的标准，工作适应温度在－40 ℃～55 ℃。对于车载模式进行了防雷设备的设置。

11. 设备如何满足夜间工作的要求？

答：GSM-R 网络应急通信系统具备全天候工作能力，在预先参数设置好的情况下，无需人工干预，只要启动相关设备电源即可自动完成系统启动、初始化任务。车载平台利用供电系统提供照明电源。

(三)接口网关控制管理平台(接入平台)

1. 接口网关控制管理平台由哪几部分组成？

答：接口网关控制管理平台由接口网关控制服务器和协议转换器组成。

2. 接口网关控制管理平台的作用是什么？

答：接口网关控制管理平台设在 GSM-R 机房，当远端移动应急通信平台需要接入既有 GSM-R 网络时，通过 IP 网络由接口网关控制管理平台连接到 GSM-R 网络的 MSC，采用 A 接口(E1)互联。

接口网关控制管理平台可以支持不少于 30 个远端移动应急通信平台，由此构成一个 GSM-R 网络的应急通信系统。

3. 接口网关控制管理平台有哪些主要功能？

答：有以下主要功能：

(1)提供与 MSC 互联接口驱动；

(2)提供基站控制管理以及维护操作界面功能；

(3)提供 IP 网络接口，用以接收远端移动应急通信平台传输的数据信息；

(4)提供与 GGSN(GPRS 网关)互联接口，具备 SGSN(GPRS 业务)功能；

(5)提供远端移动应急通信平台维护管理界面，具备远程维护管理功能，控制管理软件具备定制升级功能，软件开机自动运行管理。

4. 接口网关控制管理平台与相关部件如何连接？

答：一端通过传输与远端的移动应急通信平台相连接，另一端通过协议转换器与 MSC 的 A 接口相连。

5. 接口网关控制管理平台采用什么供电方式？

答：采用 220 V 交流供电。

参考文献

[1] TB/T 3204—2008 铁路应急通信接入技术条件.

[2] TB/T 3232—2010 铁路应急中心通信设备技术条件.

[3] TB/T 3130—2006 铁路通信业务分类.

[4] TJ/DW 148—2013 铁路区间光通信系统暂行技术条件.

[5] TG/TX 106—2014 铁路通信维护规则。

[6] 田裳,沈尧星.铁路应急通信.北京:中国铁道出版社,2008.